奔驰

故障案例及维修诊断

王志力 编著

Mercedes-Benz

化学工业出版社

·北京·

内 容 简 介

本书介绍了奔驰常见车型的故障案例，其内容按照奔驰体系的认证要求，共分三大章，分别为发动机故障案例，底盘及传动故障案例，车身电气故障案例。书中案例在选材上注重介绍新车型、新技术，理论与实际相结合。在案例介绍中力求全面、突出重点，内容真实，图文并茂，代表性强。

本书适合有一定经验的维修人员、奔驰车型维修人员、汽车爱好者阅读，也可供汽车专业的师生参考阅读。

图书在版编目（CIP）数据

奔驰故障案例及维修诊断/王志力编著.—北京：化学工业出版社，2021.10

ISBN 978-7-122-39545-0

Ⅰ.①奔…　Ⅱ.①王…　Ⅲ.①轿车-故障诊断②轿车-故障诊断　Ⅳ.①U469.110.7

中国版本图书馆 CIP 数据核字（2021）第 138482 号

责任编辑：辛　田　　文字编辑：冯国庆
责任校对：边　涛　　装帧设计：王晓宇

出版发行：化学工业出版社(北京市东城区青年湖南街 13 号　邮政编码 100011)
印　　装：三河市延风印装有限公司
787mm×1092mm　1/16　印张 13¼　字数 308 千字　2021 年 9 月北京第 1 版第 1 次印刷

购书咨询：010-64518888　　售后服务：010-64518899
网　　址：http://www.cip.com.cn
凡购买本书，如有缺损质量问题，本社销售中心负责调换。

定　　价：88.00 元

前言

随着汽车消费者对汽车安全性、舒适性要求的提高，促使汽车越来越智能化、信息化。近几年来，梅赛德斯-奔驰不断推出新车型、新技术，对汽车维修人员的技能水平提出了更高的要求。

本书以维修案例出发，介绍了奔驰常见车型的故障案例，其内容涵盖了发动机、底盘及传动系统、车身电气的故障案例。牵涉某些功能比较难理解时，在一些案例末尾进行了功能原理介绍，使初学者也能快速掌握相关基础知识。对于电气网络类故障存在较多故障码时，也尽量把故障码截取完整，并且在电路图及原理图中也对相关部件进行了标注，使读者能够一目了然，轻松阅读。

书中案例在选材上注重介绍新车型、新技术，尽量减少原理性介绍，强调实用性。在案例介绍中力求全面、突出重点，内容真实，层次分明，图文并茂，案例代表性强。本书适合有一定经验的维修人员、奔驰车型维修人员、汽车爱好者阅读，也可供汽车专业的师生参考阅读。

本书由王志力编著，参加整理工作的还有黄业茂、赵道秀、张秀玲、黄汝安、樊晓伟、赵后昌、赵庆春、王红妮、张飞飞、王志强、王宏超、冷永建。在编写及整理过程中也参阅了一些资料，在此对专家学者及帮助过笔者的广大同仁一并表示最衷心的感谢。

希望本书能够对汽车维修人员有一定的帮助，在排除故障时少走弯路。但由于笔者水平有限，难免会有所疏漏，希望读者能够谅解，欢迎批评指出，不吝赐教。

编者

目录

第一章　发动机故障案例 / 001

第一章

发动机故障案例

案例 1

奔驰 R300 无法启动

1. 故障现象

一辆奔驰 R300，底盘号为 WDC251154，装配 272 发动机，7 速自动变速箱，行驶里程 34400km，客户打电话反映车辆无法启动，于是救援拖回维修。

2. 故障分析及排除

接车后尝试启动车辆，发现起动机转动有力，但不能着车，询问客户得知，车辆一直可以正常使用，没有出现过任何异常现象，今天正在行驶时，准备去加油站加油（燃油报警灯刚亮），突然就熄火了，再启动也不能着车，只好拖回来检查。

连接诊断电脑进行快速测试，读取到发动机控制单元及燃油泵控制单元内的故障码如图 1-1 所示。除此之外，许多控制单元也报电压过低的故障码，根据维修经验判断，这些故障码是由于拖车时一直打开双闪，电压过低造成的，但这都不是引起不能启动的主要原因。

接着连接油压表测试燃油压力，但发现启动时没有油压，怀疑燃油系统出现问题，查找 WIS，找出燃油系统电路图，如图 1-2 所示，根据电路图检查了燃油泵控制单元的供电熔丝（f57），正常。拆掉中排右侧座椅，找到燃油泵插头，此款车燃油泵是直流燃油泵（新款车型上是用三相交流电来促动燃油泵），用试灯连接到燃油泵插头上，启动时试灯很亮，说明燃油泵控制单元的输出电压正常，基本可以判定是燃油泵损坏，造成没有燃油压力，从而无法启动。

于是准备更换燃油泵，当拆下燃油泵时，发现燃油箱里一点燃油都没有了，一般情况下，当燃油报警灯点亮的时候，油箱内还会有 10L 左右的储备油量。把燃油泵插头插上，启动时发现燃油泵也能正常工作，显然是油箱内没油导致车辆无法启动。

ME 9.7 - 发动机电控系统9.7				- F -
MB 号码 0064464240	HW 版本 09.37	SW 版本 09.40	诊断版本 8/25	插针 101
FW 号码 2729020000	FW 号码(数据) 2729033000	FW 号码(Boot-SW)		

编码	文本	状态
0866	部件发动机电控系统的供电 / 蓄电池电压过低 (P0562)	当前的和已存储的
1106	继电器'端子87'上的电压过低 (P2505)	当前的和已存储的
2227	该故障可以忽略和删除	已存储的
2343	该故障可以忽略和删除	已存储的

FSCU - 燃油泵				i
MB 号码 0009014000	HW 版本 10.29.00	SW 版本 10.43.00	诊断版本 001D03	插针 101
FW 号码 0009026105	FW 号码(数据)	FW 号码(Boot-SW)		

事件	文本	状态
A10D00	部件N118（油泵控制模块）局部电压过低	事件"已存储"

图 1-1　读取的故障码

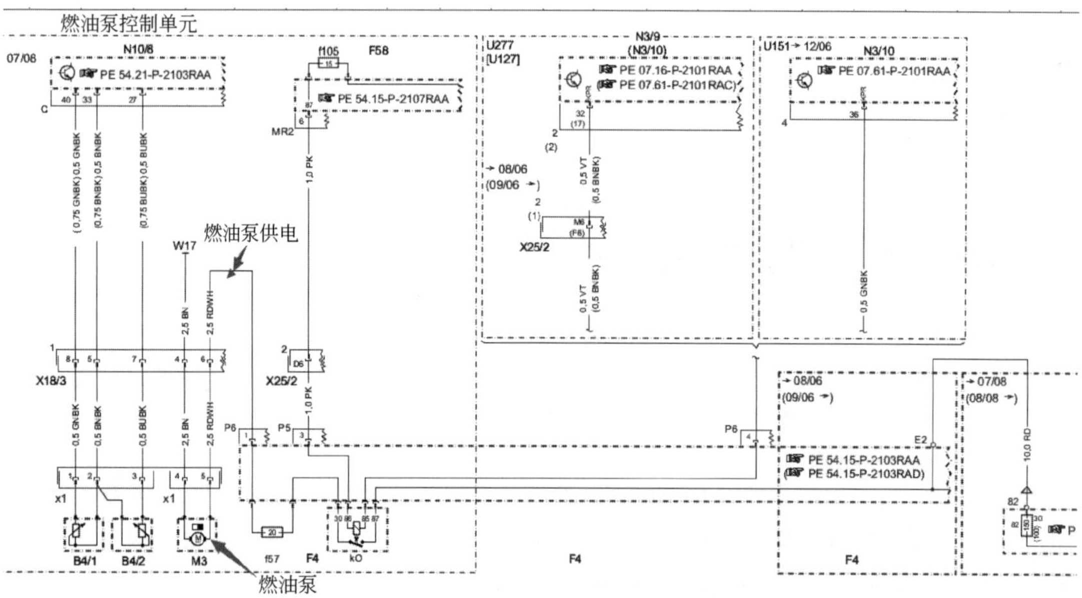

图 1-2　燃油系统电路图

故障点转移到燃油表指示不准方面，再次连接诊断电脑，读取燃油系统实际值，如图 1-3 所示，燃油箱液位显示还有 8L 汽油（燃油显示传感器的实际值以无单位的数值来显示，实际值范围为 10～214，10 表示满箱，214 代表空箱），左侧半个油箱的实际值为 214，说明左侧半个油箱已经没油，而右侧半个油箱显示为 190，和燃油箱里还有 8L 燃油的实际值相符，如图 1-4 所示。

于是拆下右侧油位传感器进行测量，当位于空油箱位置时，实际测得阻值为 796Ω，感觉比正常值偏小，对比测量左侧油位传感器的实际值为 986Ω。一般情况下，当处于空油箱状态时，油位传感器的阻值一般在 980Ω 左右，当处于满油箱状态时，阻值一般为 80Ω 左右。

说明此故障是由于油位传感器指示不准确造成的，于是把油位传感器更换掉（燃油泵和油位传感器一起提供），加油试车，燃油表指示准确，故障排除。

燃油箱传感器

控制单元：SAMH7

编号	名称	实际值	单位
050	B4/2（燃油显示传感器，右侧半个油箱）	190	
051	B4/1（燃油显示传感器，左侧半个油箱）	214	

图 1-3　两个燃油液位传感器实际值

燃油系统

控制单元：ME97

编号	名称	实际值	单位
630	油箱液位	8	l
628	油箱压力差值	36	hPa
629	电压油箱压力差[ADC（模拟数字转换器）]	5	V
216	燃油泵	关闭/打开	
217	状态“燃油泵”	未激活/已激活	

图 1-4　燃油泵控制单元实际值

案例 2
奔驰 GLC260 无法启动（一）

1．故障现象

一辆奔驰 GLC260，底盘号为 LE4253146，装配 274 发动机，9 速自动变速箱，行驶里程 6120km，客户打电话反映发动机无法启动，要求去现场救援。

2．故障分析及排除

到达救援现场后，尝试启动车辆，发动机能够顺利启动，但是启动后发动机故障灯常亮，电子扇高速运转。由于救援地点离厂区很近，于是把车开回来维修。经询问客户得知，车辆在路边短时间停放后，就出现了无法启动的情况，之前使用一切正常，刚开始以为是蓄电池亏电造成的，谁知救援人员到达现场后，车辆又能启动了。

连接诊断电脑进行快速测试，读取到很多故障码，如图 1-5～图 1-8 所示。

此外，在燃油泵控制单元、前 SAM 控制单元、无钥匙启动（KG）控制单元、辅助防护系统（SRS）控制单元、转向柱模块、ESP 控制单元等都存在很多故障码。由于故障码太多，不能确定故障方向，于是准备清除故障码，然后再次读取故障码。谁知在清除故障码后，发动机就不能启动了。按下 KG 按钮后，仪表提示插入钥匙启动，如图 1-9 所示。插入钥匙后可以开到二挡，但启动时起动机不转。

Y3/8n4 - 9挡变速箱的变速箱控制系统 [启动离合器油压传感器（VGS）] -i-

梅赛德斯-奔驰硬件号	000 901 50 00	梅赛德斯-奔驰软件号	000 000 00 00
梅赛德斯-奔驰软件号	000 902 39 39	梅赛德斯-奔驰软件号	000 000 00 00
诊断标识	000907	硬件版本	15/30 000
软件状态	14/49 000	软件状态	17/39 000
软件状态	17/39 000	引导程序软件版本	14/49 000
硬件供应商	Bosch	软件供应商	Bosch
软件供应商	MB	软件供应商	MB
控制单元型号	VGSNAG3_VGSNAG3_000907		

事件	文本	状态
U142500	未接收到“内燃机”控制单元的油门踏板传感器信号	S
U140400	未接收到“内燃机”控制单元的“发动机扭矩”信号	S
P072700	发动机转速输入信号缺失	S
U140500	未接收到“内燃机”控制单元的“发动机扭矩”信号	S
U016800	与电子点火开关的通信存在故障	S
U140600	未接收到“内燃机”控制单元的“发动机扭矩”信号	S
U140700	收到一个不可信的“发动机转矩”信号	S
U012100	与电控车辆稳定行驶系统（ESP）的通信存在故障	S
U014600	与中央网关的通信存在故障	A+S
U012600	与转向柱模块的通信存在故障	S
U010031	与“内燃机”控制单元的通信存在故障。 信号不存在	S

S=已存储，A+S=当前并且已存储

图 1-5　读取的故障码（一）

N73 - 电子点火开关 [电子点火开关（EZS）] -f-

梅赛德斯-奔驰硬件号	205 901 31 12	梅赛德斯-奔驰软件号	222 902 58 12
诊断标识	020511	硬件版本	13/29 001
软件状态	15/40 001	引导程序软件版本	14/40 001
硬件供应商	Marquardt	软件供应商	Marquardt
控制单元型号	EIS222_EIS222_0511		

故障	文本	状态
U001988	车内控制器区域网络（CAN）通信存在故障。 总线关闭	S

S=已存储

N127 - “传动系统”控制单元（PTCU） -F-

梅赛德斯-奔驰硬件号	000 901 64 02	梅赛德斯-奔驰软件号	000 902 98 43
梅赛德斯-奔驰软件号	000 903 00 19	软件的梅赛德斯-奔驰件号（引导程序）	000 904 17 00
诊断标识	022F23	硬件版本	12/27 000
软件状态	17/32 001	软件状态	17/39 000
引导程序软件版本	12/48 005	引导程序软件版本	11/39 005
硬件供应商	Delphi	软件供应商	Delphi
软件供应商	Delphi	引导程序软件供应商	Delphi
控制单元型号	CEPC_VC13_0_Star2		

故障	文本	状态
U014087	与信号采集及促动控制模组的通信存在功能故障。 信息缺失	S
U042486	接收到来自空调的不可信数据。 存在一个错误的信号	S
U014787	与控制单元“音频或COMAND”的通信存在功能故障。 信息缺失	S
U016487	与空调的通信存在故障。 信息缺失	A+S
U301100	未知的故障码	S
U300E00	未知的故障码	S
U011187	与“蓄电池”控制单元的通信存在故障。 信息缺失	S

S=已存储，A+S=当前并且已存储

图 1-6　读取的故障码（二）

Y3/8n4 - 9挡变速箱的变速箱控制系统 [启动离合器油压传感器（VGS）] -i-

梅赛德斯-奔驰硬件号	000 901 50 00	梅赛德斯-奔驰软件号	000 000 00 00
梅赛德斯-奔驰软件号	000 902 39 39	梅赛德斯-奔驰软件号	000 000 00 00
诊断标识	000907	硬件版本	15/30 000
软件状态	14/49 000	软件状态	17/39 000
软件状态	17/39 000	引导程序软件版本	14/49 000
硬件供应商	Bosch	软件供应商	Bosch
软件供应商	MB	软件供应商	MB
控制单元型号	VGSNAG3_VGSNAG3_000907		

事件	文本	状态
U142500	未接收到“内燃机”控制单元的油门踏板传感器信号	S
U140400	未接收到“内燃机”控制单元的“发动机扭矩”信号	S
P072700	发动机转速输入信号缺失	S
U140500	未接收到“内燃机”控制单元的“发动机扭矩”信号	S
U016800	与电子点火开关的通信存在故障	S
U140600	未接收到“内燃机”控制单元的“发动机扭矩”信号	S
U140700	收到一个不可信的“发动机转矩”信号	S
U012100	与电控车辆稳定行驶系统（ESP）的通信存在故障	S
U014600	与中央网关的通信存在故障	A+S
U012600	与转向柱模块的通信存在故障	S
U010031	与“内燃机”控制单元的通信存在故障。 信号不存在	S

S=已存储，A+S=当前并且已存储

图 1-7　读取的故障码（三）

N10/8 - 后部信号采集及促动控制模组［后部信号采集及促动控制模组（SAM）］ -i-

梅赛德斯一奔驰硬件号	222 901 12 03	梅赛德斯一奔驰软件号	222 902 19 14
诊断标识	020018	硬件版本	13/09 001
软件状态	16/47 000	引导程序软件版本	12/06 005
硬件供应商	Hella	软件供应商	Hella
控制单元型号	BC_R222_E20		

事件	文本	状态
U010087	与“内燃机”控制单元的通信存在故障。 信息缺失	S
U012987	与“再生制动系统”控制单元的通信存在功能故障。 信息缺失	S
U014187	与前部信号采集及促动控制模组的通信存在故障。 信息缺失	S
U015187	与辅助防护装置（SRS）的通信存在功能故障。 信息缺失	S
U015587	与仪表盘的通信存在故障。 信息缺失	S
U016887	与电子点火开关的通信存在故障。 信息缺失	S
U020387	与“左侧前车门”控制单元的通信存在故障。 信息缺失	S

图 1-8　读取的故障码（四）

图 1-9　仪表提示插入钥匙启动

此时进行快速测试，发现只有 19 个控制单元，而原来有 42 个控制单元。像前 SAM 控制单元、后 SAM 控制单元、仪表控制单元、车顶控制单元、KG 控制单元、SRS 控制单元、驻车系统控制单元等这些重要的控制单元都检测不到了。查找网络框图，发现这些控制单元大多分布在 CAN B 上，如图 1-10 所示，于是就准备对 CAN B 上的部件进行重点检查。

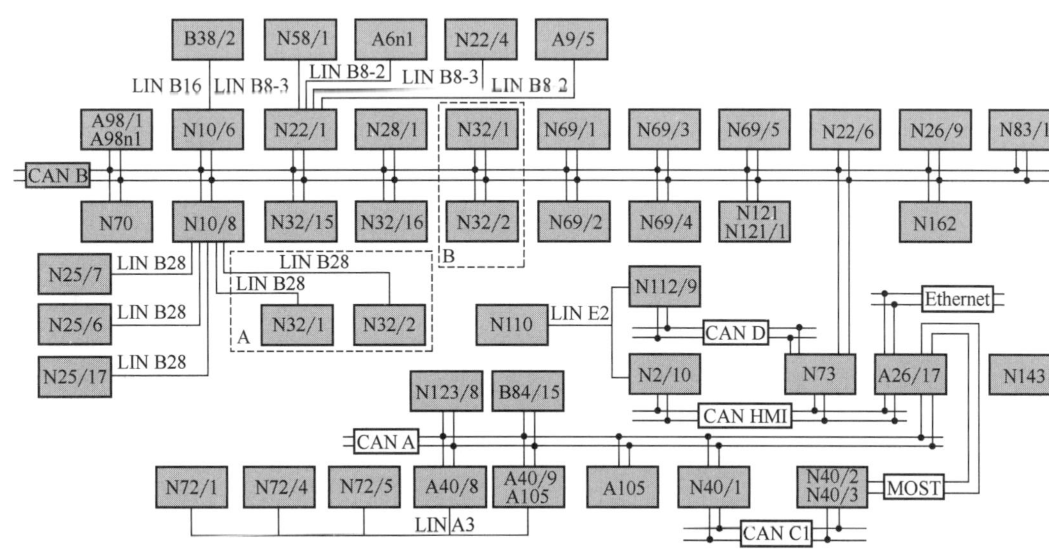

图 1-10　CAN 网络图

查找 WIS 电路图，发现 CAN B 共有两个 CAN 分配器，即 X30/32 和 X30/33，于是首先拆开左侧地毯，找到 X30/32，检查 CAN 分配器上的插头，无松动、腐蚀痕迹。测量 CAN 分配器的阻值为 60.2Ω，正常。连接示波器 HMS990，测试 CAN B 波形也无异常，如图 1-11 所示。

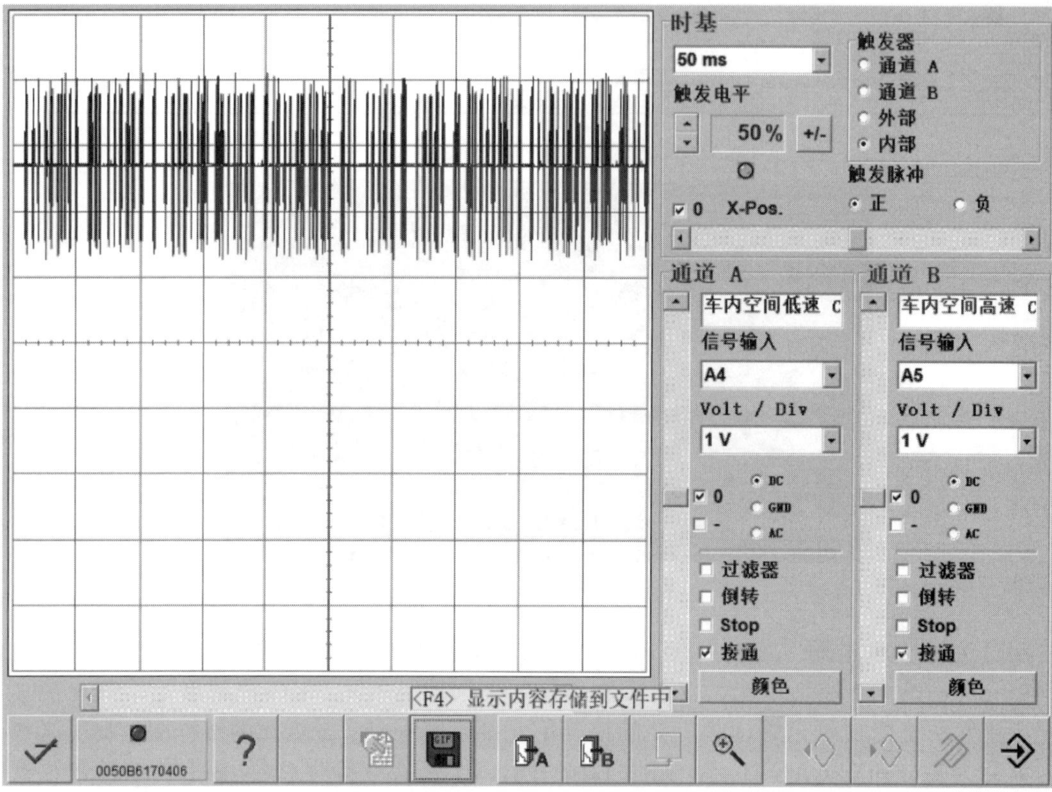

图 1-11 CAN B 波形

针对此类故障，多个控制单元同时损坏的可能性是非常小的，最简单最有效的办法就是逐个拔掉 CAN 分配器上的插头，如果拔掉某个插头后波形恢复正常，那么该插头就是故障点。在排除过程中，发现在未拔掉任何插头的情况下，CAN B 波形有时候会突然上升到 7～11V，如图 1-12 所示，过一会又自动恢复正常。经多次试车发现，在波形恢复正常时，发动机能够启动，变为如图 1-12 所示的波形时，发动机就不能启动了，同时很多控制单元检测不到。

根据维修经验判断，电压会上升到 11V，说明是线路有某处对正极短路造成的，当拔掉一个插头后，波形突然恢复了正常，经检查为左前车门控制单元的 CAN 线插头，于是拆掉左前门饰板，检查左前门控制单元，未发现进水腐蚀痕迹，相连接的线路也无磨损。

检查相关线路时发现该车加装有 360 摄像头，左侧后视镜摄像头的线束通过左前门线束插头一起连接到车内，当检查该线束插头时，发现了问题所在，插头内部已进水腐蚀了，如图 1-13 所示，造成 CAN B 偶尔对正极短路，尝试清洁插头，吹干后重新装复，再次试车一切正常。

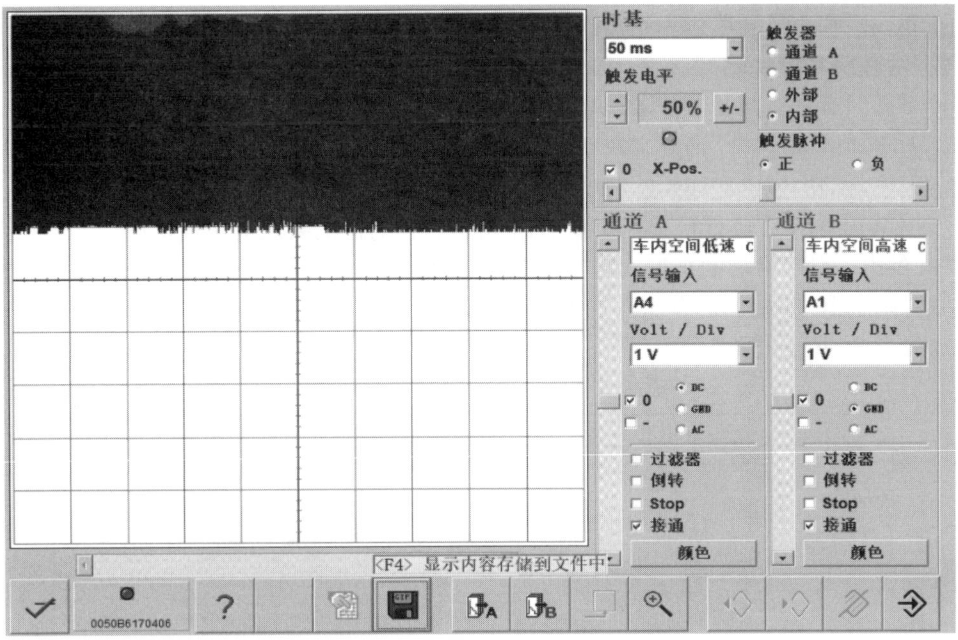

图 1-12 不正常的 CAN B 波形

图 1-13 进水腐蚀的插头

案例 3 奔驰 GLC260 无法启动（二）

1. 故障现象

一辆奔驰 GLC260，底盘号为 LE4253946，装配 274 发动机，9 速自动变速箱，行驶里程 31030km，客户反映车辆无法启动，于是救援拖回维修。

2．故障分析及排除

接车后同客户一起验证故障现象，钥匙可以开二挡，仪表上未发现任何报警。尝试启动车辆，但起动机不运转。询问客户得知，车辆使用一直正常，在停放一天后，再去开车时就出现了无法启动的现象。连接诊断电脑进行快速测试，未发现任何的故障码。

找出 WIS 电路图进行检查，如图 1-14 所示。起动机上共连接两根供电线，分别为 30 供电和 50 供电，对于常规的车型，30 是常供电，而 50 供电只在启动时才有电压。但是装配有电压骤降限制器（R62）的车型，在不启动时，30 接头上也是没有供电的，在启动的时候才通过 R62 输出 30 供电。

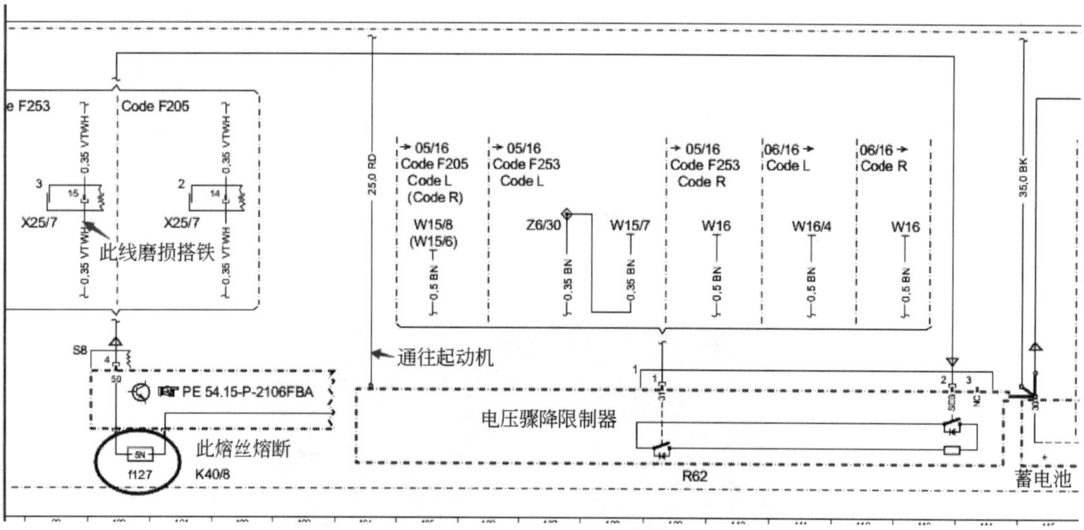

图 1-14　启动系统电路图

首先检查 K40/8 熔丝盒（位于发动机舱左侧）中的 f127 熔丝，发现该熔丝已熔断。使用万用表测量 f127 至 R62 之间的线路，发现有搭铁现象。从电路图中看出，f127 熔丝和 R62 之间经过了插头 X25/7，该插头位于左前地毯下方，于是准备找到此插头后进行分段测量，当把地毯拆下检查线束时，发现了故障点所在，有一处线束已磨损搭铁，包扎受损线束，并更换熔丝后，再次启动一切正常，故障排除。

案例 4

奔驰 GLC260 无法启动（三）

1．故障现象

一辆奔驰 GLC260，底盘号为 LE4253946，装配 274 发动机，9 速自动变速箱，行驶里程 17930km，客户反映行驶中熄火，之后无法启动，救援拖回维修。

2．故障分析及排除

接车后打开钥匙，仪表上无任何报警。尝试启动车辆，但是起动机不运转。向客户了解情况，据客户反映车辆停放一会后，启动车辆时，起动机发出“刺啦”声响，感觉启动无力，勉强着车，熄火后就再也无法启动了。

连接诊断电脑进行快速测试，读取到故障码如图 1-15 和图 1-16 所示。

A1 - 仪表盘（KI）

梅赛德斯－奔驰硬件号	205 901 85 08	梅赛德斯－奔驰软件号	205 902 83 11
梅赛德斯－奔驰软件号	205 902 84 11	梅赛德斯－奔驰软件号	205 902 64 08
梅赛德斯－奔驰软件号	205 902 85 08	梅赛德斯－奔驰软件号	205 902 34 03
梅赛德斯－奔驰软件号	205 902 35 03	梅赛德斯－奔驰软件号	205 902 90 11
软件的梅赛德斯－奔驰件号（引导程序）	205 904 50 00	诊断标识	002C03
硬件版本	14/32 000	软件状态	15/46 000
软件状态	15/46 000	软件状态	15/27 000
软件状态	15/42 000	软件状态	14/41 000
软件状态	14/41 000	软件状态	15/46 000
引导程序软件版本	15/46 000	引导程序软件版本	15/46 000
硬件供应商	Continental	软件供应商	Continental
软件供应商	Continental	软件供应商	Continental
软件供应商	Continental	软件供应商	Continental
软件供应商	Continental	软件供应商	Continental
引导程序软件供应商	Continental	控制单元型号	IC222_IC205_E016_Muster

故障	文本	状态
B1FE097	“行驶挡位”显示存在功能故障。 系统功能受限制	S

S=已存储

图 1-15 读取的故障码（一）

N10/6 - 前部信号采集及促动控制模组［前部信号采集及促动控制模组（SAM）］

梅赛德斯－奔驰硬件号	205 901 39 04	梅赛德斯－奔驰软件号	222 902 11 12
诊断标识	020018	硬件版本	13/08 001
软件状态	15/29 000	引导程序软件版本	12/06 005
硬件供应商	Hella	软件供应商	Hella
控制单元型号	BC_F222_E19_2		

故障	文本	状态
P126F62	发动机启动／停止自动装置“热启动”信号存在故障。 信号比较有故障	S

图 1-16 读取的故障码（二）

两个都为存储故障码，况且仪表上挡位能够正常显示，根据维修经验判断和不能启动关系不大。查阅该车维修历史，发现不久前由于发动机进水，更换了连杆及活塞等部件，首先转动曲轴检查是否抱死，经检查转动正常。

由于启动机不转，所以首先要检查启动系统，这款车的启动系统与其他车型相比，有很大的不同之处。一般车型在启动时，由电子点火开关发出启动信号，进而发动机控制单元 ME 控制前 SAM 控制单元中的启动继电器给起动机供电。而在新款车型上，例如 C 级车（205 车型）、GLC（253 车型）上，启动系统的控制方式有了改变。

启动时，电子点火开关控制单元的 50 信号通过底盘 FlexRay 传递给传动系统控制单元，传动系统控制单元再通过传动系统控制器区域网络（CAN）将信号传递给发动机控制单元（ME）。ME 控制单元通过搭铁信号促动起动机 50 继电器，起动机继电器上的电源触点闭合。当发动机转速达到 400～700r/min 或 5～40s 的启动时间后（取决于冷却液温度），ME 控制单元会中断对起动机 50 继电器的促动，从而结束启动。

与大部分车型不同的是，蓄电池正极接线柱上安装了一个电压骤降限制器（R62），如图 1-17 所示。其任务是在发动机启动过程中，防止蓄电池电压降至规定电压值以下，通过临时限制起动机的电流实现此操作。

在不启动时，起动机的 30 及 50 供电都是 0V，电子点火开关发出启动信号后，启动信号 50 到达 R62，R62 内部继电器吸合后，再把起动机的 30 供电送出。不启动时在起动机接线处测量 30 及 50 供电，两者电压都为 0V，而启动瞬间都在 13V 左右（已连接充电机），正常。

图 1-17　R62 安装位置

根据检测结果，更换起动机后，发动机启动正常。

案例 5

奔驰 C200 无法启动（一）

1．故障现象

一辆进口车型奔驰 C200，底盘号为 WDD204041，装配 271 机械增压发动机，5 速自动变速箱，行驶里程 209750km，刚做过常规保养，就出现了无法启动的现象。

2．故障分析及排除

接车后尝试启动车辆，发现起动机转动有力，但无法着车，查阅该车进店时的快速测试记录，没有发现相关的故障码。经过初步检查，发现燃油压力为 0。查阅维修历史，该车没有更换过燃油泵，于是就先和客户报价更换了燃油泵及燃油滤芯，装复完成后，启动车辆时，依然无法启动。再次进行快速测试，读取到发动机控制单元中的故障码如图 1-18 所示。

N3/10 - 内燃机“M271”的发动机电子设备“SIM271KE20”［ME（发动机电子设备）］

梅赛德斯－奔驰硬件号	004 446 94 40	诊断标识	18/15
硬件版本	07/20	软件状态	08/27 00
供应商ID	158	供货商	Continental
控制单元型号	M70D00	软件梅赛德斯－奔驰件号（代码）	010 448 24 40
软件的梅赛德斯－奔驰件号（数据）	271 903 01 00		

故障	文本	状态
0017	排气凸轮轴（气缸列1）的位置与曲轴位置相比不可信	S
0461	左侧燃油液位传感器存在故障	S
2541	燃油低压回路的压力传感器对地短路	S

S=已存储

图 1-18　读取的故障码

故障码中 0461 及 2541 都是在更换燃油泵及燃油滤芯时拔插头造成的，并不是造成无法启动的原因，此时进入发动机控制单元的实际值，查看燃油压力为 4.2bar（$1bar=10^5Pa$，下同），并且压力能够保持一段时间不下降，说明更换燃油泵后，燃油供给系统已恢复正常。怀疑多次启动造成“淹缸”，于是把火花塞拆掉，发现火花塞的电极周围很黑，有很多油迹，如图 1-19 所示。进行清洗后重新装复，尝试启动车辆时依然无法启动。

由于启动时根本没有着车迹象，根据维修经验判断，听启动时的声音感觉没有缸压，利用诊断电脑进行缸压测试，结果不正常。于是拆掉气门室盖检查正时情况，此款 271 发动机为直列四缸，检查正时的时候需先把曲轴皮带轮上 OT 位置对准前端盖上正时标记，两个凸轮轴调节器位置分别对应相应的正时标记。

当拆掉气门室盖后，发现了问题所在，发现排气正时严重错位，进气正时也有一定程度的错位，如图 1-20 所示。究其原因，发现两个凸轮轴调节器齿轮都有严重磨损，汽油泵损坏后多次启动，造成跳齿，如图 1-21 所示。与做完保养后出现此故障，纯属巧合。于是报价、更换两个凸轮轴调节器、链条及其他相关部件后，把发动机重新装复，试车正常。

图 1-19　火花塞上有很多油迹

图 1-20　严重错位的正时

图 1-21　严重磨损的凸轮轴调节器

案例 6
奔驰 C200 无法启动（二）

1. 故障现象

一辆奔驰 C200，底盘号为 LE4204048，装配 271 涡轮增压发动机，电子换挡杆式 7 速自动变速箱，客户打电话说车辆短时间停放后，出现了无法启动的现象，要求救援。

2. 故障分析及排除

到达现场后，用遥控钥匙对车辆解锁和上锁都正常，但是启动时仪表黑屏，没有一点反应，凭经验判定不是蓄电池亏电引起的故障，于是拖回维修。

连接诊断电脑进行快速测试，读取的故障码如图 1-22 所示。

N73 - 电子点火开关 [电子点火开关 (EZS)]　　F

梅赛德斯－奔驰硬件号	207 905 26 00	诊断标识	000011
硬件版本	09/16 00	软件状态	09/18 00
硬件供应商	Marquardt	软件供应商	Marquardt
控制单元型号	W204_0011		

故障	文本			状态
A25407	电动转向锁存在故障。 存在一个机械故障			A+S
	名称	首次出现	最后一次出现	
	频率计数器	—	1	
	总行驶里程	152784km	152784km	
	运行周期计数器	—	0	

A+S=当前并且已存储

图 1-22　读取的故障码

此车装配有电子转向锁（ELV），位于转向柱上，如图 1-23 所示。电子转向锁控制单元处理电子点火开关（N73）的信息并通过双向串行数据线与其连接。电子转向锁控制单元可执行以下任务。

① 计算散列值。

② 在以下情况下向电子点火开关控制单元（N73）报告故障：散列值错误，未达到/未检测到解锁位置。

③ 通过霍尔传感器对锁定螺栓进行位置监测。

④ 通过中间零位继电器接通集成电机，以锁定或解锁锁定螺栓。

⑤ 通过锁定螺栓将转向柱固定到位。

转向解锁：电子转向锁首先接收电子点火开关发出的唤醒信号，然后接收一个有效的驾驶授权代码，再在控制单元中计算并比较该代码，控制单元随后通过中间零位继电器沿解锁方向运行电机。

转向锁定：将钥匙转到“0”位置会启动电子转向锁“锁定”电源，电子转向锁接收电子点火开关发出的唤醒信号，从而使控制单元沿“锁定”方向启动中间零位继电器。

根据故障码进行引导，结果为“电子转向锁的返回值不正常，需更换部件电子转向锁控制单元”。于是按照要求更换电子转向锁并用橙色钥匙进行编程后，如图 1-24 所示。车辆可以正常启动，故障排除。

图 1-23　电子转向锁安装位置

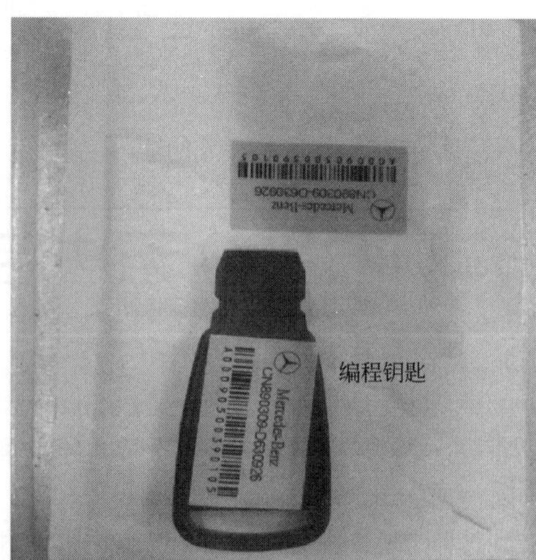

图 1-24　编程钥匙

案例 7

奔驰 E260 无法启动

1. 故障现象

一辆奔驰 E260，底盘号为 LE4212136，装配 274 发动机，7 速自动变速箱，电动助力转向系统，行驶里程约 37000km，客户反映正常行驶时，仪表上突然出现了许多报警信息，方向也很沉，完全失去助力，赶紧靠路边停车，但此时发动机无法熄火，后来拔掉 KG 按钮，把钥匙插到点火开关里面才能熄火，但熄火后却又出现了无法启动的现象，仪表上出现“请勿换挡，请去特许服务中心”的报警提示，于是救援拖回维修。

2. 故障分析及排除

接车后尝试启动车辆，可以顺利启动，仪表盘上也无任何报警。于是首先连接诊断电脑进行快速测试，读取到很多通信方面的故障码，如图 1-25～图 1-27 所示。

中央网关（ZGW） - 中央网关（中央网关（ZGW））　F

梅赛德斯—奔驰硬件号	231 901 40 00	梅赛德斯—奔驰软件号	231 902 99 02
诊断标识	020302	硬件版本	13/24 01
软件状态	13/24 80	引导程序软件版本	13/24 80
硬件供应商	Bosch	软件供应商	Bosch
控制单元型号	BR231_MOPF212		

故障	文本	状态
U103288	底盘控制器区域网络（CAN）通信存在故障。 总线关闭	A+S
U103212	底盘控制器区域网络（CAN）通信存在故障。 存在对正极短路	S

事件	文本	状态
U118200	底盘控制器区域网络（CAN）网络管理不稳定	A+S

S=已存储，A+S=当前并且已存储

图 1-25　读取的故障码（一）

N62 - 驻车系统（PARK）　F

梅赛德斯—奔驰硬件号	000 901 76 02	梅赛德斯—奔驰软件号	000 902 53 19
诊断标识	004501	硬件版本	12/32 00
软件状态	13/08 04	引导程序软件版本	12/32 00
硬件供应商	Valeo	软件供应商	Valeo
控制单元型号	Appl_004501		

故障	文本	状态
U012287	与“牵引系统”控制单元的通信存在功能故障。 信息缺失	A+S
U015187	与辅助防护装置（SRS）的通信存在功能故障。 信息缺失	S

图 1-26　读取的故障码（二）

N148 - 360° 摄像机　F

梅赛德斯—奔驰硬件号	000 901 80 02	梅赛德斯—奔驰软件号	000 902 10 17
诊断标识	000007	硬件版本	12/51 00
软件状态	12/51 03	引导程序软件版本	12/51 00
硬件供应商	Magna	软件供应商	Magna
控制单元型号	SVS166_000007		

故障	文本	状态
U021287	与转向柱模块的通信存在故障。 信息缺失	S
U015586	与仪表盘的通信存在故障。 存在一个错误的信号	A+S
U012987	与“再生制动系统”控制单元的通信存在功能故障。 信息缺失	A+S

S=已存储，A+S=当前并且已存储

图 1-27　读取的故障码（三）

根据故障现象及维修经验判断，肯定是CAN线出现故障或者是CAN线上某个的电器部件出现问题。但由于故障现象不存在，这么多的故障码一时也无法确定是哪里出现问题，准备清除故障码并再次读取故障码，以确定故障范围，但清除故障码后再次进行快速测试，没有任何故障码，故障排除一时没了方向。

幸运的是过了一会再次启动时，故障现象出现了，此时起动机不能运转，仪表上出现许多报警信息，马上连接诊断电脑读取故障码，依然是报了许多通信方面的故障码。同时发现发动机控制单元，变速箱控制单元，转向柱模块，左前、右前两个安全带拉紧器等多个控制单元检测不到。

查找WIS，找出网络框图，发现这些检测不到的控制单元都在CAN E上，如图1-28所示。看来此故障不仅仅引起无法启动及仪表报警，还引起了整个CAN E系统的控制单元都检测不到，以至于在中央网关中报了CAN E总线关闭的故障码。在车辆正常使用过程中，如果控制单元不能发送一定数量的信息或不能完全发送到控制器区域网络（CAN）总线，那么总线关闭故障码被设置。于是把排除故障的重点锁定到CAN E系统上。

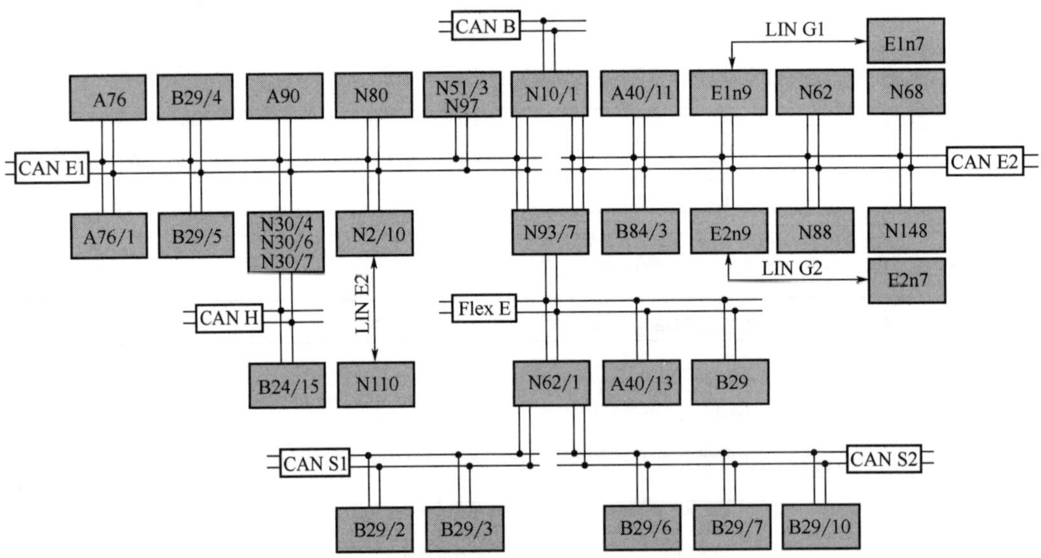

图1-28　CAN线网络框图

首先拆开驾驶员侧的地毯，检查CAN E分配器，用万用表测量分配器上面的电压，发现将近12V，正常情况下CAN线电压应为2.5V左右。这说明某个地方存在对电源短路。于是就在CAN分配器上逐个拔插头，当拔掉某一个时，发动机可以启动了，此时把快速测试中的控制单元列表和正常车进行比较，发现控制单元中少了两个后保险杠雷达传感器。

难道是雷达传感器坏了？在举升机上把车升起来，拔掉雷达传感器的插头，发现故障现象依然存在，说明故障点在线路方面。从电路图（图1-29）上可以看到，两个后部雷达传感器共用了一个插头X172/2，当把此插头拔掉时，发现插壳内已经进水腐蚀，从而造成线路短路，并引起CAN总线系统的紊乱。进行清洗处理后，重新装复，发动机可以正常启动，试车一切正常。

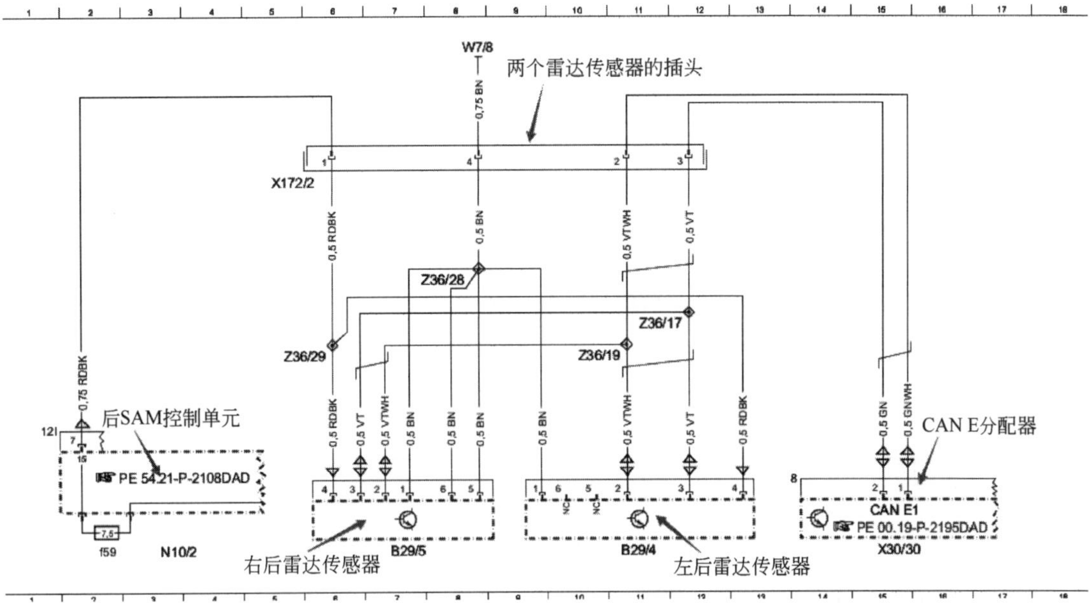

图 1-29　后部雷达传感器电路图

案例 8

奔驰 C260 无法启动

1．故障现象

一辆新款奔驰 C260，底盘号为 LE4205177，装配 264 发动机，9 速自动变速箱，48V 轻混系统，行驶里程 2720km，客户反映车辆无法启动，要求救援。

2．故障分析与排除

到达救援现场后，尝试启动车辆，但起动机不转，钥匙可以开二挡，仪表上挡位可以正常显示，同时还有 ESP 系统报警、主动制动辅助系统、电子驻车制动器等多个报警。根据维修经验，这不是单纯的蓄电池亏电引起的无法启动。由于当时是晚上下着大雪，客户比较着急，现场不具备诊断条件，尝试对车辆断电后，发动机可以正常启动，于是把车开回维修。

连接诊断电脑进行快速测试，读取到故障码如图 1-30～图 1-32 所示。

从故障码中可以看出，很多控制单元都报了与牵引系统控制单元的通信方面的故障码，故障引导都提示“读取 ESP 控制单元的故障存储器，继续在 ESP 控制单元内进行故障诊断，检测结束”，故障范围锁定在了 ESP 控制单元及其线路上，于是找出 ESP 控制单元的相关电路图进行测量，如图 1-33 所示。

拔掉 ESP 控制单元的插头，首先测量 1 号、30 号针脚（供电）和搭铁之间的电压都为 12.3V，正常。测量 ESP 控制单元插头 25 号、41 号针脚的阻值（线束侧 FlexRay）为 102Ω，正常。测量 26 号、42 号针脚的阻值（线束侧 FlexRay）为 96Ω，也在正常范围内。测量 25 号、41 号针脚，26 号、42 号针脚（ESP 控制单元侧 FlexRay）都为 2410Ω，也正常。于是更换 ESP 控制单元后，清除故障码，进行试车一切正常，故障排除。

N127 - “传动系统”控制单元（PTCU） —f—

梅赛德斯－奔驰硬件号	000 901 11 07	梅赛德斯－奔驰软件号	000 902 31 46
梅赛德斯－奔驰软件号	000 903 64 27	软件的梅赛德斯－奔驰件号（引导程序）	000 904 92 00
诊断标识	023E17	硬件版本	17/12 000
软件状态	18/17 000	软件状态	18/17 000
引导程序软件版本	17/28 000	引导程序软件版本	17/28 000
硬件供应商	Continental	软件供应商	Continental
软件供应商	Continental	引导程序软件供应商	Continental
控制单元型号	CPC_NG_R17B		

故障	文本	状态
U012287	与“牵引系统”控制单元的通信存在功能故障。 信息缺失	S

S=已存储

N118 - “燃油泵”控制单元［燃油系统控制单元（FSCU）08］ —i—

梅赛德斯－奔驰硬件号	000 901 38 06	梅赛德斯－奔驰软件号	000 902 02 38
梅赛德斯－奔驰软件号	000 903 53 13	诊断标识	00330C
硬件版本	16/34 000	软件状态	16/48 000
软件状态	17/10 000	引导程序软件版本	11/20 000
硬件供应商	Continental	软件供应商	Continental
软件供应商	Continental	控制单元型号	FSCM_GEN4_Programmstand_x30C

事件	文本	状态
U012287	与“牵引系统”控制单元的通信存在功能故障。 信息缺失	S

S=已存储

图 1-30 读取的故障码（一）

N3/10 - 内燃机“M264”的发动机电子设备“MED41”［ME（发动机电子设备）］ —f—

梅赛德斯－奔驰硬件号	264 901 04 00	梅赛德斯－奔驰软件号	264 902 31 00
梅赛德斯－奔驰软件号	264 903 69 00	软件的梅赛德斯－奔驰件号（引导程序）	264 904 03 00
诊断标识	004410	硬件版本	15/50 000
软件状态	18/06 000	软件状态	18/15 000
引导程序软件版本	17/27 000	引导程序软件版本	17/27 000
硬件供应商	Bosch	软件供应商	Bosch
软件供应商	Bosch	引导程序软件供应商	Bosch
控制单元型号	MED41_R17B		

故障	文本	状态
U012287	与“牵引系统”控制单元的通信存在功能故障。 信息缺失	S

S=已存储

M1/10 - 控制单元“皮带驱动式起动机发电机”（RSG） —i—

梅赛德斯－奔驰硬件号	264 901 14 00	梅赛德斯－奔驰软件号	264 902 27 00
梅赛德斯－奔驰软件号	264 903 50 00	诊断标识	008541
硬件版本	18/24 000	软件状态	18/09 003
软件状态	18/09 003	引导程序软件版本	16/31 001
硬件供应商	Bosch	软件供应商	Bosch
软件供应商	Bosch	控制单元型号	RSG48V1_R17B6

事件	文本	状态
U0122FB	与“牵引系统”控制单元的通信存在功能故障	S

S=已存储

图 1-31 读取的故障码（二）

Y3/8n4 - 9挡变速箱的变速箱控制系统［启动离合器油压传感器（VGS）］ —i—

梅赛德斯－奔驰硬件号	000 901 50 00	梅赛德斯－奔驰软件号	000 000 00 00
梅赛德斯－奔驰软件号	000 902 79 39	梅赛德斯－奔驰软件号	000 000 00 00
诊断标识	00090B	硬件版本	15/30 000
软件状态	14/49 000	软件状态	17/39 001
软件状态	17/39 001	引导程序软件版本	14/49 000
硬件供应商	Bosch	软件供应商	Bosch
软件供应商	MB	软件供应商	MB
控制单元型号	VGSNAG3_VGSNAG3_00090B		

事件	文本	状态
U140C00	接收到不可信的右后车轮速度信号	S
U140B00	接收到不可信的左后车轮速度信号	S
U140A00	接收到不可信的右前车轮速度信号	S
U140900	接收到不可信的左前车轮速度信号	S
U140800	接收到一个不可信的“制动灯”开关信号	S
U012100	与电控车辆稳定行驶系统（ESP）的通信存在故障	S
U014600	与中央网关的通信存在故障	S
U114129	未接收到制动扭矩信号和“制动灯”开关的信号。 存在一个无效的信号	S
U114131	未接收到制动扭矩信号和“制动灯”开关的信号。 信号不存在	S
U015531	与仪表盘的通信存在故障。 信号不存在	S

S=已存储

图 1-32 读取的故障码（三）

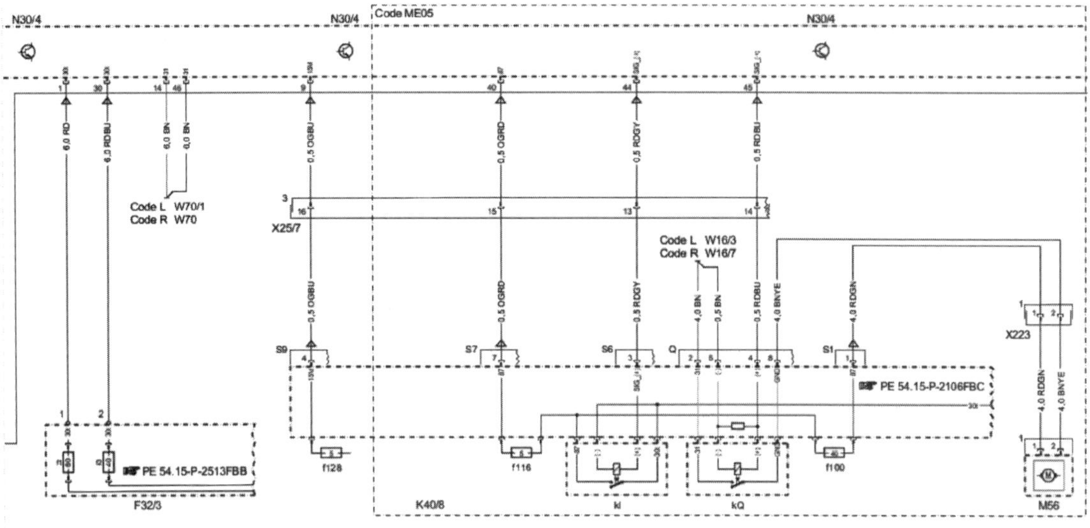

图 1-33　ESP 控制单元的电路图

故障总结

该车故障比较简单，但新款车型与前款车型不同的是，使用底盘 FlexRay 取代了传统的 CAN E 数据总线。FlexRay 是一种串行的确定性容错总线系统，FlexRay 由用于发送差动信号的双绞数据线组成，可以改善抗干扰性，连接的各控制单元都能够发送或接收电压脉冲形式的数据。其传输速率为 10Mbit/s。与控制器区域网络（CAN）不同，各个控制单元并未连接至电位分配器，各个不同的支路在电子点火开关（EZS）处聚集在一起，支路内的控制单元以串联方式连接，起点始终是电子点火开关（EZS），如图 1-34 所示。所以，为了使底盘 FlexRay 能够正常工作，电子点火开关（EZS）和电控车辆稳定行驶系统（ESP）或电动动力转向系统控制单元必须正常工作，另外，支路中的终端电阻器也必须是完整的。

立体探测多功能摄像头、短程雷达传感器、远程雷达传感器、电控车辆稳定行驶系统（ESP）控制单元、电子点火开关控制单元、电动动力转向机构控制单元、转向柱模块控制单元、传动系统控制单元等使用此网络。电控车辆稳定行驶系统控制单元和电子点火开关控制单元、传动系统控制单元、转向柱模块控制单元构成了与其他总线系统相连的控制单元之间的数据交换接口。

目前，在底盘 FlexRay 的具体诊断中，基本是通过测量供电、线路的通断以及节点阻值来判断故障点的。节点又分为通用节点、中间节点、末端节点。根据车型及具体配置的不同，每个控制单元在实际线路中的排列位置（节点位置）是不同的。如果使用奔驰专用示波器 HMS990 来测试 FlexRay 的波形，不能像测量 CAN 线那样同时测量 CAN H 和 CAN L 两根线的波形，因为影响到了 FlexRay 的电阻，只能一次测试一根线的波形。一般来说，系统由休眠状态进入工作状态时，每个控制单元都可以唤醒系统，在唤醒后，三个冷启动控制单元（N30/4、N73、N68）授权进行唤醒模式的数据同步。系统工作时，至少要有两个冷启动控制单元能够正常工作，控制单元的供电正常，终端电阻及其连接线路正常。该车是由于ESP控制单元在网络中起着网关的作用，同时又是一个重要的冷启动控制单元，损坏后造成了系统的紊乱，影响到了车辆的启动。

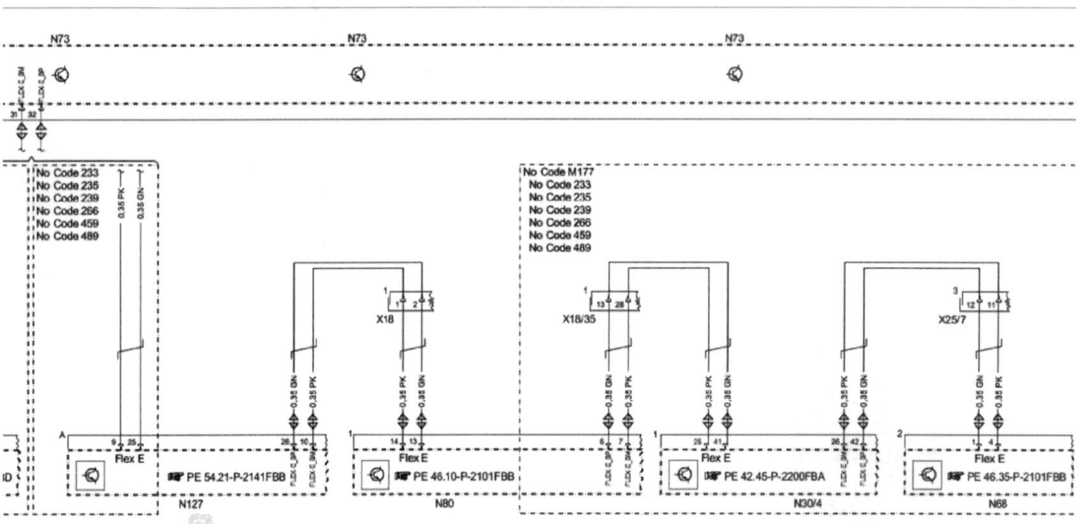

图 1-34　FlexRay 相关电路图

案例 9
奔驰 S300 无法启动

1. 故障现象

一辆奔驰 S300，底盘号为 WDD221154，装配 272 发动机，7 速自动变速箱，行驶里程约 120150km，客户反映车辆无法启动，拖回维修。

2. 故障分析及排除

接车后打开钥匙，发现仪表黑屏，启动时没有一点反应。询问客户得知，当时车辆在外地，车辆短时间停放后出现了无法启动的现象，向做维修的朋友咨询，告诉他拔下 KG 按钮，插入钥匙，当他用钥匙启动时，又可以正常启动了，行驶中也没有什么异常，当时也没在意，谁知中途停车再次启动时，一点反应都没有，随后在附近修理厂检查，没能找到原因。

连接诊断电脑进行快速测试，读取到故障码如图 1-35～图 1-37 所示。

ME 9.7 - 发动机电控系统9.7				- F - i
MB 号码 0034467740	HW 版本 09.37	SW 版本 09.40	诊断版本 8/25	插针 101
FW 号码 2729020000	FW 号码（数据） 2729033000	FW 号码（Boot-SW）		

编码	文本	状态
0077	检测部件B37（油门踏板传感器）的电位计。霍尔传感器1：对地短路或断路（P2122）	已存储的
0237	风扇功率的要求不可信	当前的和已存储的
2385	进气凸轮轴（气缸列1）的位置在冷启动时沿"晚"方向偏离规定值	已存储的

事件	文本	状态
1437	未曾收到控制单元空调器的CAN信息	事件"当前"和"已-存储"

图 1-35　读取的故障码（一）

ABR - 自适应制动器				- f - i
MB 号码 2219014700	HW 版本 09.22.00	SW 版本 11.24.00	诊断版本 020808	插针 101
FW 号码 2219029902	FW 号码（数据）	FW 号码（Boot-SW）		

编码	文本	状态
550700	检查部件S9/1（制动灯开关）	已存储的
550500	检查部件S9/1（制动灯开关）	已存储的

事件	文本	状态
742200	读取控制单元N69/1（左前车门控制模块）的故障存储器	事件"已存储"
742800	底盘CAN总线：由控制单元N10/2（后部带熔丝和继电器模块的SA-M控制模块）通过CAN总线发送的一个或多个信号不可信	事件"已存储"
742700	底盘CAN总线：由控制单元N10/1（前部带熔丝和继电器模块的SA-M控制模块）通过CAN总线发送的一个或多个信号不可信	事件"已存储"
556400	底盘CAN总线：控制单元发动机控制的CAN信号"静态发动机扭矩"不可信	事件"已存储"
617500	未曾收到来自控制单元N93（中央通道控制模块）或N10/2（后部带熔丝和继电器模块的SAM控制模块）的CAN信息	事件"已存储"
740200	CAN信号"安全带锁开关"不可信	事件"已存储"
626500	由控制单元发动机控制模块通过CAN总线发送的一个或多个信号不可信	事件"已存储"
740400	由控制单元发动机控制通过CAN总线发送的一个或多个信号不可信	事件"已存储"

图 1-36　读取的故障码（二）

KI - 组合仪表				i
MB 号码 2219017800	HW 版本 09.16	SW 版本 10.21	诊断版本 18/7	插针 101
FW 号码 2219024702 2219025400 2219023200 2219024802	FW 号码（数据）	FW 号码（Boot-SW）		

事件	文本	状态
C01A	未曾收到控制单元车载电网控制模块的CAN信息	事件"已存储"
C01D	未曾收到控制单元自适应制动器的CAN信息	事件"已存储"
C01E	未曾收到控制单元自适应制动器的CAN信息	事件"已存储"
C01F	未曾收到控制单元变速箱的CAN信息	事件"已存储"
C023	未曾收到控制单元驾驶员信号探测和控制模块的CAN信息	事件"已存储"
C02F	未曾收到控制单元COMAND（操作、显示和控制单元）的CAN信息	事件"已存储"
C032	未曾收到控制单元左前可转换的安全带拉紧器的CAN信息	事件"已存储"
C033	未曾收到控制单元右前可转换的安全带拉紧器的CAN信息	事件"已存储"
C037	未曾收到控制单元COMAND（操作、显示和控制单元）的CAN信息	事件"已存储"
C005	未曾收到控制单元自动空调的CAN信息	事件"当前"和"已存储"

图 1-37　读取的故障码

除这些故障码之外，还有很多其他的故障码，查找相关部件网络框图，如图 1-38 所示，发现这些部件并不在同一类 CAN 线上连接，没有找到什么共同点，只好根据故障码进行检查，当拆掉前 SAM 控制单元时发现了问题所在，前 SAM 控制单元的塑料外壳上有明显的烧蚀痕迹，拆掉塑料外壳发现里面的电路板上烧蚀了一大块，如图 1-39 所示，初步判断是前 SAM 控制单元损坏导致车辆无法启动。对比烧蚀处发现是 C5 插头，逐个测量插头上的线路，没有发现短路的地方，于是订购前 SAM 控制单元。

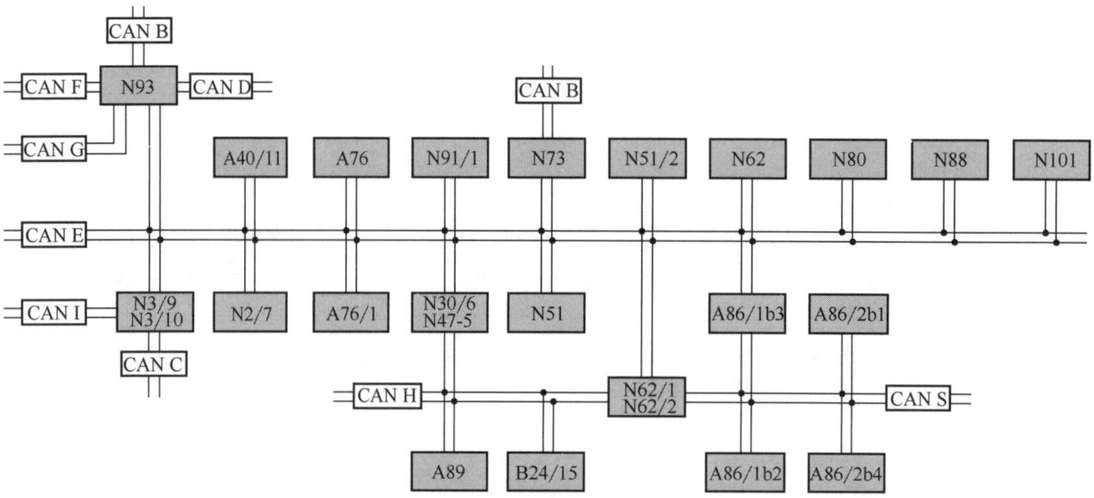

图 1-38　相关部件的网络框图

图 1-39　损坏的前 SAM 控制单元

到货后更换，并按照标准流程做试运行，可以顺利启动，仪表上无任何报警，进行其他功能检查时发现电子扇高速运转，空调不能用。检查空调控制单元的供电熔丝，正常，拆掉右前脚坑饰板，准备在空调控制单元的插头上测量供电，却发现供电插头脱落，把插头插上后，空调可以正常使用，电子扇也恢复正常。于是准备清除故障码，这时突然闻到一股很浓的烧焦味，赶紧拔出钥匙并断开蓄电池负极线，发现前 SAM 控制单元处冒出很多烟。拆掉前 SAM 控制单元，发现壳体上烧焦了一大块，如图 1-40 所示。再次对比烧蚀的插头，依然是 C5 插头，仔细检查烧蚀处，发现 14 号针脚最严重，对比电路图发现是空调控制单元的供电针脚，如图 1-41 所示。

图 1-40　再次烧坏的前 SAM 控制单元

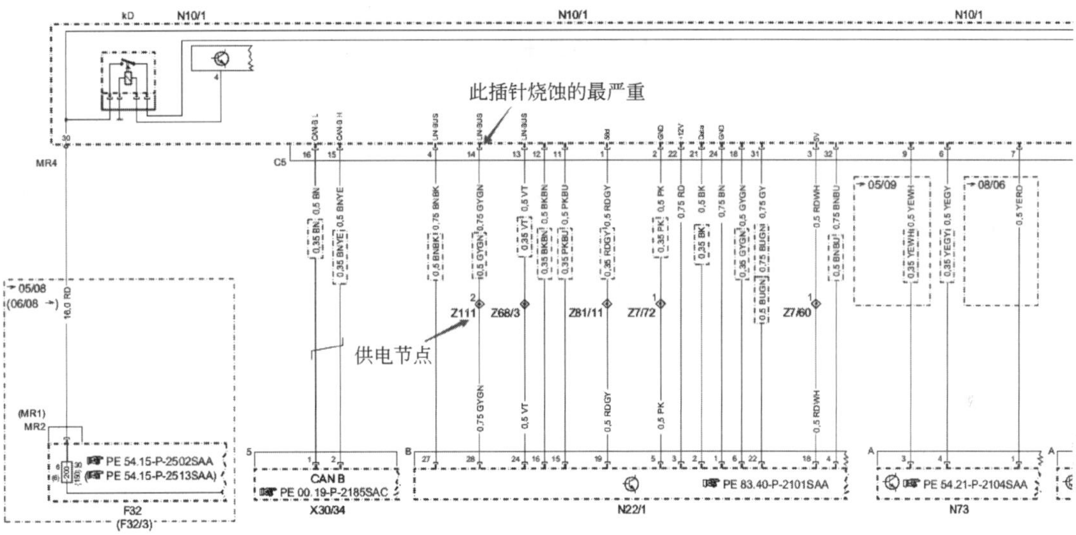

图 1-41　前 SAM 控制单元的相关电路图

但是检查熔丝时发现，空调控制单元的供电熔丝并没有烧断。令人感到很费解是，为什么没有插上空调控制单元的插头时正常，而插上后不到 1min 前 SAM 壳体就能烧个窟窿，而熔丝却没有熔断呢？难道是熔丝盒内部短路了？把熔丝盒分解，并没有发现异常，接着把空调控制单元的外壳拆开，检查内部电路板，也没有发现异常。

仔细查看电路图，发现通过 Z111 节点供电的部件，除了空调控制单元外，还有左侧 B 柱气流分配促动电机和右侧 B 柱气流分配促动电机。这两个电机分别位于左前和右前座椅的地毯下面。于是拆掉座椅及地毯检查，发现左侧电机内部已经进水腐蚀了，如图 1-42 所示。

根据维修过程及电路图分析认为，两个风门电机直接由前 SAM 控制单元供电，没有经过熔丝，而空调控制单元通过 LIN 线对风门电机进行调节。在断开空调控制单元插头时，风门电机处于静止状态，内部没有短路，当插上空调控制单元的插头后，空调系统要进行自检并在正常工作时进行风门调节，从而造成风门电机内部短路并烧坏前 SAM 控制单元。于是把前 SAM 控制单元和腐蚀的电机更换掉，车辆可以顺利启动，进行试车一切正常。

图 1-42　进水腐蚀的电机

案例 10

奔驰 E200 无法启动

1. 故障现象

一辆奔驰 E200，底盘号为 LE4212134，装配 274 发动机，7 速自动变速箱，行驶里程 20350km，客户反映发动机无法启动。

2. 故障分析及排除

接车后尝试启动车辆，但是起动机不运转。询问客户得知，车辆经过短时间停放后出现了无法启动的现象。

连接诊断电脑进行快速测试，读取到发动机控制单元中的故障码如图 1-43 所示：

N3/10 - Motor electronics 'MED40' for combustion engine 'M274' (ME)

MB object number for hardware	274 901 19 00	MB object number for software	270 904 01 00
MB object number for software	270 902 64 00	MB object number for software	274 903 60 02
Diagnosis identifier	02203B	Hardware version	11/13 00
Software version	11/25 00	Software version	13/46 00
Software version	15/18 00	Boot software version	11/25 00
Hardware supplier	Bosch	Software supplier	Bosch
Software supplier	Bosch	Software supplier	Bosch
Control unit variant	VC11		

Fault	Text	Status
P061116	The control unit 'fuel injector' has a malfunction (output stage fault of control unit 'combustion engine'). The limit value for electrical voltage has not been attained	S
P209000	Actuator 'Exhaust camshaft' (cylinder bank 1) has a short circuit to ground	S
P1D0111	The vent valve for the crankcase has a short circuit to ground. There is a short circuit to ground	S
P208800	Actuator 'Intake camshaft' (cylinder bank 1) has a short circuit to ground	S
P003100	The output for the heater of oxygen sensor 1 (cylinder bank 1) has a short circuit to ground	S
P024511	The output for the low-pressure turbocharger has a short circuit to ground. There is a short circuit to ground	S
P045800	The purge valve of the evaporative emission control system has a short circuit to ground	S
P25051C	The power supply at the input of the control unit 'combustion engine' has an electrical fault. The voltage value is outside the permissible range	S

S=STORED

图 1-43　读取到发动机控制单元中的故障码

尽管这几个故障码都是引起故障灯亮的原因，但根据维修经验判断和不能启动没有直接关系。首先查找 WIS，找出发动机控制单元（ME）的电路图，如图 1-44 所示，在电路图中可以看出，发动机控制单元的供电及搭铁都采用了多线束供电，这样是为了减少电气连接器线束的负荷。经过测量发动机控制单元的供电及搭铁都正常，但是在测量 87M 供电时，发现电压为 0V，显然不正常。

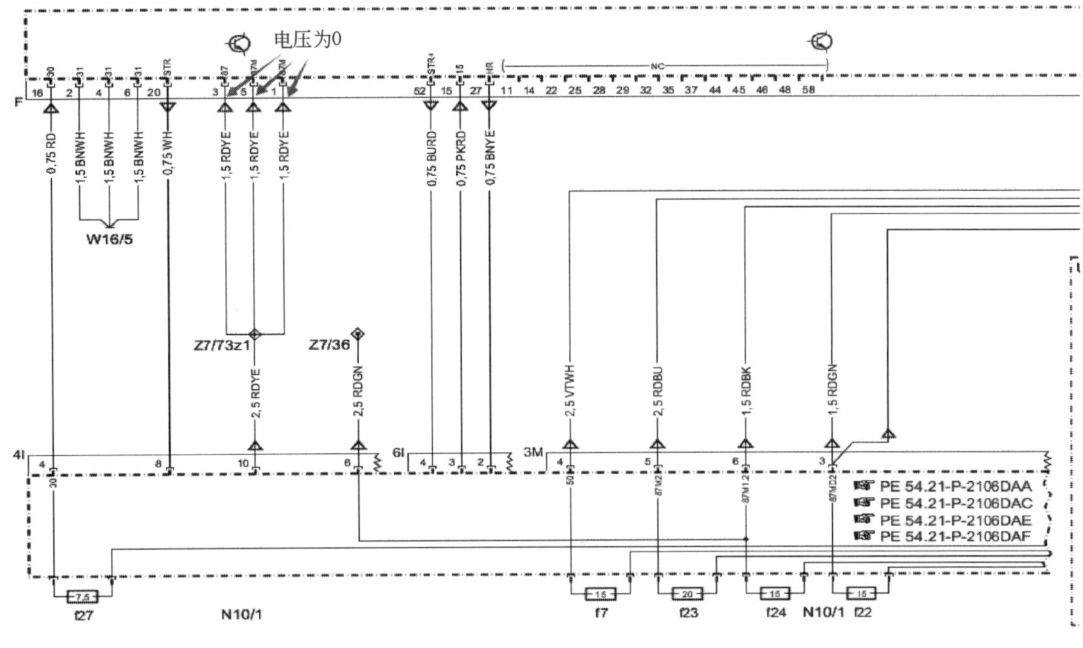

图 1-44　发动机控制单元电路图

在电路图中看出，30 供电经过 KN 继电器后，变为 87M 供电，如图 1-45 和图 1-46 所示。发动机控制单元通过搭铁信号控制 KN 继电器。用万用表测量 KN 继电器线圈阻值为 84.5Ω，正常，给线圈通电后能够正常吸合，也正常。测量 30 供电为 12.3V，正常。说明故障点在于 KN 继电器下游的控制线路。

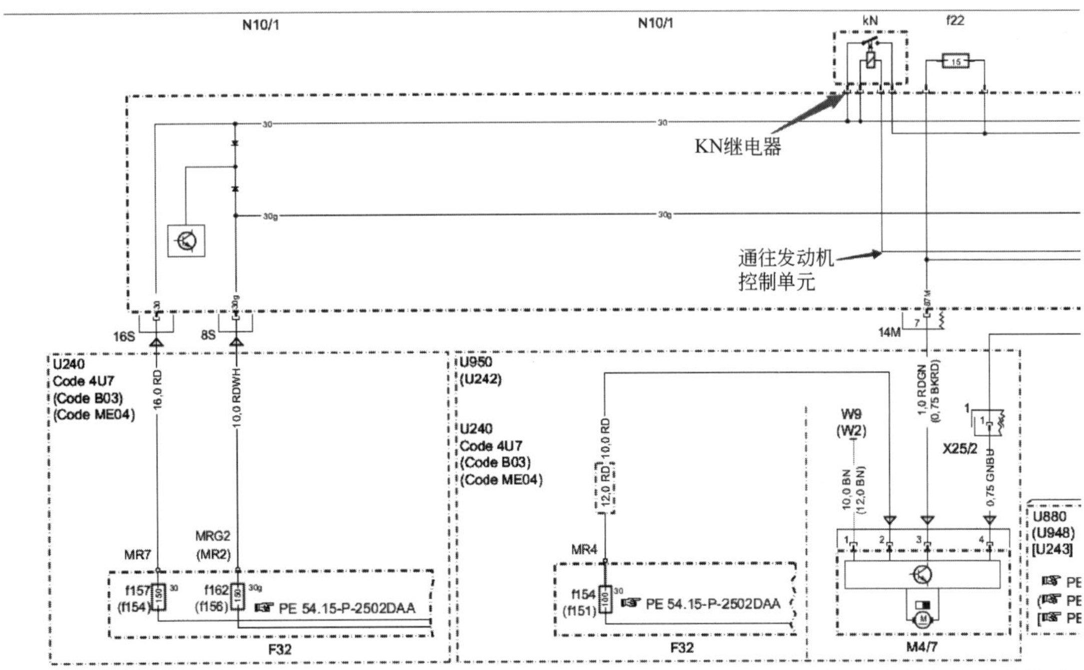

图 1-45　KN 继电器的电路图（一）

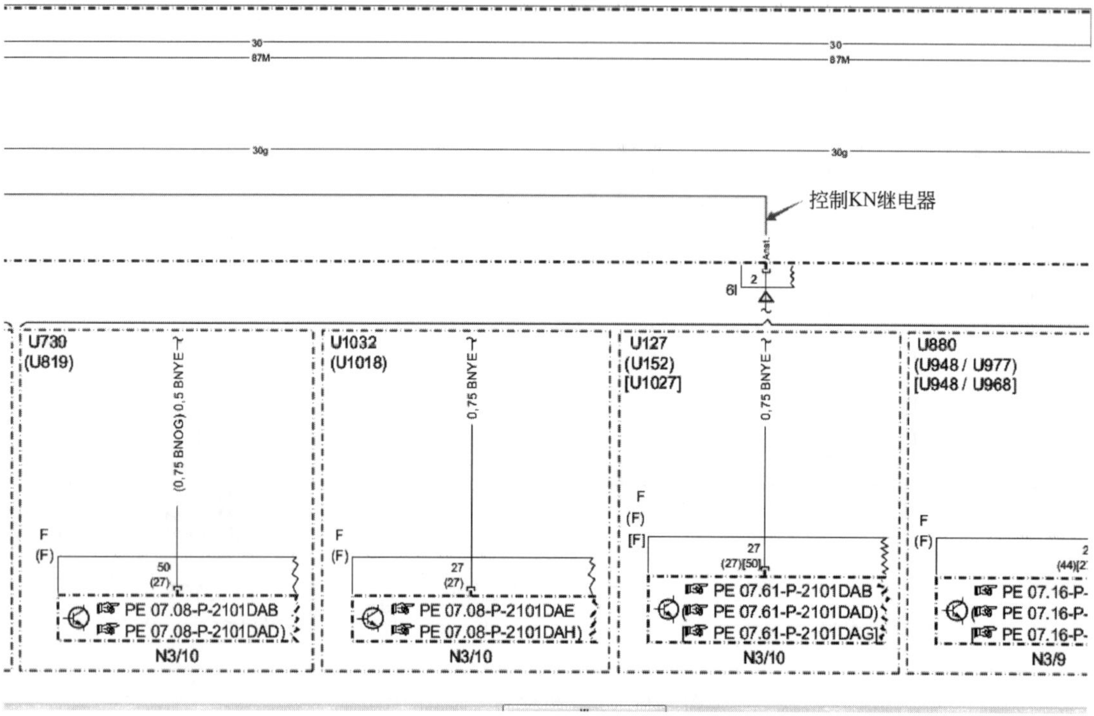

图 1-46　KN 继电器的电路图（二）

实际测量 KN 继电器到 ME 控制单元 27 号针脚之间的线路不导通。于是把熔丝继电器盒拆掉进行分段测量，测量熔丝继电器盒上 6I 插头到 ME 控制单元之间的线路阻值为 0.2Ω，正常。测量 KN 继电器到 6I 之间的线路阻值为不导通，说明是熔丝继电器盒内部出现断路，更换一个新的熔丝继电器盒后，发动机能够正常启动，故障排除。

案例 11
奔驰 C300 无法启动

1．故障现象

一辆奔驰 C300，底盘号为 LE4205148，装配 274 发动机，9 速自动变速箱，行驶里程 4330km，客户反映车辆无法启动，仪表上出现了很多报警，于是救援拖回维修。

2．故障分析及排除

接车后尝试启动车辆，发现仪表上挡位无法正常显示，不能启动。同时仪表盘多功能显示屏上依次出现低压续跑指示器停止运作，请勿换挡、请去特许服务中心，车道保持辅助系统停止运作，ESP 停止运作等很多报警。连接诊断电脑进行快速测试，读取到很多关于通信方面的故障码，如图 1-47～图 1-50 所示。

同时发现发动机控制单元、变速箱控制单元、智能伺服模块、燃油泵控制单元等这些重要部件都检测不到，这些部件都直接影响到发动机启动。这些控制单元同时损坏的可能性是非常小的，肯定是某个控制单元或者是 CAN 网络出现异常，造成检测不到。查找网络框图，如图 1-51 所示。发现这些检测不到的控制单元都在 CAN C1 上面相连，CAN C1 又通过 N127 控制单元和其他 CAN 线进行数据交换，在 CAN 网络中 N127 控制单元起到了网关的作用，同时发现 N127 控制单元也是检测不到的。

N73 - 电子点火开关 [电子点火开关（EZS）]

梅赛德斯—奔驰硬件号	205 901 01 12	梅赛德斯—奔驰软件号	222 902 60 11
诊断标识	020511	硬件版本	13/29 001
软件状态	15/03 001	引导程序软件版本	14/40 001
硬件供应商	Marquardt	软件供应商	Marquardt
控制单元型号	EIS222_EIS222_0511		

故障	文本	状态
U103E00	与底盘FlexRay总线系统的通信存在功能故障	S

事件	文本	状态
U012208	与“牵引系统”控制单元的通信存在功能故障。 存在一个信号故障或信息有错误	S
U116000	识别到一个总线恒醒源	S
U119887	与智能伺服模块（ISM）的通信存在故障。 信息缺失	A+S

S=已存储，A+S=当前并且已存储

图 1-47　读取的故障码（一）

N10/6 - 前部信号采集及促动控制模组 [前部信号采集及促动控制模组（SAM）]

梅赛德斯—奔驰硬件号	205 901 39 04	梅赛德斯—奔驰软件号	222 902 66 11
诊断标识	020017	硬件版本	13/08 001
软件状态	15/09 000	引导程序软件版本	12/06 005
硬件供应商	Hella	软件供应商	Hella
控制单元型号	BC_F222_E18_6		

故障	文本	状态
B181E64	发动机罩传感器存在故障。存在一个不可信的信号	S

事件	文本	状态
U011587	与“传动系统”控制单元的通信存在功能故障。信息缺失	A+S
U012887	与电动驻车制动器的通信存在故障。信息缺失	S
U012964	与“再生制动系统”控制单元的通信存在功能故障。存在一个不可信的信号	S
U021287	与转向柱模块的通信存在故障。信息缺失	S

S=已存储，A+S=当前并且已存储

图 1-48　读取的故障码（二）

N2/10 - 辅助防护装置 [辅助防护系统（SRS）]

梅赛德斯—奔驰硬件号	205 901 83 08	梅赛德斯—奔驰软件号	205 902 79 05
梅赛德斯—奔驰软件号	205 903 40 00	诊断标识	020400
硬件版本	13/41 000	软件状态	14/31 000
软件状态	14/36 000	引导程序软件版本	12/49 000
硬件供应商	Continental	软件供应商	Continental
软件供应商	Continental	控制单元型号	ORC222_Serie

事件	文本	状态
U010087	与“内燃机”控制单元的通信存在故障。信息缺失	A+S

A+S=当前并且已存储

A76 - 左前自适应安全带拉紧器 [左前自适应安全带拉紧器（RevGUS-VL）]

梅赛德斯—奔驰硬件号	222 901 49 01	梅赛德斯—奔驰软件号	222 902 93 09
诊断标识	00860C	硬件版本	12/37 000
软件状态	14/14 000	引导程序软件版本	12/04 000
硬件供应商	Autoliv	软件供应商	Autoliv
控制单元型号	RBTMFL222_D_013		

事件	文本	状态
U010087	与“内燃机”控制单元的通信存在故障。信息缺失	A+S
U012287	与“牵引系统”控制单元的通信存在功能故障。信息缺失	S

S=已存储，A+S=当前并且已存储

图 1-49　读取的故障码（三）

A1 - 仪表盘 (KI)

梅赛德斯—奔驰硬件号	205 901 85 08	梅赛德斯—奔驰软件号	205 904 14 00
梅赛德斯—奔驰软件号	205 902 84 04	梅赛德斯—奔驰软件号	205 902 85 04
梅赛德斯—奔驰软件号	205 902 32 03	梅赛德斯—奔驰软件号	205 902 87 04
梅赛德斯—奔驰软件号	205 902 34 03	梅赛德斯—奔驰软件号	205 902 35 03
梅赛德斯—奔驰软件号	205 902 90 04	诊断标识	002C03
硬件版本	14/32 000	软件状态	14/28 000
软件状态	15/06 000	软件状态	15/06 000
软件状态	14/41 000	软件状态	15/06 000
软件状态	14/41 000	软件状态	14/41 000
软件状态	15/06 000	引导程序软件版本	14/28 000
硬件供应商	Continental	软件供应商	Continental
软件供应商	Continental	软件供应商	Continental
软件供应商	Continental	软件供应商	Continental
软件供应商	Continental	软件供应商	Continental
软件供应商	Continental	控制单元型号	IC222_IC205_E016_Muster

事件	文本	状态
U010087	与“内燃机”控制单元的通信存在故障。信息缺失	A+S
U010987	与“燃油泵”控制单元的通信存在故障。信息缺失	A+S
U012287	与“牵引系统”控制单元的通信存在功能故障。信息缺失	S
U012887	与电动驻车制动器的通信存在故障。信息缺失	S
U013187	与“动力转向”控制单元的通信存在故障。信息缺失	S
U015987	与驻车定位系统（PARKTRONIC）的通信存在故障。信息缺失	S
U021287	与转向柱模块的通信存在故障。信息缺失	S

S=已存储，A+S=当前并且已存储

图 1-50　读取的故障码（四）

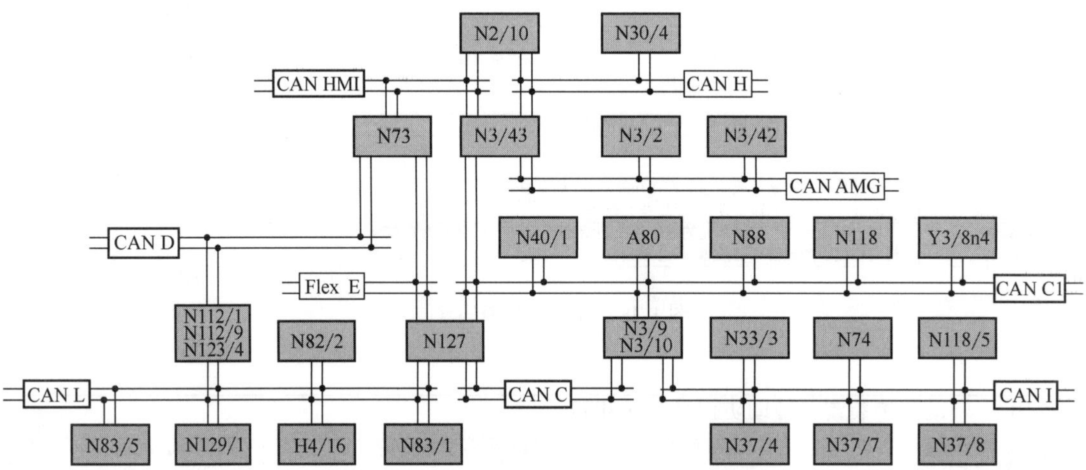

图 1-51　网络框图

根据功能原理及维修经验，首先要把检查的重点放在 N127 控制单元上，拆掉右前地毯，在脚坑处找到 N127 控制单元，根据电路图并结合故障引导进行测量，如图 1-52 所示。首先检查供电熔丝，正常，接着拔掉 N127 上的 C 插头，测量 2 号、3 号针脚到 4 号针脚的电压都在 12.4V 左右。接着根据故障引导，测量 A 插头的 13 号针脚和搭铁之间的电压为 2.40V，29 号针脚和搭铁之间的电压为 2.64V，正常。测量两者之间的线束阻值为 OL，说明线束之间没有短路的地方。连接赫尔曼专用工具，测试 CAN 波形也正常，如图 1-53 所示。于是判定为 N127 控制单元自身损坏，造成无法检测和通信，把 N127 控制单元更换掉，并按照标准流程做试运行后，报警消失，进行试车一切正常。

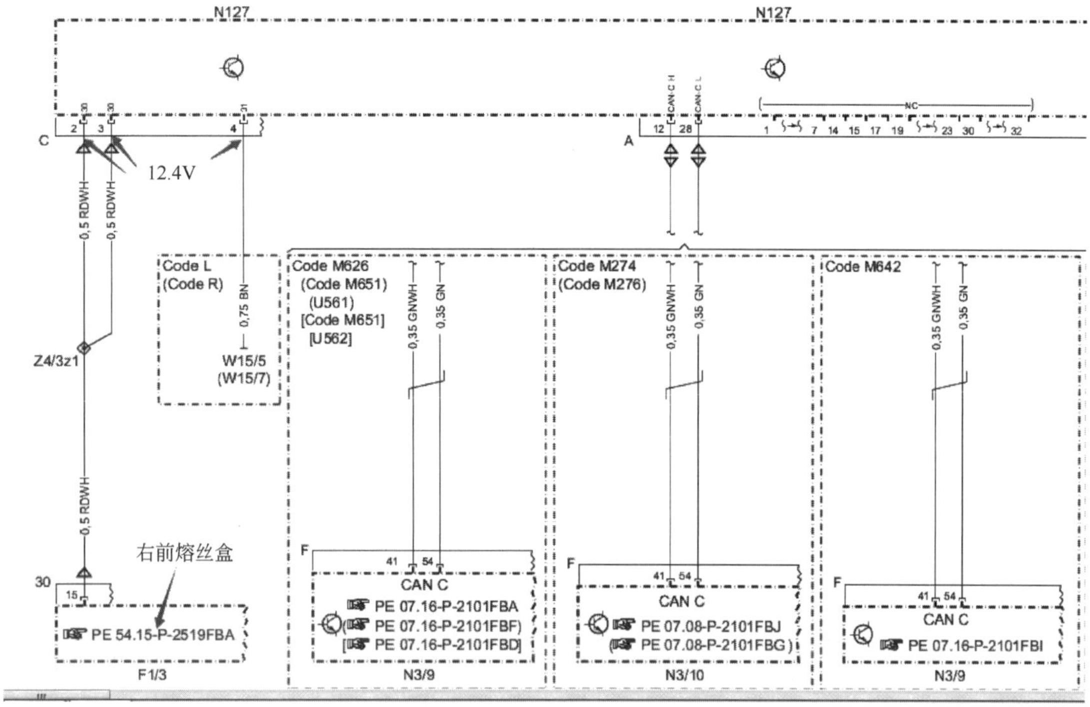

图 1-52　N127 控制单元电路图

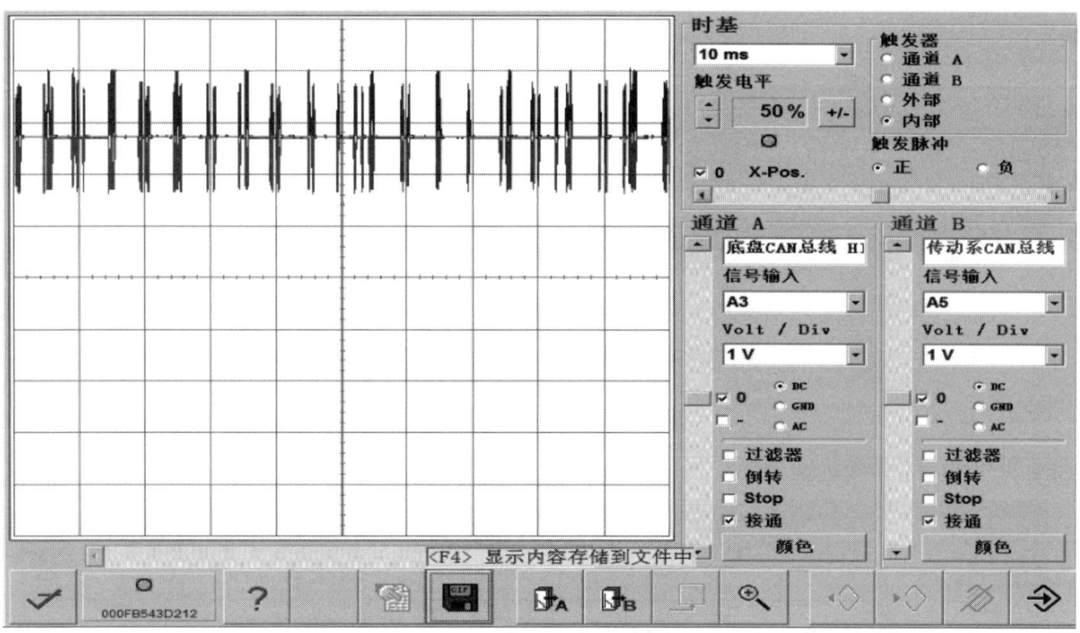

图 1-53　CAN 线波形

案例 12

奔驰 SLK200 有时无法启动

1．故障现象

一辆奔驰 SLK200，底盘号为 WDD172448，装配 271 涡轮增压发动机，电子换挡杆式 7 速自动变速箱，行驶里程 17797km，客户反映凉车时有时无法启动。

2．故障分析及排除

接车后同客户一起试车，发动机启动正常，仪表上无任何报警，挂挡行驶正常，询问客户得知，车辆最近一段时间出现了早上凉车时无法启动的情况，多启动几次又可以着车了，着车后一切正常，热车时不会出现故障现象。之前去过别的店维修，也是到店后无法试出故障现象来，先后升级过发动机控制单元，变速箱控制单元等，但故障现象依然存在。这次准备把车放一夜再试车，希望能把故障彻底解决。

首先连接诊断电脑进行快速测试，读取到许多通信方面的故障码，如图 1-54～图 1-57 所示。故障码牵涉的几个控制单元，如燃油泵控制单元、发动机控制单元、变速箱控制单元等都直接关系到车辆的正常启动。

N118 - “燃油泵”控制单元 [燃油系统控制单元（FSCU）07]

梅赛德斯一奔驰硬件号	000 901 21 00	梅赛德斯一奔驰软件号	000 902 50 12
梅赛德斯一奔驰软件号	000 903 37 01	诊断标识	00220C
硬件版本	10/47 00	软件状态	12/17 00
软件状态	12/17 00	引导程序软件版本	09/37 00
硬件供应商	Continental	软件供应商	Continental
软件供应商	Continental	控制单元型号	VC08_2_x20C

事件	文本	状态
U042700	接收到来自电子点火开关的不可信数据	S

S=已存储

图 1-54　读取的故障码（一）

N30/4 - 电控车辆稳定行驶系统（ESP®）

梅赛德斯一奔驰硬件号	172 901 41 00	梅赛德斯一奔驰软件号	172 902 24 03
诊断标识	000006	硬件版本	10/10 00
软件状态	11/28 00	引导程序软件版本	10/22 00
硬件供应商	Teves	软件供应商	Teves
控制单元型号	000006		

事件	文本	状态
C322000	未收到控制单元“变速箱”的控制器区域网络（CAN）信息	S
C129600	一个或多个由控制单元“N93（中央网关控制单元）”通过控制器区域网络（CAN）总线发送的信息暂时无法使用	S
C156400	未收到控制单元“N73（电子点火开关控制单元）”或“内燃机”的控制器区域网络（CAN）信息	S
C257200	未收到控制单元“内燃机”或“变速箱”的控制器区域网络（CAN）信息	S
C258600	未收到控制单元“内燃机”或“变速箱”的控制器区域网络（CAN）信息	S

S=已存储

图 1-55　读取的故障码（二）

N128 - 电动驻车制动器（EFB）

梅赛德斯一奔驰硬件号	246 545 05 32	梅赛德斯一奔驰软件号	166 902 32 00
诊断标识	000009	硬件版本	10/15 00
软件状态	10/18 00	引导程序软件版本	09/27 00
硬件供应商	TRW	软件供应商	TRW
控制单元型号	_000009		

事件	文本	状态
U010000	未收到控制单元’发动机’的控制器区域网络（CAN）信息	S

S=已存储

图 1-56　读取的故障码（三）

首先进入燃油泵控制单元，并根据故障引导进行检测，故障引导提示由于控制器区域网络（CAN）输入信号不可信，所以生成一个功能性控制器区域网络（CAN）的故障码。故障引导指示读取控制单元 N73（电子点火开关）的故障存储器并处理故障码，但电子点火开关内没有任何故障码，显然不再适用引导性检测。接着又利用诊断电脑检测与变速箱控制单元的通信，结果显示通信成功。

A1 - 仪表盘（KI）

梅赛德斯一奔驰硬件号	172 901 02 01	梅赛德斯一奔驰软件号	172 902 32 04
梅赛德斯一奔驰软件号	172 902 87 03	梅赛德斯一奔驰软件号	172 902 33 04
梅赛德斯一奔驰软件号	172 902 89 03	梅赛德斯一奔驰软件号	172 902 90 03
梅赛德斯一奔驰软件号	000 000 00 00	诊断标识	001B04
硬件版本	11/46 00	软件状态	11/50 00
软件状态	11/46 00	软件状态	11/50 00
软件状态	11/46 00	软件状态	11/46 00
软件状态	255/255 255	引导程序软件版本	11/07 00
硬件供应商	Bosch	软件供应商	Bosch
软件供应商	Bosch	软件供应商	Bosch
软件供应商	Bosch	软件供应商	Bosch
软件供应商	Bosch	控制单元型号	KIG_1_AeJ12_D4_Stand

事件	文本	状态
U010100	与“变速箱”控制单元的通信存在故障	S

S=已存储

图 1-57　读取的故障码（四）

由于故障现象一时不存在，只好找出与故障码相关控制单元的网络框图进行分析，但发现这些控制单元都不在同一个 CAN 总线上（分布在 CAN E、CAN C、CAN G 上），如图 1-58 所示。像这种情况很难确定故障方向，只好把车放凉，等待故障出现，这期间检查了相关控制单元的插头及 CAN 分配器，都没有发现异常现象。

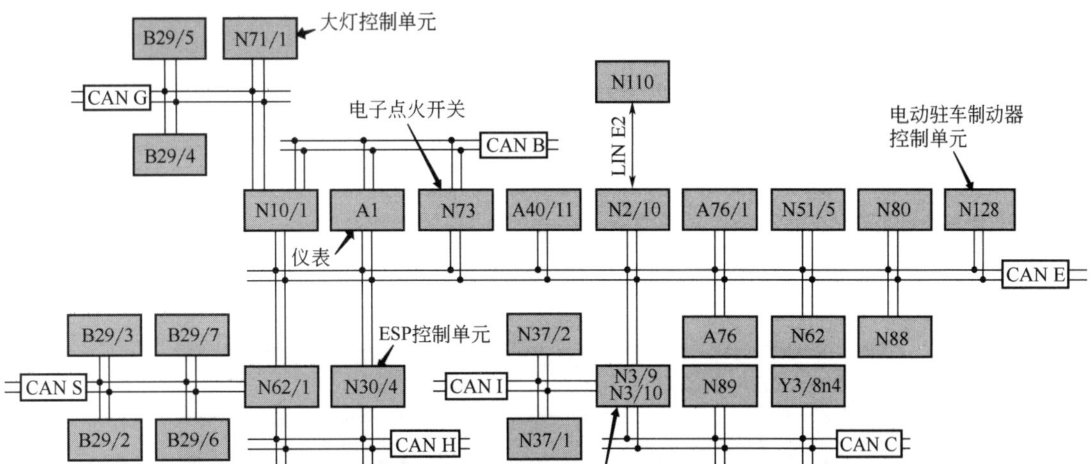

图 1-58　相关控制单元的网络框图

把车放一夜后，再次启动时，故障现象果然再次出现，此时钥匙可以开二挡，启动时起动机不转，同时发现仪表上的挡位也不显示，如图 1-59 所示。故障现象终于有了突破口，于是用举升机把车升起来，拔掉变速箱控制单元的插头，测量 CAN 线及搭铁都正常，但没有供电，于是查找电路图，继续往上游查找变速箱控制单元的供电，如图 1-60 所示。首先检查 f33 供电熔丝，发现没有电压，其上游供电来自一个继电器，其位置如图 1-61 所示，发现晃

图 1-59　仪表上不能正常显示挡位

动该继电器时，挡位就可以显示。拔掉继电器，实际测量继电器线圈阻值为 75.4Ω，正常。给线圈通电后，继电器两端也可以吸合，说明该继电器存在间歇性故障，并且只在凉车时出现故障。

查找维修指导“TIPS”，发现一个“TIPS”上有对类似故障的原因说明：发动机舱内或后排的熔丝和继电器盒内的微型继电器可能存在故障而不能正常吸合，该故障会造成通信路径中断和不同系统出现供电故障，解决措施为更换相应的继电器。于是根据检查结果并参考维修指导把继电器更换掉，多次试车一切正常。

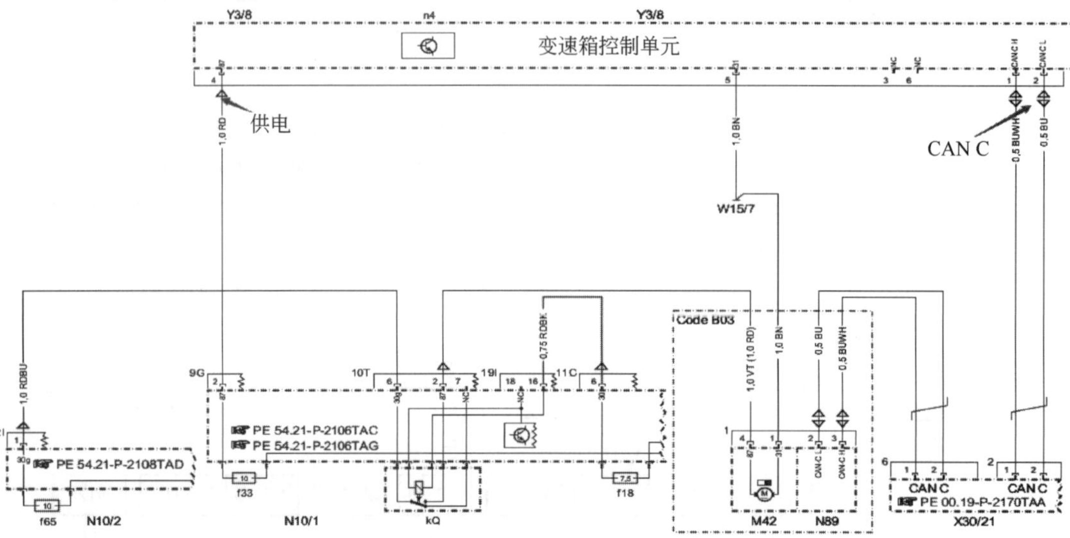

图 1-60　变速箱控制单元的电路图

图 1-61　故障继电器的位置

案例 13

奔驰 C200 有时行驶中熄火

1. 故障现象

一辆奔驰 C200，底盘号为 LE4205142，装配 274 发动机，7 速自动变速箱，行驶里程约为 3000km，客户反映有时车辆行驶中熄火。

2. 故障分析及排除

接车后尝试启动车辆，起动机转动有力，可以顺利着车，着车后发动机运转平稳，并没有发现异常现象。详细询问客户得知，从买新车后就出现了行驶中熄火的现象，故障一般在车速 60km/h 以上时出现，怠速及低速行驶时都正常。但故障现象也不是每次都会出现，故障出现没有什么规律性，熄火时挡位能够正常显示，熄火后立即启动又可以着车。

连接诊断电脑进行快速测试，读取到发动机控制单元及燃油泵控制单元的故障码如图 1-62 和图 1-63 所示。

N118 - Control unit 'Fuel pump' (FSCU08) - f -

MB object number for hardware	000 901 06 01	MB object number for software	000 902 83 24
MB object number for software	000 903 33 04	Diagnosis identifier	003309
Hardware version	11/47 000	Software version	14/30 000
Software version	14/30 000	Boot software version	11/20 000
Hardware supplier	Continental	Software supplier	Continental
Software supplier	Continental	Control unit variant	FSCM_GEN4_Programmstand_x309

Fault	Text	Status
P008A00	The pressure in the fuel low pressure circuit is too low	S
P008700	The fuel pressure in the system is too low	S

图 1-62 读取的故障码（一）

N3/10 - Motor electronics 'MED40' for combustion engine 'M274' (ME) - f -

MB object number for hardware	274 901 12 00	MB object number for software	270 904 07 00
MB object number for software	274 902 67 00	MB object number for software	274 903 44 02
Diagnosis identifier	023948	Hardware version	12/12 000
Software version	12/11 000	Software version	14/48 000
Software version	14/50 000	Boot software version	12/11 000
Hardware supplier	Bosch	Software supplier	Bosch
Software supplier	Bosch	Software supplier	Bosch
Control unit variant	MED40_VC13		

Fault	Text	Status
P008A00	The pressure in the fuel low pressure circuit is too low	S
P008700	The fuel pressure in the system is too low	S

S=STORED

图 1-63 读取的故障码（二）

故障码显示燃油低压回路中的压力过低，由于此车仅行驶约 3000km，根据维修经验，买新车时燃油箱里的油位很低，有很多车都会报燃油压力过低的故障码。由于只有这一个故障码，为了保险起见还是根据故障码进行了相关检查。首先根据故障引导，检测燃油系统的燃油压力及内部密封性，用诊断电脑对燃油压力系统进行 120s 的检测，检测结果为正常。检测的压力值如图 1-64 所示，燃油压力一直稳定在 5bar 左右，正常。

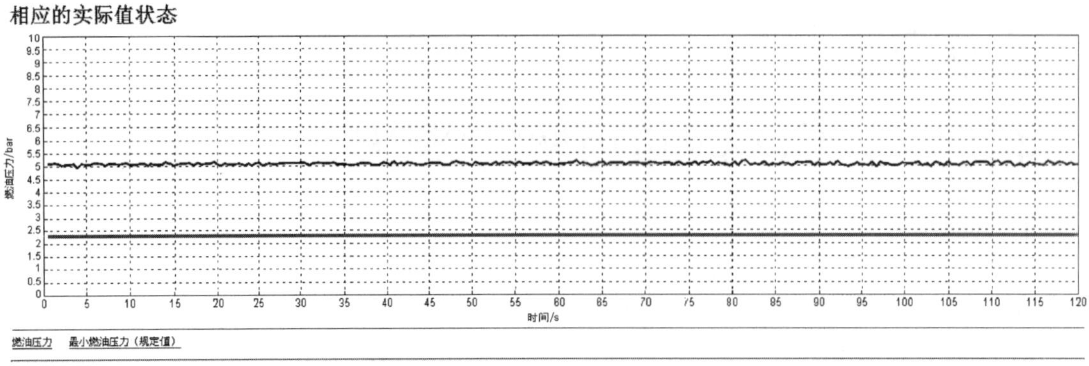

图 1-64　对燃油泵进行压力及密封性测试

检查没有发现异常现象，决定进行路试，看是否能试出故障现象来。路试时，把后排座椅的坐垫拆掉，可以听到燃油泵工作的声音，等红绿灯时，发动机可以通过 ECO（启停功能）正常熄火，燃油泵停止工作，松开制动踏板发动机可以启动，并没有发现任何异常。但后来经过一段下坡路时，溜车时间长了一点，发动机竟然自己熄火了，再次启动依然能够顺利着车，启动后行驶无异常。

怀疑是燃油泵控制单元有问题，在减速断油后，不能及时配合发动机控制单元接通燃油泵，导致发动机熄火。随后对燃油泵控制单元及发动机控制单元进行升级，但故障依旧，尝试调换一个正常车的燃油泵控制单元，故障现象依然出现。但是查看实际值时，发现有地方不正常，在发动机怠速工况下，燃油泵电流、燃油泵电压及燃油泵转速没有显示标准范围，但燃油泵的占空比为 99%，说明燃油泵一直处于全负荷状态，如图 1-65 所示。怀疑是燃油泵的功率不足造成油压过低，从而熄火，尝试更换燃油泵后，实际值恢复正常，试车一切正常。

M3 （燃油泵）
实际值

缩写	编号	名称	实际值	标准值
N3/10 - 内燃机“M274”的发动机电子设备“MED40”（ME（发动机电子设备））	957	发动机转速	721 1/min	[500 .. 1200]
燃油系统控制单元（FSCU）08	214	蓄电池电压	14.50V	[10.50 .. 15.50]
燃油系统控制单元（FSCU）08	035	点火开关的状态	接通	接通
燃油系统控制单元（FSCU）08	947	通过控制器区域网络（CAN）信息发送的燃油要求	是	是
燃油系统控制单元（FSCU）08	351	燃油泵电流	11.25A	
燃油系统控制单元（FSCU）08	867	燃油泵电压	14.20V	
燃油系统控制单元（FSCU）08	995	燃油泵转速	9062 1/min	
燃油系统控制单元（FSCU）08	074	燃油泵当前的占空比	99%	
燃油系统控制单元（FSCU）08	809	燃油压力	5.2bar	

图 1-65　燃油泵的不正常实际值

燃油系统功能介绍

此款车装配的是第四代燃油系统控制单元，燃油系统控制单元的内部名称为FSCM-GEN4，其位置位于右后门槛饰件的下方。由带两个电器连接器的外壳、内部测量装置及控制电子装置组成，其任务是根据需要调节燃油泵，并将当前燃油压力信息发送至 ME 控制单元。

当燃油系统控制单元接收到信号“燃油泵开启”时，则开启燃油泵，该信号由ME控制单元通过传动系统控制器区域网络（CAN C）作为控制器区域网络信号及作为接地信号进行双重传输。燃油系统控制单元通过来自燃油压力传感器的电压信号检测当前油压，并将该信息通过 CAN C 传送至 ME 控制单元。燃油系统控制单元评估当前燃油压力，将其与规定的燃油压力进行比较，然后通过相位偏移交流电压信号相应地促动燃油泵，从而使燃油压力的实际值等于规定值，根据燃油温度和发动机转速，燃油泵压力被控制在约 4.5bar 至最大 6.7bar 之间。

在燃油高压回路中，根据需要产生约 200bar 的燃油压力并调节，以进行喷雾引导式喷射，然后将该压力存储到油轨中，ME 控制单元根据燃油压力及温度传感器调节燃油高压。燃油系统高压泵处有一个油量控制阀，可根据需求和特性图调节供至燃油系统高压泵中泵元件的燃油量。只有当车辆静止且换挡杆处于位置“N”或“P”时，压力会降至 130bar，以减少燃油系统高压泵的噪声排放。

减速燃油切断的功能顺序为在减速模式下，如果未踩下油门踏板，则 ME 控制单元根据冷却液温度、结合的挡位和发动机转速关闭 1 号气缸至 4 号气缸的喷油器。操作油门踏板时，喷油器再次打开，ME 控制单元还会通过进气凸轮轴电磁阀和排气凸轮轴电磁阀将凸轮轴调节至气门重叠量减小的位置，由此可确保燃烧不会出现点火不良。减速燃油切断后，ME 控制单元通过短时间延长喷射时间来加浓空燃混合气，以防止催化转换器受氧气加浓的影响。进行减速燃油切断后，为防止再次加速时扭矩突然增大，ME 控制单元将 1 号气缸的点火线圈至 4 号气缸的点火线圈的点火角向“延迟”进行短暂调节。

案例 14
奔驰 R300 有时行驶中熄火

1. 故障现象

一辆奔驰 R300，底盘号为 WDC251163，装配 276 发动机，7 速自动变速箱，行驶里程约 6000km，客户反映从买新车时就有行驶中熄火的现象，但放一会后，或者多启动几次就又正常了，出现的时间、地点都不相同，故障出现没有任何规律性。

2. 故障分析及排除

接车后尝试启动车辆，能够顺利启动，仪表上也无任何报警，连接诊断电脑进行快速测试，读取到发动机控制单元 ME 内的故障码如图 1-66 所示。

MED 17.7 - Motor electronics for direct injection 17.7				- f -
MB number 2769015600	HW version 12.14.00	SW version 12.26.00	Diagnosis version 002447	Pin 101

FW number	FW number (data)	FW number (boot SW)
0009041000 2769025300 2769036001		

Code	Text	Status
U010987	Communication with control unit 'Fuel pump' has a malfunction. The message is missing	STORED
P062700	The output for the fuel pump has an electrical fault or open circuit	STORED

图 1-66　读取到发动机控制单元 ME 内的故障码

故障码显示与燃油泵控制单元的沟通存在功能故障，信息缺失。燃油泵输出端存在电气故障或断路。根据故障引导，首先利用诊断电脑检测与燃油泵控制单元（N118）的 CAN 通信，结果为通信成功。之后根据故障引导的提示从燃油泵控制单元（N118）中读取故障码，并排除故障，但此时燃油泵控制单元内无任何故障码，显然不再适用于故障引导。进入实际值查看燃油系统数据，均正常，如图 1-67 所示。

名称	实际值	标准值	单位
发动机转速	571	> 500	1/min
控制模块内的温度	45	< 118	°C
部件M3（燃油泵）的耗电量	6.5	< 8	A
燃油压力	4.9	[3.4 … 6.5]	bar
通过部件N3/10 [ME(发动机电控系统)控制单元]要求“M3（燃油泵）”	打开	打开	
端子15	打开	打开	

图 1-67　发动机怠速时的实际值

利用诊断电脑的检测不能确定故障点，之后多次启动及进行路试都无法试出故障现象，于是对发动机控制单元及燃油泵控制单元进行升级后，交于客户观察使用。

谁知第二天，客户再次进厂维修，反映故障再次出现，升级后没有任何改善。连接诊断电脑读取故障码，依然报了原来的通信故障码。于是找出燃油泵控制单元的电路图，准备重点对线路进行检查，从电路图 1-68 中可以看出，燃油泵控制单元的 30 供电来自 F4 熔丝盒中的 f43 熔丝，检查了 f43 熔丝，未发现异常。测量 N118 控制单元的搭铁也正常，用标准插针逐个检查燃油泵控制单元的线束针脚，未发现松旷及腐蚀现象。燃油泵控制单元上有 CAN I 相连，顺便测量了 CAN 线电压，均在正常范围内。

检查完也没有发现任何异常，正准备把拆卸的部件装复时，发动机突然熄火了，考虑到熄火时也就只是拉动了燃油泵控制单元的线束，怀疑故障出在接触不良上，再次对线路进行检查，最终发现燃油泵控制单元的搭铁线（W17/1）的固定螺母没有拧紧，应该是新车出厂时没有装配到位，在用万用表测量时阻值正常，在颠簸中偶尔出现松动搭铁不良，从而造成发动机熄火。把搭铁线重新紧固后，试车一切正常，故障排除。

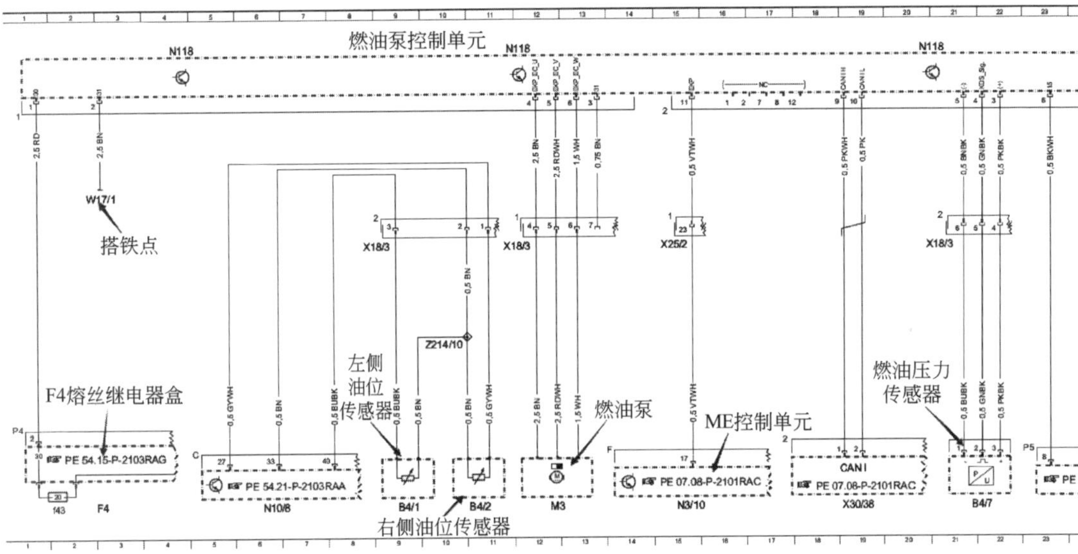

图 1-68　燃油泵控制单元电路图

案例 15

奔驰 G500 有时行驶中熄火

1．故障现象

一辆奔驰 G500，底盘号为 WDC463236，装配 273 发动机，行驶里程 10034km，客户反映出现两次行驶中熄火。

2．故障分析及排除

接车后启动车辆，能够顺利着车，着车后仪表上无任何报警。连接诊断电脑进行快速测试，读取到燃油泵控制单元的故障码如图 1-69 所示。

N118 - Control unit 'Fuel pump' (FSCU07)

MB object number for hardware	000 901 21 00	MB object number for software	000 902 42 16
MB object number for software	000 903 89 01	Diagnosis identifier	00220C
Hardware version	10/47 00	软件状态	13/15 02
软件状态	13/15 02	Boot software version	09/37 00
Hardware supplier	Continental	Software supplier	Continental
Software supplier	Continental	Control unit variant	VC08_2_x20C

Fault	Text	Status
P008700	The fuel pressure in the system is too low	S

Name	First occurrence	Last occurrence
Fuel pressure (absolute)	4.80bar	---
Rpm of fuel pump	8100 1/min	12750 1/min
On/off ratio of fuel pump	100%	nicht verfügbar
Current of fuel pump	5.60A	Überlauf
Ethanol content in fuel	nicht verfügbar	nicht verfügbar
Natural gas operation	an	nicht verfügbar
Ignition (circuit 15):	ein	ein (unplausibel)
Fuel pressure	1.35bar	nicht verfügbar
B4/1 (Left fuel level indicator sensor)	nicht verfügbar	nicht verfügbar
B4/2 (Right fuel level indicator sensor)	nicht verfügbar	nicht verfügbar
Fuel temperature	nicht verfügbar	nicht verfügbar

图 1-69　读取到燃油泵控制单元的故障码

故障码显示燃油压力过低，首先根据故障引导检测燃油压力，发现燃油压力实际值一直稳定在 5bar 左右，正常，诊断电脑提示检测结束。

尽管检查燃油系统没有发现问题，但客户一再强调故障真实存在，于是准备拆下燃油泵检查，检查燃油泵需要先拆下油箱，拆下油箱后，先对线路进行检查。此款车的燃油泵采用的是三相交流电，从电路图 1-70 上可以看出，燃油泵控制线路及油位传感器信号经过一个插头 X18/3 连接到了燃油泵控制单元及 SAM 控制单元，经检查相关插头插针都正常，没有松旷和腐蚀现象。

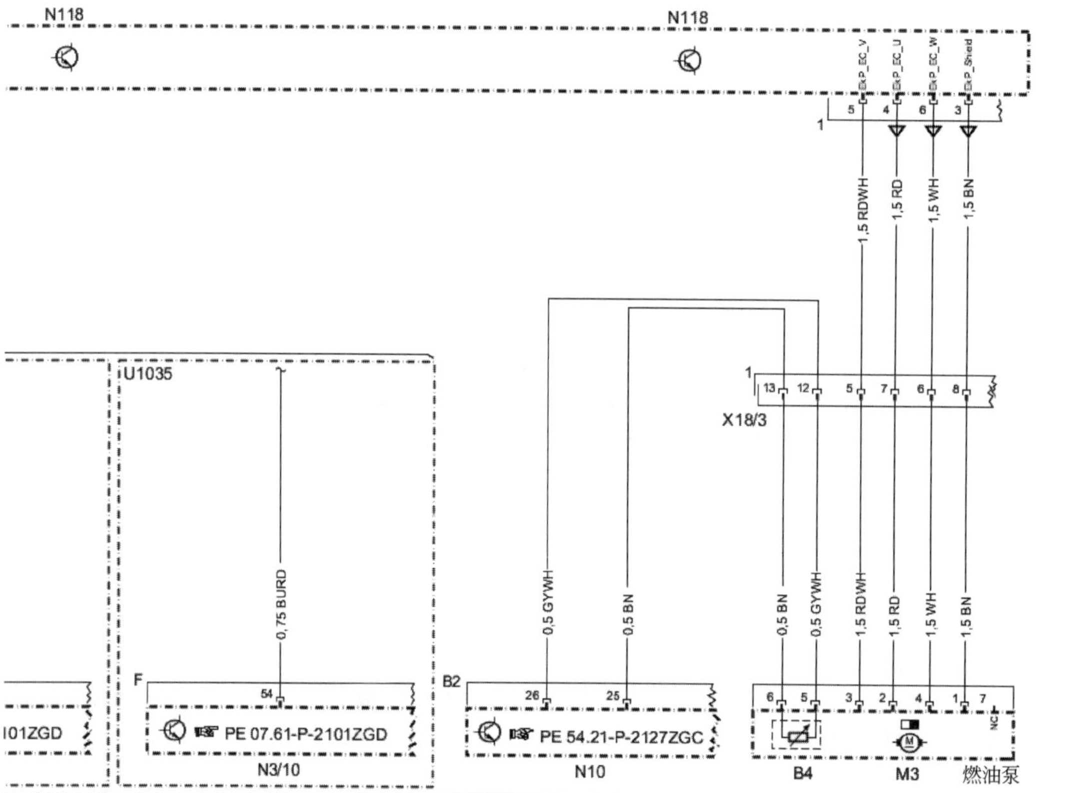

图 1-70　燃油泵系统电路图

在检查过程中详细询问客户得知，除了行驶中熄火外，之前还出现过燃油表不准的现象，于是拆掉油浮子进行测量，发现油浮子位于满油箱位置时，阻值为 50.6Ω，位于空油箱位置时，实际测得阻值为 608Ω，有点偏小。把油浮子单独连接到线束插头上，并上下缓慢移动油浮子，发现仪表上燃油表指针落到 1/4 位置时就不会降了，如图 1-71 所示，而此时的油浮子还没有到达最低端，用一个 900Ω 的模拟电阻取代油浮子，燃油表指针马上就可以落到底，说明是油浮子自身接触不良导致燃油表指示不准，用砂纸对油浮子上的滑片打磨处理后，燃油表指示正常。

对于客户所反映的行驶中熄火，尽管试车时正常，但查看故障码的环境数据时发现控制燃油泵的脉冲系数为 100%，而发动机转速只有 500r/min，燃油压力只有 1.35bar，如图 1-72 所示。根据数据流判断是燃油泵功率不足造成的，于是更换燃油泵后，把车交于客户使用，故障现象没有再出现，故障排除。

图 1-71　燃油表指针位置

P008700 系统中的燃油压力过低

控制单元专用的环境数据

名称	首次出现	最后一次出现
燃油压力（绝对值）	4.80bar	---
燃油泵转速	8100 1/min	12750 1/min
燃油泵脉冲负载系数	100%	nicht verfügbar
燃油泵电流	6.60A	Überlauf
燃油中的乙醇比例	nicht verfügbar	nicht verfügbar
天然气运行模式	an	nicht verfügbar
点火开关（接头15）	ein	ein (unplausibel)
燃油压力	1.35bar	nicht verfügbar
B4/1 （左侧燃油液位指示传感器）	nicht verfügbar	nicht verfügbar
B4/2 （右侧燃油液位指示传感器）	nicht verfügbar	nicht verfügbar
燃油温度	nicht verfügbar	nicht verfügbar
耗油量	780.0L/100km	nicht verfügbar
发动机转矩	320.00Nm	nicht verfügbar
发动机转速	500.00U/min	nicht verfügbar
发动机运行状态	lauft	nicht verfügbar
控制模块内的温度	28.00°C	nicht verfügbar

图 1-72　故障码的环境数据

案例 16

奔驰 GLC260 行驶中熄火

1．故障现象

一辆奔驰 GLC260，底盘号为 LE4253946，装配 274 发动机，9 速自动变速箱，行驶里程约 12870km，客户反映在高速公路上行驶时突然出现发动机抖动，随后熄火就再也无法启动，要求救援维修。

2．故障分析及排除

和客户沟通中得知，车辆熄火前一切正常，仪表上无任何报警，重新启动时起动机转动有力，但无着车迹象。由于是仅行驶一万多千米的新车，燃油滤芯堵塞，燃油泵损坏的可能性是比较小的，根据客户所描述的现象，怀疑是燃油箱里没油了，但是仪表上显示还有两格油，可行驶距离为 91km，如图 1-73 所示。由于客户在外地，于是和客户沟通先加油试试，结果加油后可以启动，于是开回检查。

图 1-73　熄火时仪表上的燃油量

接车后启动着车，起动机转动有力，启动后仪表无报警，连接诊断电脑进行快速测试，读取到故障码如图 1-74 和 1-75 所示。

N118 - “燃油泵”控制单元 [燃油系统控制单元（FSCU）08]

梅赛德斯－奔驰硬件号	000 901 72 02	梅赛德斯－奔驰软件号	000 902 56 33
梅赛德斯－奔驰软件号	000 903 26 10	诊断标识	00330B
硬件版本	13/43 000	软件状态	15/47 000
软件状态	16/19 000	引导程序软件版本	11/20 000
硬件供应商	Continental	软件供应商	Continental
软件供应商	Continental	控制单元型号	FSCM_GEN4_Programmstand_x30B

故障	文本	状态
P008A00	燃油低压回路中的压力过低	S

S=已存储

图 1-74　读取的故障码（一）

N3/10 - 内燃机“M274”的发动机电子设备“MED40”[ME（发动机电子设备）]

梅赛德斯－奔驰硬件号	274 901 12 00	梅赛德斯－奔驰软件号	274 902 92 00
梅赛德斯－奔驰软件号	274 903 01 03	软件的梅赛德斯－奔驰件号（引导程序）	270 904 07 00
诊断标识	023950	硬件版本	12/12 000
软件状态	16/46 000	软件状态	16/46 000
引导程序软件版本	12/11 000	引导程序软件版本	12/11 000
硬件供应商	Bosch	软件供应商	Bosch
软件供应商	Bosch	引导程序软件供应商	Bosch
控制单元型号	MED40_VC15		

故障	文本	状态
P008A00	燃油低压回路中的压力过低	S
P053F94	燃油压力在冷起动时不可信。 存在一个意外的指令	S
P008A04	燃油低压回路中的压力过低。 存在一个内部故障	S
P008700	系统中的燃油压力过低	S

S=已存储

图 1-75　读取的故障码（二）

燃油泵控制单元和发动机控制单元都报燃油压力过低的故障码，这也证实了行驶中熄火是由于燃油表指示不准造成的。于是准备排空油箱让故障再现，一边放油一边观察实际值的变化，发现左侧油箱的油量一直在 11L 左右，右侧油箱的油量逐渐变为 0L，实际值如图 1-76 所示。这时候进行路试，没行驶多远就自动熄火了。拆掉燃油泵检查，燃油泵无任何损坏，油箱内管路无弯曲变形现象，于是把燃油泵更换掉，再次试车油表显示正常。

燃油系统控制单元（FSCU）08	035		点火开关的状态	接通	接通
燃油系统控制单元（FSCU）08	947	i	通过控制器区域网络（CAN）信息发送的燃油要求	是	是
燃油系统控制单元（FSCU）08	351	i	燃油泵电流	2.10A	
燃油系统控制单元（FSCU）08	867	i	燃油泵电压	4.20V	
燃油系统控制单元（FSCU）08	996	i	燃油泵转速	2342 1/min	
燃油系统控制单元（FSCU）08	074		燃油泵当前的占空比	29%	
燃油系统控制单元（FSCU）08	809	i	燃油压力	5.3bar	
燃油系统控制单元（FSCU）08	461		燃油量	30.10L	
燃油系统控制单元（FSCU）08	009		B4/1（燃油箱燃油液位指示器液位传感器，左侧）	11.40L	
燃油系统控制单元（FSCU）08	247		B4/2（燃油箱燃油液位读数液位传感器，右侧）	18.60L	

图 1-76　燃油泵控制单元的实际值

奔驰马鞍形油箱结构介绍

奔驰车型的油箱大多为马鞍形，如图 1-77 所示，而燃油泵位于油箱右侧，燃油经由燃油泵抽出，经过燃油管路传送到汽油滤芯，汽油滤芯位于油箱左侧（新款车型取消了左侧汽油滤芯），燃油经限压阀调节压力后输送至燃油管路及高压泵，汽油滤芯处回流的燃油驱动虹吸泵，将燃油从油箱左侧输送至右侧。此车是由于燃油泵的虹吸效应不足，造成左侧油箱的燃油不能完全输送到右侧，导致行驶中熄火。正常情况下，燃油表指示剩余一格油时燃油报警灯亮起，实际油量在 7L 左右，而此车左侧一直有 11L 燃油，所以燃油报警灯不亮。

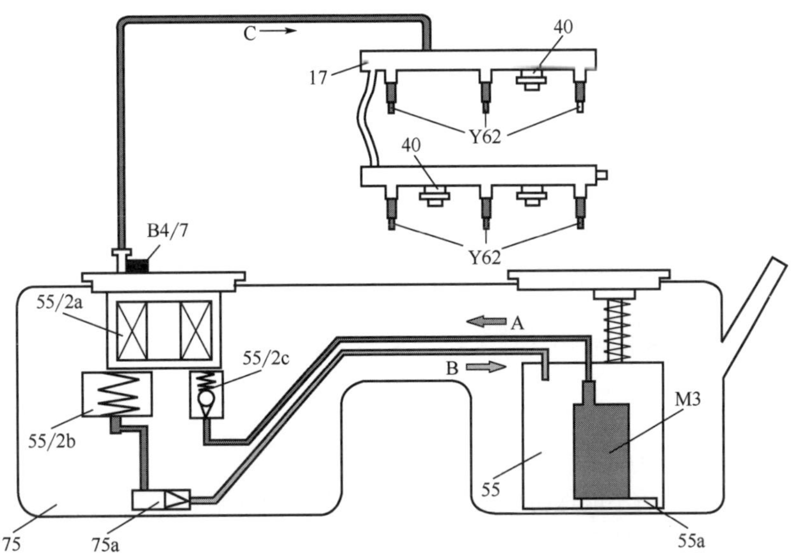

图 1-77　马鞍形油箱结构示意图

案例 17

奔驰 E300 有时启动时间长

1．故障现象

一辆奔驰 E300，底盘号为 LE4213183，装配 264 发动机，9 速自动变速箱，行驶里程 9876km，客户反映发动机有时启动时间长。

2．故障分析及排除

接车后和客户一起试车，发动机启动正常，启动后仪表上无任何报警。连接诊断电脑进行快速测试，发动机、变速箱等控制单元无故障码。询问客户得知，车辆放置 3h 以上故障就会出现，起动机转动有力，但发动机要三四秒才能启动，而启动后车辆使用又一切正常。于是把车放置一夜试车，发现的确如客户所说，第一次启动时，启动时间较长，熄火再次启动就一切正常。客户表示买新车后不久就出现了该现象，之前偶尔出现，现在每天早上凉车启动时都会出现。

由于没有故障码，只好本着由简到繁的步骤进行检查，进入发动机控制单元，查看实际值，未发现异常。但熄火 10min 后发现，燃油低压由 7.0bar 下降至 6.1bar，1h 后下降至 3.3bar，如图 1-78 所示，说明燃油系统存在泄漏。而对比正常车辆发现，熄火后由于发动机的温度较高，燃油压力会上升 0.3bar 左右。

控制单元	编号	名称	值
燃油系统控制单元（FSCU）08	947	通过控制器区域网络（CAN）信息发送的燃油要求	否
燃油系统控制单元（FSCU）08	351	燃油泵电流	0.00A
燃油系统控制单元（FSCU）08	867	燃油泵电压	0.00V
燃油系统控制单元（FSCU）08	995	燃油泵转速	0 1/min
燃油系统控制单元（FSCU）08	074	燃油泵当前的占空比	0%
燃油系统控制单元（FSCU）08	809	燃油压力 10min后下降0.9bar	7.0bar
燃油系统控制单元（FSCU）08	461	燃油量	3.60L
燃油系统控制单元（FSCU）08	009	B4/1（燃油箱燃油液位指示器液位传感器，左侧）	0.00L
燃油系统控制单元（FSCU）08	247	B4/2（燃油箱燃油液位读数液位传感器，右侧）	4.60L

图 1-78　发动机控制单元实际值

怀疑燃油泵在熄火后不能保持压力，和正常车调换一个燃油泵后试车，燃油压力依然下降很快。拆检火花塞，发现 2 缸火花塞电极上有很多油迹，进一步拆检喷油器，发现 2 缸喷油器泄漏并且有很多积炭，如图 1-79 所示。更换 2 缸喷油器后，多次试车车辆启动正常。

图 1-79 泄漏的喷油器

案例 18

奔驰 C200 发动机故障灯亮（一）

1. 故障现象

一辆奔驰 C200，底盘号为 LE4205140，装配 274 发动机，7 速自动变速箱，行驶里程 61095km，客户反映仪表上发动机故障灯亮。

2. 故障分析及排除

接车后启动车辆，发动机能够顺利启动，启动后发动机故障灯常亮。经询问客户得知，发动机故障灯亮后，车辆行驶正常。连接诊断电脑进行快速测试，读取到故障码如图 1-80 所示。

N3/10 - 内燃机“M274”的发动机电子设备“MED40”[ME（发动机电子设备）] -F-

型号	零件号	供货商	版本
Hardware	274 901 12 00	Bosch	12/12 000
软件	274 902 38 01	Bosch	17/37 000
软件	274 903 64 04	Bosch	18/12 000
引导程序软件	270 904 07 00	Bosch	12/11 000
诊断标识	023950	控制单元型号	MED40_VC15

故障	文本	状态
P261511	凸轮轴位置输出信号对地短路。 存在对地短路	A
P06DA00	在控制单元“N3/10 -内燃机‘M274’的发动机电子设备‘MED40’[ME（发动机电子设备）]‘中选择菜单项’故障代码 / 事件”。 接着读取故障记忆	A

A=当前

图 1-80 读取到的故障码

该车装配有进气凸轮轴气门升程调节系统，通过气门升程转换，进气凸轮轴的凸轮根据特性图产生两级转换，通过将凸轮轴切换至更短的行程，进气门提前关闭，由此可对部分负荷范围内的换气进行优化，在 1000～4000r/min 的转速范围内将气门升程切换至最小凸轮行程，如图 1-81 所示。

发动机控制单元通过脉冲宽度调制信号促动进气凸轮轴气门升程切换促动器，在此过程中，进气凸轮轴气门升程切换促动器中的线圈通电，且挺杆（S）移动到凸轮轴上的相应曲线轨道（K）中，借助凸轮轴的转动和曲线轨道（K）的形状，凸轮轴沿轴向运动，且凸轮轴的平坦部分（Hf）作用在进气门上。

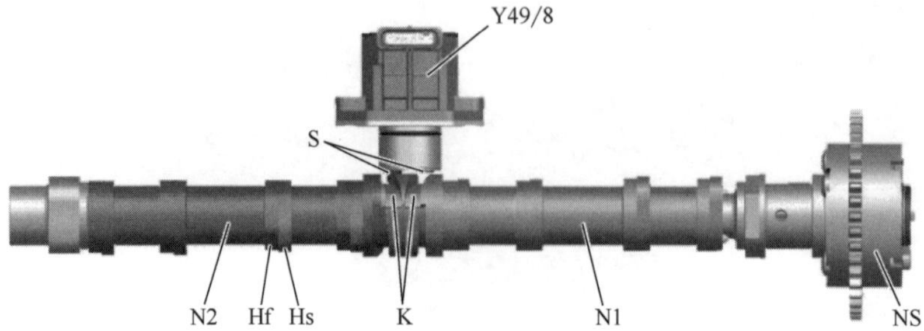

图 1-81　气门升程原理图

Y49/8—进气凸轮轴气门升程切换促动起；Hf—凸轮的平坦部分；Hs—凸轮的较陡部分；K—曲线轨道；
N1—1 号和 2 号气缸的凸轮件；N2—4 号和 4 号气缸的凸轮件；NS—凸轮轴调节器；S—挺杆

为使凸轮轴复位至凸轮的较陡部分，挺杆（S）移入相应的曲线轨道（K）中，并以相同方式复位。挺杆的位置通过进气凸轮轴气门升程切换霍尔传感器（Y49/8b1）确定，并向发动机控制单元发送信号，用于气门升程调节。

首先根据故障引导检测进气凸轮轴气门行程切换促动元件（Y49/8）的状态，利用诊断电脑进行促动时，实际值不会变化，如图 1-82 所示。在促动过程中发动机转速会自动提高到 1200r/min，但在切换促动元件附近也听不到任何促动声音（正常的会有声音）。经测量 Y49/8 到发动机控制单元之间的线路正常，于是把 Y49/8 更换掉，进行试车一切正常。

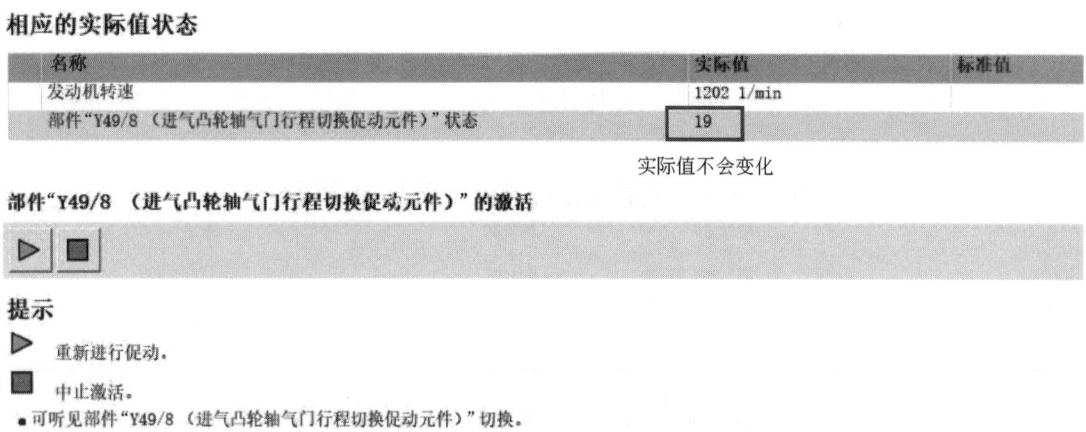
相应的实际值状态

名称	实际值	标准值
发动机转速	1202 1/min	
部件“Y49/8 （进气凸轮轴气门行程切换促动元件）”状态	19	

实际值不会变化

部件“Y49/8 （进气凸轮轴气门行程切换促动元件）”的激活

提示

▷ 重新进行促动。

■ 中止激活。

- 可听见部件“Y49/8 （进气凸轮轴气门行程切换促动元件）”切换。

图 1-82　不正常的实际值

案例 19
奔驰 C200 发动机故障灯亮（二）

1. 故障现象

一辆奔驰 C200，底盘号为 LE4204048，装配 271 型涡轮增压发动机，7 速自动变速箱，行驶里程约 98200km，客户反映发动机故障灯亮，凉车启动时有异响。

2．故障分析及排除

接车后启动车辆，能够顺利启动，启动时没有任何异常，询问客户得知，车辆最近出现了凉车启动时异响，并且发动机故障灯亮，在修理厂检查并更换了一个进气凸轮轴调节器后，发动机故障灯暂时不亮了，但凉车启动时依然有异响，持续五六秒后消失，再次启动不会出现异响。

连接诊断电脑进行快速测试，发动机控制单元及变速箱控制单元等都无故障码。进入发动机控制单元查看实际值，发现两个凸轮轴位置的实际值无法显示，尝试对发动机控制单元进行升级后，实际值可以显示，但是进气凸轮轴位置的实际值一直在标准范围之外。

拆掉气门室盖，发现更换的是一个副厂的凸轮轴调节器，检查正时没有发现错位，于是把进气凸轮轴调节器更换掉，把车放置一夜后再次启动，没有出现异响，故障排除。

271 发动机凸轮轴调节器功能介绍

271 型涡轮增压发动机在 C 级、E 级、SLK 等车型上得到广泛应用，现在逐渐被新款 274 发动机所取代。271 涡轮增压发动机取代了上代 271 机械增压发动机，进气道进行了彻底改装，噪声排放得到进一步改善，燃油喷射系统从进气口喷射改为直接喷射。发动机的正时传动在噪声特性方面得到明显改进，通过采用前代装备中的滚子链，尤其通过使用最新开发的链条，显著降低了兰彻斯特链条传动的噪声等级，链条的公差和链节轮廓经过改进后适应了兰彻斯特传动高减噪要求，通过优化链条传动布置，获得了更多的改进。

用于调节进排气凸轮轴的调节器经过优化，设计为滑片型调节器，该调节器重量更轻，调节速度比以前快了 2 倍，凸轮轴调节器为液压摆动传动装置，40° 的曲轴转角调节角度相当于调节器处 20° 的实际角度。当发动机关闭时，弹簧储能销将凸轮轴调节器锁止在其基本位置，这样可防止发动机启动时调节器的非受控运动，中央阀被设计成一个比例阀，并且分别与调节器两个工作腔中的每一个相连，一个工作腔连至机油泵，另一个工作腔连至回油管路。

凸轮轴调节策略：最大调节范围达到了 70° 曲轴转角（进气 30° 曲轴转角/排气 40° 曲轴转角），内部废气循环率可达约 20%，使得最大耗油量减少 8%～10%。发动机正时链的滑轨较长，具备更好的导向作用，这种改进的导向作用可防止发动机正时链振动。兰彻斯特平衡器安装在曲轴箱下方，它可对四缸发动机因设计原因而出现的二阶段自由惯性力进行补偿。

案例 20 奔驰 C260 发动机故障灯亮（一）

1．故障现象

一辆奔驰 C260，底盘号为 LE4205077，装配新款 264 发动机，48V 车载电气系统，9 速自动变速箱，行驶里程 3201km，由于仪表上发动机故障灯点亮而进厂维修。

2．故障分析及排除

接车后启动着车，仪表上发动机故障灯常亮。经询问客户客户得知，行驶中发动机故障灯突然点亮，但车辆启动及行驶暂时都没有影响。

连接诊断电脑进行快速测试，读取到故障码如图 1-83 和图 1-84 所示。

N127 - “传动系统”控制单元（PTCU） -F-

型号	零件号	供货商	版本
Hardware	000 901 11 07	Continental	17/12 000
软件	000 902 88 49	Continental	19/03 000
软件	000 903 22 35	Continental	19/07 000
引导程序软件	000 904 92 00	Continental	17/28 000
诊断标识	023E1F	引导程序软件版本	17/28 000
控制单元型号	CPC_NG_R18B1		

故障	文本	状态
P0C32F1	高电压蓄电池的冷却系统存在功能故障	A+S

A+S=当前并且已存储

图 1-83　读取的故障码（一）

LIN: G1/3 - 48 V车载电网蓄电池（48-V-LIB） -F-

型号	零件号	供货商	版本
Hardware	000 901 45 09	Deutsche Accumotive GmbH & Co KG	17/43 000
软件	000 902 50 48	Deutsche Accumotive GmbH & Co KG	18/16 006
引导程序软件	—	—	17/43 000
诊断标识	00000A	控制单元型号	LIB48_222_Variante_000010

故障	文本	状态
B183397	48 V车载电气系统的蓄电池存在功能故障。 系统功能受限制	A+S

A+S=当前并且已存储

图 1-84　读取的故障码（二）

由于冷却系统存在功能故障的故障码，首先检查了低温回路冷却液液位，正常。利用诊断电脑将低温回路的冷却液循环泵激活，循环泵工作正常。尝试断开 48V 车载电网蓄电池的回水管，在激活循环泵时，冷却液流量正常并且没有气泡，也正常。

对 N127 中的故障码进行引导性检测，故障引导提示，删除故障记忆，如果故障码重新出现，则更换部件 48V 蓄电池，检测结束。接着对 G1/3 中的故障码进行引导检测，故障引导提示，如果故障码的故障频率＜5 时，删除故障码，如果故障频率≥6 时，则更换部件 G1/3（48V 车载电网蓄电池）。实际查看频率计数器为 162 次。尝试对 N83/1 进行控制单元升级，但没有新软件，检查了 48V 蓄电池的连接线，没有松动及腐蚀现象。48V 车载蓄电池如图 1-85 所示。于是把 48V 车载电网蓄电池更换掉，进行试车，一切正常。

图 1-85　48V 车载电网蓄电池

48V 车载电气系统介绍

随着附加用电设备（座椅加热系统、驾驶辅助系统、车内更多的照明、高端音响系统等）的增多，传统的 12V 车载电气系统已达到极限。利用 12V 的供电电压，可以从车载电气系统中获取的最大功率不超过 3kW，而 48V 系统可将最大功率提高到 12kW。更重要的是 48V 车载电气系统无须采取成本昂贵的安全预防措施，例如：更多的监控、线路与蓄电池的封装、对蓄电池及组件的高碰撞要求等。

48V 车载电气系统在传统 12V 车载电气系统的基础上进行了提高，为发动机的启动程序提供能量，并给附加用电设备供电。48V 车载电气系统通过直流/直流（DC/DC）转换器控制单元（N83/1）连接至 12V 车载电器系统。换言之，12V 车载电气系统通过 DC/DC 转换器控制单元替代了传统 12V 发电机。除此之外，48V 车载电气系统连同 48V 车载电网蓄电池（G1/3）一起为整个系统提供额外的蓄电池容量。DC/DC 转换器控制单元在 48V 车载电器系统中是能源管理的主控单元。48V 车载电气系统中的能源管理计算起动机-发电机（M1/10）输出功率的电流和电压限值，以实现 48V 车载电网蓄电池的电荷平衡并确保启动性能。传动系统控制单元（N127）在 48V 车载电气系统中是牵引力管理的主控单元。牵引力管理除了负责内燃机以外，还负责起动机-发电机是否生成驱动力矩或是否能在发电机模式下工作。

48V 车载电器系统包含以下三个子功能。

（1）供电

供电包含以下两个子功能。

① 给 48V 车载电网蓄电池充电。DC/DC 转换器控制单元通过 48V 车载电气系统局域互联网（LIN）读取 48V 车载电网蓄电池的数据，并计算允许的电流和电压值。最后，DC/DC 转换器控制单元将这些数值通过车内控制器区域网络（CAN）、电子点火开关控制单元和悬挂 FlexRay 发送至传动系统控制单元。传动系统控制单元考虑一些因素（例如空调系统打开）对其进行评估，并在电流和电压限值或与温度相关的充电特性的基础上计算起动机-发电机的操作模式，为 48V 车载电网蓄电池提供最佳充电水平。传动系统控制单元随之将计算的操作模式通过混合动力控制器区域网络（CAN）发送至起动机-发电机。

② 牵引力管理。传动系统控制单元通过混合动力控制器区域网络（CAN）与起动机-发电机进行通信并评估其操作率。DC/DC 转换器控制单元通过 48V 车载电气系统局域互联网（LIN）读取 48V 车载电网蓄电池的数据，然后评估所有相关信息，并计算允许的电流和电压限值。最后，DC/DC 转换器控制单元将这些数值通过车内控制器区域网络(CAN)、电子点火开关控制单元和悬挂 FlexRay 发送至传动系统控制单元。传动系统控制单元通过考虑额外的输入因素（例如空调打开）对其进行评估，并计算起动机-发电机的最佳操作模式，传动系统控制单元随之将计算的操作模式通过混合动力控制器区域网络（CAN）发送至起动机-发电机，后者随之采用该模式。传动系统控制单元还检查输入因素的合理性，以防止出现 48V 车载电网蓄电池过度充电或充电不足的情况。传动系统控制单元将起动机-发电机的最佳操作模式与实际输出功率进行比较，从而可检测 48V 车载电气系统的能量状况，连续比较并进行相应的校正称为电源管理。检测到不遵照允许电流和电压限值情况时，电源管理随之逐渐减少输出。

（2）动态怠速控制

动态怠速控制对发动机的怠速进行调节，因此在车辆怠速时，不允许利用来自 48V 车载电网蓄电池的高强度电流。如果用电设备载荷过高，则调节为较高的怠速以使起动机-发电机提供更高强度的电流，减少48V车载电网蓄电池的载荷。

（3）冷却48V车载电网蓄电池。

48V车载电网蓄电池的输出总量取决于蓄电池温度。为使48V车载电网蓄电池能在宽温度范围内使用，通过低温回路中的冷却液进行冷却。传动系统控制单元负责进行温度控制，通过冷却液流量调节蓄电池温度。由于相关的热耦合，DC/DC转换器控制单元与48V车载电网蓄电池一起被冷却。

传动系统控制单元评估低温回路中温度传感器的数据并通过传动系统局域互联网（LIN）促动低温回路循环泵。泵输出的增大会增加冷却液流量，从而在48V车载电网蓄电池处提高散热效率；相反，泵输出较小，散热效率也较低。

48V车载电网蓄电池中集成了冷却和加热原件，该原件由DC/DC转换器控制单元促动。温度较低时，冷却和加热原件还用于预热，以使48V车载电网蓄电池更快达到最佳工作温度。

另外，不可使用48V充电器对48V车载电网蓄电池进行直接充电，否则可能损坏48V车载电网蓄电池。

案例21

奔驰C260发动机故障灯亮（二）

1．故障现象

一辆奔驰C260，底盘号为LE4205177，装配264发动机，9速自动变速箱，行驶里程21897km，客户反映仪表上发动机故障灯亮。

2．故障分析及排除

接车后同客户一起试车，车辆可以顺利启动，启动后发动机运转正常，但仪表上发动机故障灯常亮。

连接诊断电脑进行快速测试，读取的故障码如图1-86所示。

N3/10 - 内燃机“M264”的发动机电子设备“MED41”［ME（发动机电子设备）］ -f-

型号	零件号	供货商	版本
硬件	264 901 20 00	Bosch	17/17 000
软件	264 902 41 00	Bosch	19/08 000
软件	264 903 53 01	Bosch	19/37 000
引导程序软件	264 904 04 00	Bosch	18/17 000
诊断标识	004418	控制单元型号	MED41_R18B

故障	文本	状态
U060B12	与增压压力传感器1的通信存在功能故障。 存在对正极短路	S
P213500	节气门位置传感器数值相互之间不可信	S
P022200	节气门位置传感器2对地短路	S

S=已存储

图1-86　读取的故障码

和客户沟通得知，一个月前出现过故障灯亮，来店检查就是报节气门位置传感器的故障码，当时给发动机控制单元做了升级，之后的一个多月里一直使用正常。

首先根据故障引导，通过促动检测部件M16/6（节气门促动器），根据诊断电脑提示，将油门踏板踩到底，同时观察实际值，并且在促动期间可以听到节气门促动器的切换声音，如图1-87所示。检测结果正常。诊断电脑提示，在存储有高频率计数故障或在有客户投诉时，检查电气导线和插头连接是否接触不良或有腐蚀，检测结束。

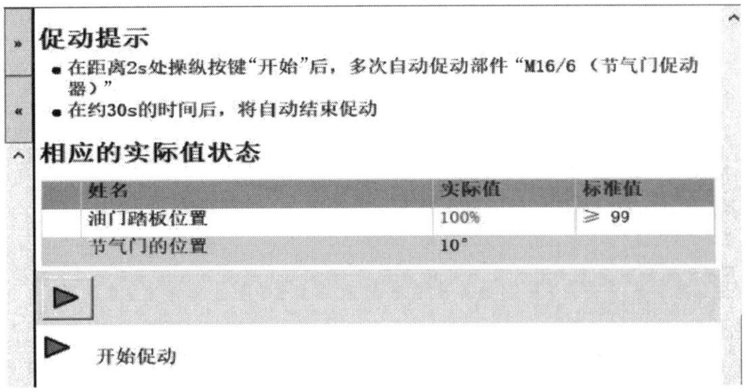

图 1-87　对节气门进行促动

仔细检查发动机控制单元到节气门之间的线束，无异常磨损，用万用表测量之间的线束阻值在 0.3Ω 左右，也未发现对电源及搭铁短路现象，向技术部发报告，征得技术部同意后，把节气门更换掉，把车交予客户使用两个月，故障没有再出现。

案例 22

奔驰 E260 发动机故障灯亮（一）

1．故障现象

一辆奔驰 E260，底盘号为 LE4212136，装配 274 发动机，722.9 自动变速箱，行驶里程 14620km，客户反映仪表上发动机故障灯亮。

2．故障分析及排除

接车后启动车辆，发动机能够顺利启动，启动后发动机故障灯常亮，经询问客户得知，故障灯亮后车辆行驶没有任何的异常，但是偶尔会出现燃油表指针落到底，同时娱乐系统显示屏上会出现“低至储备燃油油位，是否搜索附近加油站”的提醒，仪表指针马上就又恢复正常，而此时燃油箱里油位是 3/4。故障出现没有什么规律性，有时两三天出现一次，有时 2h 出现一次。连接诊断电脑进行快速测试，读取到的故障码如图 1-88～图 1-90 所示。

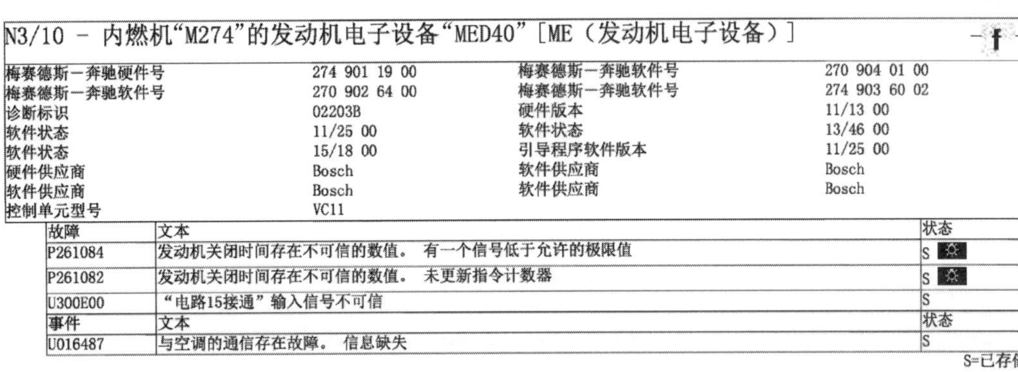

N3/10 - 内燃机“M274”的发动机电子设备“MED40”［ME（发动机电子设备）］

梅赛德斯-奔驰硬件号	274 901 19 00	梅赛德斯-奔驰软件号	270 904 01 00
梅赛德斯-奔驰软件号	270 902 64 00	梅赛德斯-奔驰软件号	274 903 60 02
诊断标识	02203B	硬件版本	11/13 00
软件状态	11/25 00	软件状态	13/46 00
软件状态	15/18 00	引导程序软件版本	11/25 00
硬件供应商	Bosch	软件供应商	Bosch
软件供应商	Bosch	软件供应商	Bosch
控制单元型号	VC11		

故障	文本	状态
P261084	发动机关闭时间存在不可信的数值。 有一个信号低于允许的极限值	S
P261082	发动机关闭时间存在不可信的数值。 未更新指令计数器	S
U300E00	“电路15接通” 输入信号不可信	S
事件	文本	状态
U016487	与空调的通信存在故障。 信息缺失	S

S=已存储

图 1-88　读取的故障码（一）

Y3/8n4 - 全集成化变速箱控制［启动离合器油压传感器（VGS）］

梅赛德斯一奔驰硬件号	000 901 71 00	梅赛德斯一奔驰软件号	000 000 00 00
梅赛德斯一奔驰软件号	000 902 33 24	梅赛德斯一奔驰软件号	000 000 00 00
诊断标识	000805	硬件版本	13/08 00
软件状态	10/44 01	软件状态	14/36 00
软件状态	04/82 00	引导程序软件版本	11/10 00
硬件供应商	Continental	软件供应商	Continental
软件供应商	MB	软件供应商	MB
控制单元型号	VGS40_000805h		

事件	文本	状态
U140000	接收到来自智能伺服选挡模块（ISM）的不可信数据	S
U140400	未接收到“内燃机”控制单元的“发动机扭矩”信号	S
U140100	未接收到“内燃机”控制单元的“发动机转速”信号	S
U140500	未接收到“内燃机”控制单元的“发动机扭矩”信号	S
U140600	未接收到“内燃机”控制单元的“发动机扭矩”信号	S
U140700	收到一个不可信的“发动机转矩”信号	S
U014600	与中央网关的通信存在故障	S
U016400	与空调的通信存在故障	S
U140200	未接收到“内燃机”控制单元的“发动机温度”信号	S
U010031	与“内燃机”控制单元的通信存在故障。 信号不存在	S

S=已存储

图 1-89 读取的故障码（二）

N30/4 - 电控车辆稳定行驶系统（ESP®）

梅赛德斯一奔驰硬件号	212 901 87 04	梅赛德斯一奔驰软件号	212 902 59 07
诊断标识	000101	硬件版本	11/41 00
软件状态	13/26 00	引导程序软件版本	12/01 00
硬件供应商	Bosch	软件供应商	Bosch
控制单元型号	Diag_000101		

事件	文本	状态
C067100	未收到控制单元“N10/2［后部带熔丝和继电器模块的信号采集及促动控制模组（SAM）控制单元］”的控制器区域网络（CAN）信息	S
C03A600	控制单元“发动机”的控制器区域网络（CAN）信息有错误	S
C03A200	控制单元“发动机”的控制器区域网络（CAN）信息有错误	S
C03A300	控制单元“发动机”的控制器区域网络（CAN）信息有错误	S
C038200	控制单元“发动机”的控制器区域网络（CAN）信息有错误	S
C039200	控制单元“发动机”的控制器区域网络（CAN）信息有错误	S
C037500	控制单元“变速箱”的控制器区域网络（CAN）信息有错误	S

S=已存储

图 1-90 读取的故障码（三）

从故障码中可以看出，发动机控制单元中报了发动机关闭时间存在不可信的数值，并且该故障码是造成发动机故障灯亮的原因。首先根据发动机控制单元内的故障码进行引导检测，故障引导提示，由于控制器区域网络（CAN）输入信号不可信，所以生成一个功能性控制器区域网络（CAN）故障码，控制单元 A1（仪表盘）的信号中至少有一个被识别为不可信，读取控制单元 A1（仪表盘）的故障存储器并处理故障码。于是进入仪表盘内读取到故障码，如图 1-91 所示。

A1 - 仪表盘（KI）

梅赛德斯一奔驰硬件号	212 901 29 05	梅赛德斯一奔驰软件号	212 902 65 10
梅赛德斯一奔驰软件号	212 902 62 08	梅赛德斯一奔驰软件号	212 902 01 07
梅赛德斯一奔驰软件号	212 902 97 06	梅赛德斯一奔驰软件号	212 902 68 08
诊断标识	00290A	硬件版本	12/31 00
软件状态	14/31 00	软件状态	13/06 02
软件状态	12/37 00	软件状态	12/37 00
软件状态	13/06 02	引导程序软件版本	10/47 00
硬件供应商	VDO	软件供应商	VDO
软件供应商	VDO	软件供应商	VDO
软件供应商	VDO	软件供应商	VDO
控制单元型号	IC218_212_207_204Mid_AeJ 13		

故障	文本	状态
U001908	车内控制器区域网络（CAN）通信存在故障。 存在一个信号故障或信息有错误	S

S=已存储

图 1-91 仪表盘内的故障码

对仪表盘内的故障码进行引导检测，故障引导提示，不允许替换相关的控制单元，如果没有客户投诉，那么删除该故障码。如果有客户投诉，则检查电气导线和插头是否接触不良和有腐蚀，检测结束。

由于故障引导并没有提供可靠的解决方法，于是对发动机控制单元及仪表盘进行升级后，删除故障码，把车交于客户观察使用，谁知第二天客户再次进店维修，反映发动机故障灯亮，连接诊断电脑读取故障码，依然是报发动机关闭时间存在不可信数值的故障码。由于进店时车辆的故障现象并不存在，于是建议客户把车放店里检查。

给车辆连接好充电机，钥匙开到二挡，等待故障出现。由于是报了车内 CAN 通信的故障码，于是在等待故障出现的时间里，把两前座椅拆掉，检查地毯下面两个 CAN 线分配器，没有发现异常。然后接上示波器，以便故障出现时观察波形的变化，大约 2h 后，故障现象终于出现了，空调面板上的指示灯及仪表上的指示灯快速闪烁一下，燃油表指针和冷却液表针落到底，但是立即又恢复了正常。同时娱乐系统显示屏上提示寻找加油站，如图 1-92 所示。但是故障出现的瞬间波形并没有发现明显变化，波形如图 1-93 所示。

图 1-92　显示屏上出现寻找加油站的提醒

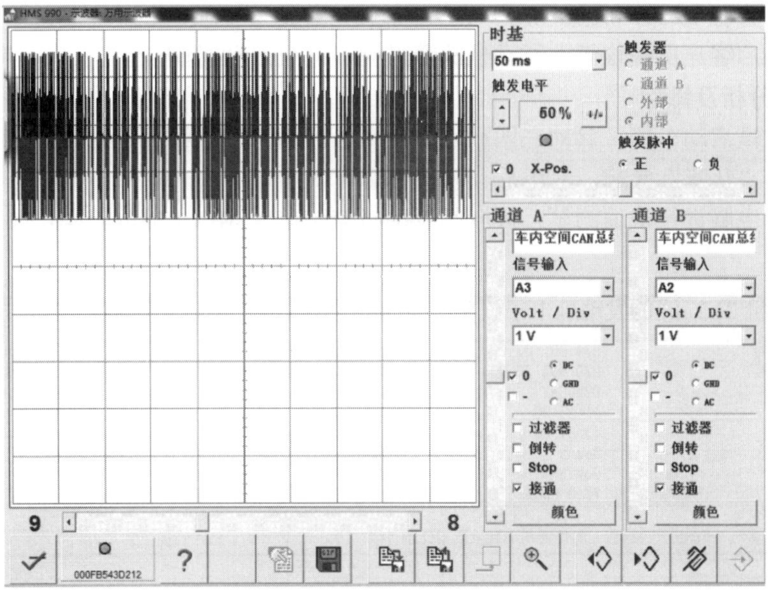

图 1-93　车内 CAN 波形

一般情况下，对于 CAN 总线方面的故障，如果故障存在，可以尝试逐个拔掉 CAN 线分配器上的插头，直到故障消失，那么该插头相连接的控制单元就是故障点，而此车故障现象出现时只是瞬间，根本来不及拔插头。况且示波器捕捉到的波形也没有明显变化，所以根据现有的故障码及检测结果，无法判断是哪个部件出现问题。接下来经过了 30km 的路试，怀疑由于某处插头接触不良引起的偶发故障，也到颠簸路上进行了试车，及反复开关钥匙、锁车、启动等测试，故障现象一直不能再现，于是对车内 CAN 上相连的控制单元都进行了升级，交于客户使用几天后，故障现象依然会出现。接着先后和正常车辆调换了 CAN 分配器、空调电脑等部件，但故障现象依然存在。

在接下来的检查中发现，每隔几分钟后，诊断电脑就会提示不能读取到点火开关的状态，询问是打开还是关闭（此时没有故障现象），考虑到点火开关在 CAN 网络中起到一个关键网关的作用，怀疑是电子点火开关存在偶发性故障造成 CAN 网络异常，于是向技术部门发报告进行技术咨询，在技术部门的支持下，更换了电子点火开关及仪表盘，但遗憾的是三个月后故障现象再次出现。

后来，在检查 CAN 分配器时发现，在所有线路都连接的情况下，CAN 分配器上的阻值有时会变成 40Ω 左右，显然不正常，正常的为 60Ω。经排查发现，该车加装有电动尾门，也采用了 CAN B 信号，当把加装的电动尾门控制器拆掉后，阻值就恢复到了 60Ω。原来加装的电动尾门控制器自身不稳定，在接入 CAN 线后，相当于并联了一个电阻，使得 CAN 分配器原来的阻值变小，从而引发了一系列报警。把加装部件拆掉后交于客户，一切正常。

案例 23

奔驰 E260 发动机故障灯亮（二）

1. 故障现象

一辆进口奔驰 E260，底盘号为 WDD207436，装配 274 发动机，7 速自动变速箱，行驶里程 23680km，客户反映仪表上发动机故障灯亮，并且启动时间长。

2. 故障分析及排除

接车后尝试启动车辆，启动三四秒才能着车，启动后发动机故障灯亮，在启动时发动机前部区域发出“咔咔”异响，着车后行驶正常。

连接诊断电脑进行快速测试，读取到发动机控制单元 ME 中的故障码，如图 1-94 所示。

N3/10 - 内燃机“M274”的发动机电子设备“MED40”[ME（发动机电子设备）] F

梅赛德斯－奔驰硬件号	274 901 07 00	梅赛德斯－奔驰软件号	270 904 01 00
梅赛德斯－奔驰软件号	270 902 76 00	梅赛德斯－奔驰软件号	274 903 12 01
诊断标识	022039	硬件版本	11/13 00
软件状态	11/25 00	软件状态	13/30 00
软件状态	13/31 00	引导程序软件版本	11/25 00
硬件供应商	Bosch	软件供应商	Bosch
软件供应商	Bosch	软件供应商	Bosch
控制单元型号	VC10_Update_2		

故障	文本	状态
P001685	进气凸轮轴（气缸列1）的位置与曲轴位置相比不可信。 有一个信号高于允许的极限值	A+S

A+S=当前并且已存储

图 1-94　读取的故障码

首先根据故障码进行引导性检测，检测过程中要求启动发动机，并怠速运转，然后读取进气凸轮轴及排气凸轮轴位置的实际值，发现进气凸轮轴位置实际值超出标准范围，如图 1-95 所示。进入发动机实际值，发现排气凸轮轴可以正常调节，进气凸轮轴位置无论是启动时还是启动后实际值始终固定在 35.0°，并且不会变化。

根据故障现象及维修经验，需要检查正时，把气门室盖拆掉，发现进气侧信号盘有轻微的错位，如图 1-96 所示，更换进气凸轮轴及凸轮轴调节器后试车，故障排除。

怠速时的检测值

实际值

编号	名称	实际值	标准值
457	发动机转速	695 1/min	[500 .. 950]
075	怠速转速提高	0 1/min	[-50 .. 125]
179	B28/7（节气门下游的压力传感器）	249.45hPa	[200.00 .. 500.00]
049	部件“B28/7（节气门下游的压力传感器）”的信号电压	0.60V	≤ 4.80
483	喷射时长	0.3ms	[0.1 .. 0.6]
355	部件“Y58/1（净化转换阀）”的脉冲负载系数	21%	[0 .. 100]
757	怠速识别	已识别	已识别
336	进气凸轮轴的位置	35.0°	[30.0 .. 43.0]
999	排气凸轮轴的位置	-31.9°	[-37.0 .. -24.0]
428	挂入的行驶档位	P/N	P/N

图 1-95　发动机控制单元的实际值

图 1-96　进气侧正时错位

故障引导的结果为正时链和凸轮轴驱动齿轮或曲轴正时齿轮之间错位；链条张紧器被错误安装，检测结束。

故障总结

此款发动机的类似故障已陆续遇到过几例，274 型缸内直喷及涡轮增压发动机将取代上代 271 型发动机，像 271 发动机、272 发动机、273 发动机等凸轮轴和凸轮轴调节器之间都有一个定位销，而此款发动机没有定位销，靠一个中心螺栓固定，有极少数车辆会出现凸轮轴调节器和凸轮轴的错位的情况。发动机正时结构如图 1-97 所示。凸轮轴由曲轴通过一条齿形链驱动，有两个导轨和一个导轨张紧器。

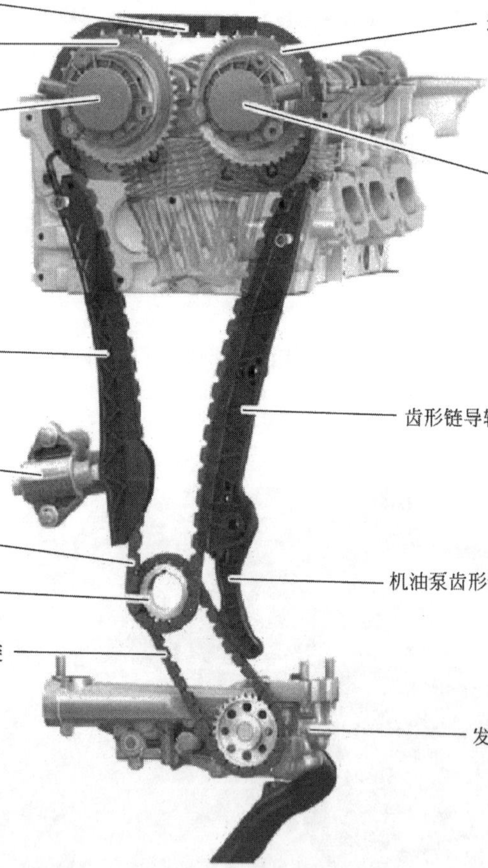

图 1-97　274 发动机正时结构

检查正时需要拆下两个凸轮轴位置传感器，然后通过曲轴中央螺栓沿发动机转动方向转动发动机。使曲轴皮带轮上的 OT 标记与正时箱盖罩上的定位缘对其。通过凸轮轴位置传感器开口检查凸轮轴的基本位置。若要检查排气凸轮轴位置，在开口的中央必须可以看到扇形盘的边缘（1a）；若要检查进气凸轮轴位置，扇形盘的轴承狭槽必须位于开口的中央（2a），如图 1-98 所示。

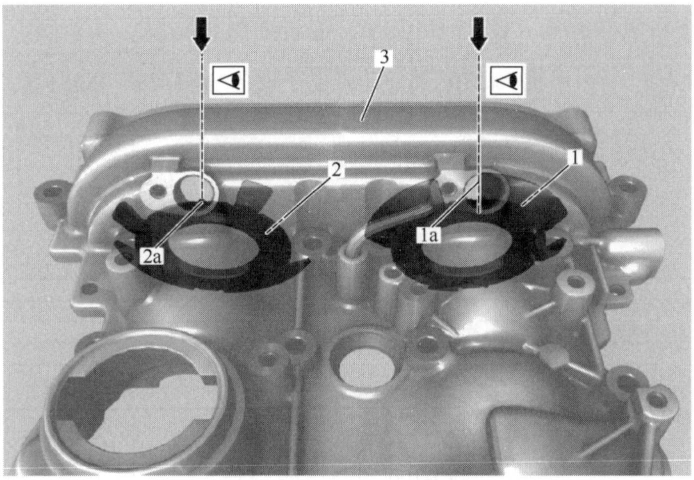

图 1-98　检查正时示意图

1—扇形盘；1a—信号盘边缘；2—扇形盘；2a—轴承狭槽；3—气缸盖罩

案例 24

奔驰 S65 AMG 发动机故障灯亮

1. 故障现象

一辆奔驰 S65 AMG，底盘号为 WDD222179，装配新款 V 型 12 缸 279 发动机，行驶里程 604km，客户反映发动机故障灯亮，并且怠速抖动，加速时动力不足。

2. 故障分析及排除

接车后尝试启动车辆，能够顺利启动，启动后多功能显示屏上的发动机故障灯一直点亮，除此之外仪表上无其他报警，如图 1-99 所示。

图 1-99　仪表上发动机故障灯报警

在怠速运转时可以感到发动机有轻微抖动，连接诊断电脑进行快速测试，读取到发动机控制单元 ME 中存在故障码，如图 1-100 所示。

从故障码中可以看出主要报了氧传感器的故障码，此款车有四个氧传感器，即 G3/3、G3/4、G3/5、G3/6，其位置如图 1-101 所示，其中两个上游氧传感器（G3/3 和 G3/4）为宽频氧传感器，两个下游氧传感器（G3/5 和 G3/6）为普通氧传感器。

ME（发动机电子设备） - 内燃机“M279”的发动机电子设备“ME1778”（N3/10）

梅赛德斯－奔驰硬件号	279 901 09 00	梅赛德斯－奔驰软件号	279 904 06 00
梅赛德斯－奔驰软件号	279 902 09 00	梅赛德斯－奔驰软件号	279 903 30 00
诊断标识	022B18	硬件版本	12/44 000
软件状态	12/37 000	软件状态	14/19 000
软件状态	14/28 000	引导程序软件版本	12/37 000
硬件供应商	Bosch	软件供应商	Bosch
软件供应商	Bosch	软件供应商	Bosch
控制单元型号	ME1778_VC7_2_BR222		

故障	文本	状态
P069717	传感器参考电压输出端3存在电气故障或断路。 超出电压 极限值	S
P069716	传感器参考电压输出端3存在电气故障或断路。 低于电压 极限值	S
P015504	氧传感器1（气缸列2）加热器存在电气故障。 存在一个内部故障	S
P224085	氧传感器1（气缸列2）的泵电流连接存在电气故障或断路。 有一个信号高于允许的极限值	S
P015011	氧传感器1（气缸列2）存在电气故障。 存在对地短路	S
P015084	氧传感器1（气缸列2）存在电气故障。 有一个信号低于允许的极限值	S

S=已存储

图 1-100　读取的故障码

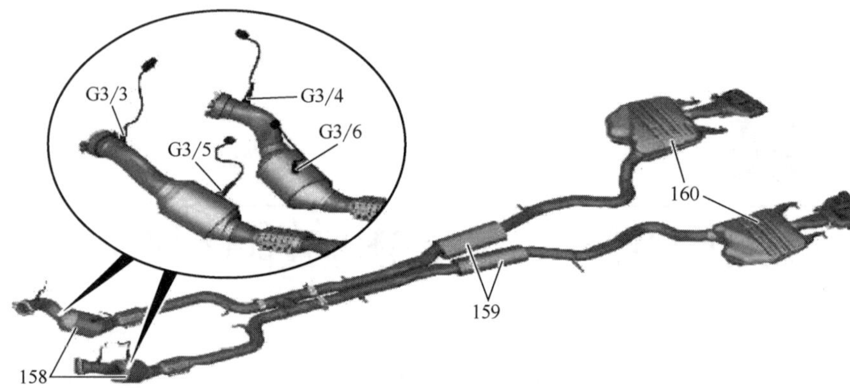

图 1-101　四个氧传感器位置图

首先根据故障引导进行检测，启动发动机，在冷却液温度高于 80℃的情况下，在怠速状态下运行 3min，以检测空燃比实际值是否正常，但此时发现左侧上游氧传感器（G3/3）的实际值不正常，如图 1-102 所示。

相应的实际值状态

名称	实际值	标准值
发动机转速	601 1/min	[500 .. 1000]
冷却液温度	87.0°C	[80.0 .. 120.0]
Nach Kat (DE: NOX) Temperatur aus Modell Bank 2	423°C	[400 .. 500]
左侧尾气催化净化器前的 λ 值控制	1.016	[0.750 .. 1.250]
⚠ 部件“G3/3 （催化转换器上游的左侧氧传感器）”准备就绪	否	是

图 1-102　不正常的实际值

怀疑左侧上游氧传感器存在故障，于是拆掉氧传感器进行检查，由于是刚买了几天的新车，检查氧传感器线束走向，正常，无磨损，针脚未发现松旷。由于左右两个上游氧传感器配件号一样，于是进行左右调换，再次试车，依然是左侧氧传感器实际值不正常，看来故障点不在氧传感器。

尝试对发动机控制单元进行升级后，发现实际值变为正常。清除故障码后，和客户一起进行路试以确保维修质量，根据客户反映，加速比之前有力，发动机抖动现象也消失了。以为升级后故障就排除了，试车回来后再次连接诊断电脑读取故障码，依然存在一个 P224085

故障码，但发动机故障灯暂时没有点亮，查看实际值，发现左侧混合气的控制处于关闭状态，如图 1-103 所示。

尾气催化净化器前的 λ 值控制

实际值

编号		名称	实际值	标准值
957	i	发动机转速	697 1/min	[650 .. 750]
946		冷却液温度	98.3 °C	[80.0 .. 110.0]
781		右侧尾气催化净化器前的 λ 值控制	1.017	[0.750 .. 1.250]
580		左侧尾气催化净化器前的 λ 值控制	1.016	[0.750 .. 1.250]
616		右侧尾气催化净化器前的 λ 值控制的状态	接通	接通
645		左侧尾气催化净化器前的 λ 值控制的状态	关闭	接通
777	i	部件“G3/4（催化转换器上游的右侧氧传感器）”准备就绪。	是	是
929	i	部件“G3/3（催化转换器上游的左侧氧传感器）”准	否	是

图 1-103　不正常的实际值

查找 WIS 电路图，准备对线路进行重点检查，从电路图（图 1-104）中可以看出，几个氧传感器共用了 87 供电，来自节点 Z7/39z2，氧传感器线束经过一个插接器（X26）后，直接通往了发动机控制单元，经过对左侧上游氧传感器（G3/3）的线路进行测量后，发现一个问题，G3/3 上面的针脚 1、5、6 分别和发动机控制单元的 27、24、26 针脚相通，和电路图不符，剩余两根线和电路图一致。对比测量右侧上游氧传感器的线路，和电路图一致。

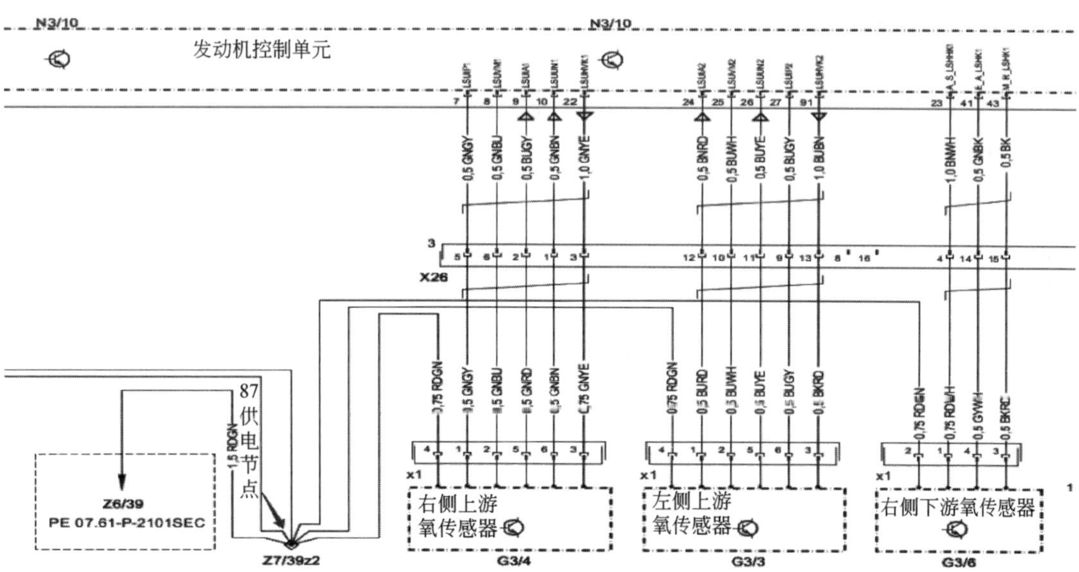

图 1-104　氧传感器电路图

准备找一辆同款车对比测量一下，但这款 S65 AMG 车型一时找不到，店内也没有新车。于是向厂家发报告寻求技术支持，根据厂家技术部门的指导，调换两个后氧传感器，故障现象未见好转，仔细彻底检查了发动机控制单元及所有氧传感器的针脚，未见松旷、腐蚀现象。

检查了一圈，还是不能确定故障原因，接下来又连续几次发报告向厂家反馈维修过程及结果，在厂家的指导下，剥开左侧上游氧传感器到发动机控制单元之间的线束进行检查，最终发现线束在右侧中冷器的后方有一处磨损，经检查发现正好是氧传感器泵电流的线束。但是把线束包好后，实际值依然不能恢复正常，于是判断由于线束磨损后长时间搭铁，造成发动机控制单元的相继损坏，准备更换发动机控制单元，厂家为了保险起见，要求连同发动机线束一起更换，遗憾的是厂家未能对线路实际布置与电路图不符给一个完整回复。于是按照要求更换发动机控制单元及线束后，实际值恢复正常，经多次试车一切正常。

案例 25

奔驰 ML320 发动机故障灯亮

1. 故障现象

一辆奔驰 ML320，底盘号为 WDC166062，装配 276 双涡轮增压发动机，7 速自动变速箱，行驶里程 13370km，由于发动机故障灯亮而进店维修。

2. 故障分析及排除

接车后启动车辆，发动机能够顺利启动，启动后仪表上发动机故障灯常亮，但是挂挡行驶正常。连接诊断电脑进行快速测试，读取到发动机控制单元的故障码，如图 1-105 所示。

N3/10 - Motor electronics 'MED177V6LA' for combustion engine 'M276 Turbocharger' (ME) -F-

MB object number for hardware	276 901 61 00	MB object number for software	000 904 10 00
MB object number for software	276 902 62 00	MB object number for software	276 903 68 01
Diagnosis identifier	02244F	Hardware version	12/14 00
Software version	12/26 00	Software version	14/41 00
Software version	14/42 00	Boot software version	12/26 00
Hardware supplier	Bosch	Software supplier	Bosch
Software supplier	Bosch	Software supplier	Bosch
Control unit variant	M276LA_VC16		

Fault	Text	Status
P003000	The output for the heater of oxygen sensor 1 (cylinder bank 1) has an electrical fault or open circuit	A+S

A+S=CURRENT and STORED

图 1-105　发动机控制单元内的故障码

故障码的含义为氧传感器 1（气缸列 1）的加热器输出端存在电气故障或断路。首先根据故障引导检测 G3/4（右侧三元催化上游氧传感器），检测的前提条件为冷却液温度高于 80℃，并使发动机在怠速状态下运转 3min，该实际值会在 0.750～1.250 波动，但是观察此车实际值为 1.016，在标准值范围内，但是不会变化，如图 1-106 所示。故障引导的结果为检查 G3/4 的相关线路或者是 G3/4 损坏，检测结束。

相应的实际值状态

名称	实际值	标准值
发动机转速	622 1/min	[500 .. 1000]
冷却液温度	101.25°C	[80.00 .. 120.00]
右侧尾气催化净化器后的废气温度	424.46°C	≥ 400.00
右侧尾气催化净化器前的λ值控制　　实际值不会变化	1.016	[0.750 .. 1.250]

图 1-106　不正常的实际值

尝试加大油门使三元催化器的温度达到 400℃以上（工作温度），但是 G3/4 一直处于关闭状态，相应地 G3/3（左侧三元催化器上游氧传感器）已经处于接通状态，如图 1-107 所示。找出 G3/4 的电路图对加热线路进行测量，在电路图（图 1-108）中可以看到，G3/4 的加热器由发动机控制单元进行促动，和右侧旁通空气转换阀、发动机油泵阀门共用了 87 供电，经过测量发现，供电为12.3V，正常。但是测量发现G3/4的加热器电阻断路，而对比测量正常车的加热器阻值为7Ω左右，确认为G3/4加热器内部断路，于是把该氧传感器更换掉，实际值恢复正常，进行试车，一切正常。

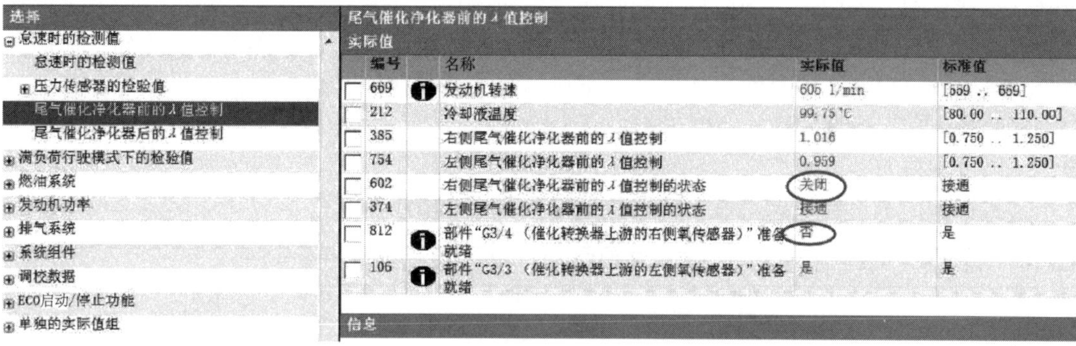

编号	名称	实际值	标准值
669	发动机转速	605 1/min	[559 .. 669]
212	冷却液温度	99.75 °C	[80.00 .. 110.00]
385	右侧尾气催化净化器前的λ值控制	1.016	[0.750 .. 1.250]
754	左侧尾气催化净化器前的λ值控制	0.959	[0.750 .. 1.250]
602	右侧尾气催化净化器前的λ值控制的状态	关闭	接通
374	左侧尾气催化净化器前的λ值控制的状态	接通	接通
812	部件"G3/4（催化转换器上游的右侧氧传感器）"准备就绪	否	是
106	部件"G3/3（催化转换器上游的左侧氧传感器）"准备就绪	是	是

图1-107　两侧氧传感器的实际值

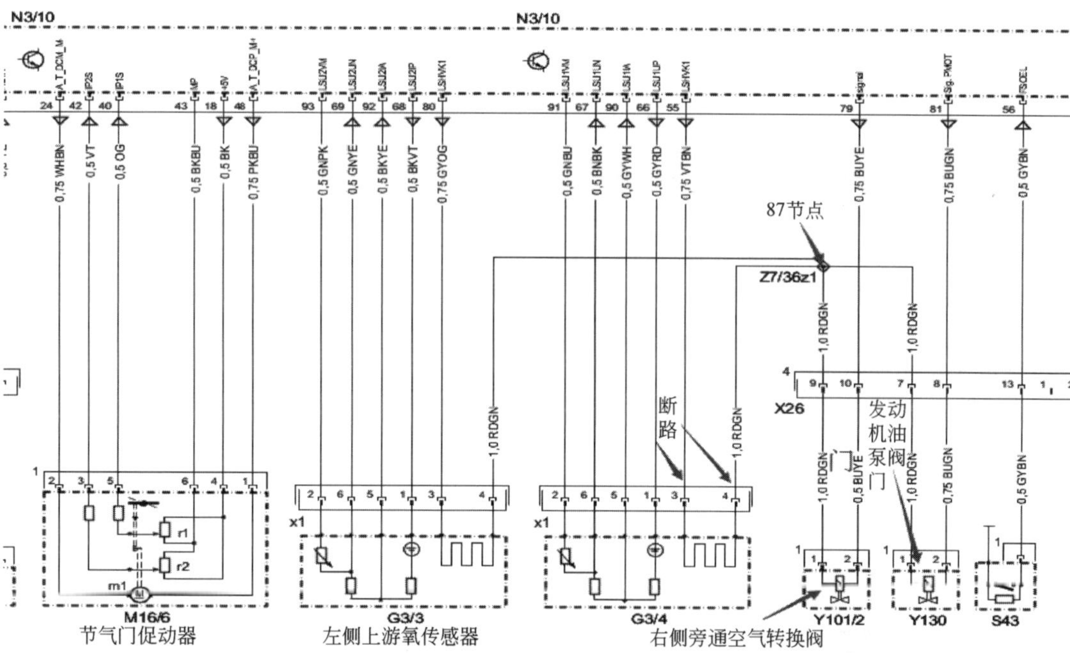

图1-108　氧传感器的电路图

案例26
奔驰GLC260发动机故障灯亮

1. 故障现象

一辆奔驰GLC260，底盘号为LE4253184，装配264发动机，9速自动变速箱，行驶里程104km，客户反映仪表上发动机故障灯亮。

2．故障分析及排除

接车后启动车辆，发动机能够正常启动，启动后仪表上发动机故障灯常亮，客户反映车辆行驶正常。经询问客户得知，该车是昨天刚提的新车，去车管所上牌后，返回途中发动机故障灯突然亮起，并向销售顾问反映此问题，销售顾问告知客户，新车会经常出现发动机故障灯点亮，这是由于燃油箱内储存油量过少，燃油泵吸入了空气，燃烧不好造成的。加满油清除故障码就可以了。于是客户加满油，来店清除了故障码。后经和同事核实，此车昨天确实来清除故障码，当时车辆行驶里程 11km。谁知今天上午启动车辆后，发动机故障灯再次亮起，于是过来检查。

连接诊断电脑进行快速测试，读取的故障码如图 1-109 所示

N3/10 - 内燃机“M264”的发动机电子设备“MED41”[ME（发动机电子设备）]

型号	零件号	供货商	版本
Hardware	264 901 20 00	Bosch	17/17 000
软件	264 902 42 00	Bosch	19/18 000
软件	264 903 24 01	Bosch	19/19 000
引导程序软件	264 904 04 00	Bosch	18/17 000
诊断标识	00441C	控制单元型号	MED41_R19A

故障	文本	状态
P02FF02	“传动系统停机时间”频率计数器存在功能故障。存在一个一般信号故障	S

S=已存储

图 1-109　读取的故障码

首先根据故障码进行引导检测，故障引导提示如果控制单元 N133/1（仪表盘控制单元）的外部时间信号不存在，则此故障出现。在控制单元 N133/1（仪表盘控制单元）中继续诊断，检查日期和时间，必要时正确设置，检测结束。而此时仪表盘控制单元中没有任何故障码，显然不适合于此引导检测。

尝试对仪表控制单元进行升级，但没有新软件，于是对仪表控制单元做了试运行，发动机控制单元和传动系统控制单元（N127）都做了 SCN，然后交于客户使用，但车辆行驶 30km 后，发动机故障灯再次点亮。再次进行快速测试，还是报了原来的故障码。并且客户反映，启动车辆时出现了仪表黑屏，约 5min 后又恢复正常。还出现了一次倒车时自动刹车，但车辆后方没有任何障碍物。

由于是刚提的新车，于是就此故障现象向厂家技术部门发报告进行反馈，并按照指导更换仪表控制单元后，把车交于客户使用一段时间，回访客户车辆使用正常，故障排除。

案例 27

奔驰 GLE320 发动机故障灯亮

1．故障现象

一辆奔驰 GLE320，底盘号为 WDC292364，装配 276 发动机，行驶里程 7950km，客户反映仪表上发动机故障灯亮，并且加油无力，无法正常行驶。

2．故障分析及排除

到达救援现场后，启动着车，发现仪表上发动机故障灯常亮，挂挡行驶时变速箱无法正常升挡，进入了应急模式，一直以一挡行驶，于是拖回维修。

连接诊断电脑进行快速测试，读取到故障码如图 1-110 和图 1-111 所示。

N3/10 - 内燃机“M276 涡轮增压器”的发动机电子设备“MED177V6LA”[ME（发动机电子设备）] F

梅赛德斯－奔驰硬件号	276 901 61 00	梅赛德斯－奔驰软件号	000 904 10 00
梅赛德斯－奔驰软件号	276 902 97 00	梅赛德斯－奔驰软件号	276 903 33 03
诊断标识	022462	硬件版本	12/14 00
软件状态	12/26 00	软件状态	16/49 00
软件状态	17/11 00	引导程序软件版本	12/26 00
硬件供应商	Bosch	软件供应商	Bosch
软件供应商	Bosch	软件供应商	Bosch
控制单元型号	M276LA_VC16		

故障	文本			状态
P059800	冷却液节温器对地短路			A
P003700	氧传感器2（气缸列1）的加热器输出端对地短路			S ☼
	名称	首次出现	最后一次出现	
	研发数据（HEGOD_tiS2B1LRDlyEval）	0.00s	0.00s	
	研发数据（HEGOD_tiS2B1LRTranEval）	0.00s	0.00s	
	研发数据（HEGOD_tiS2B1RLDlyEval）	0.00s	0.00s	
	研发数据（HEGOD_tiS2B1RLTranEval）	0.00s	0.00s	
	研发数据（HEGOD_tiS2B2LRDlyEval）	0.00s	0.00s	
	研发数据（HEGOD_tiS2B2LRTranEval）	0.00s	0.00s	
	研发数据（HEGOD_tiS2B2RLDlyEval）	0.00s	0.00s	
	研发数据（HEGOD_tiS2B2RLTranEval）	0.00s	0.00s	

图 1-110　读取的故障码（一）

P024500	低压涡轮增压器输出端对地短路			A
P023A00	“增压空气冷却器冷却液泵”的促动装置存在电气故障或断路			A
P06DB00	燃烧发动机机油泵的气门促动对地短路			A
P045800	燃油挥发排放控制装置 净化阀对地短路			A+S ☼
	名称	首次出现	最后一次出现	
	控制器区域网络（CAN）信息“燃油泵脉冲负载系数”	33.00%	41.00%	
	研发数据（Epm_stOpMode）	48.00	48.00	
	同步器的状态	30.00	30.00	
	研发数据（Mfvd_redcuradp）	0.00%	0.00%	
	车速	0.00	0.00	

图 1-111　读取的故障码（二）

此外，还存在氧传感器 1（气缸列 2）的加热器输出端对地短路，增压空气旁通风门 2 转换阀输出端对地短路等故障码。由于故障码太多，无法判断故障点，尝试清除故障码后，并再次读取故障码，发现这些故障码都无法清除。查找 WIS，找出这些部件的电路图进行分析，如图 1-112 所示。

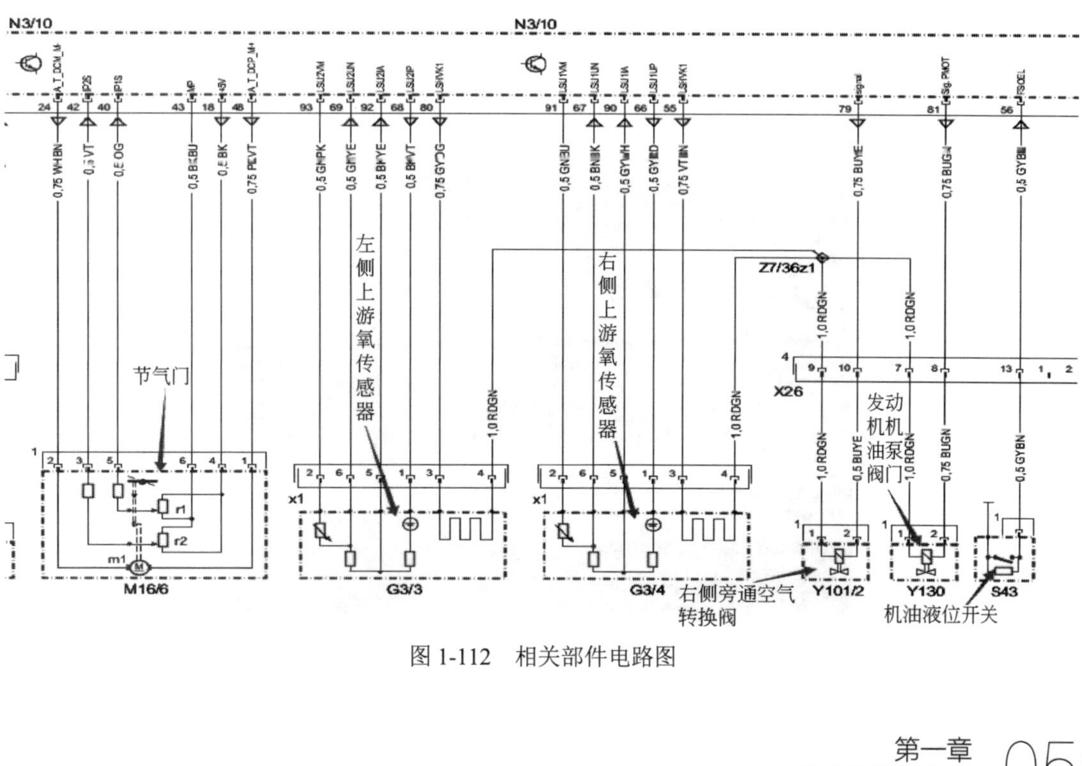

图 1-112　相关部件电路图

通过查找电路图发现，这些故障码的相关部件都存在一个共同点，就是通过 Z7/36z1 供电，Z 节点都会在线束里面，如果要找出 Z 节点测量就要把线束剥开，比较麻烦。于是继续寻找上游供电，上游供电是通过 X26 插头由 F58 熔丝盒内的 f216 熔丝供电进行的，检查此熔丝，发现已经熔断，如图 1-113 所示，用万用表在熔丝处测量线路，发现有对搭铁短路的地方。经检查线路发现，发动机控制单元后部的线束已磨损搭铁。此款发动机由于设计的原因，发动机控制单元后部有一个固定线束铁支架，并且线束经过支架时有股拉力，如果经常过颠簸路面，线束晃动就会出现磨损搭铁的情况，如图 1-114 所示。重新包扎受损线束，并用毛毡包裹支架以防止线束再次磨损，清除故障码，进行试车，一切正常。

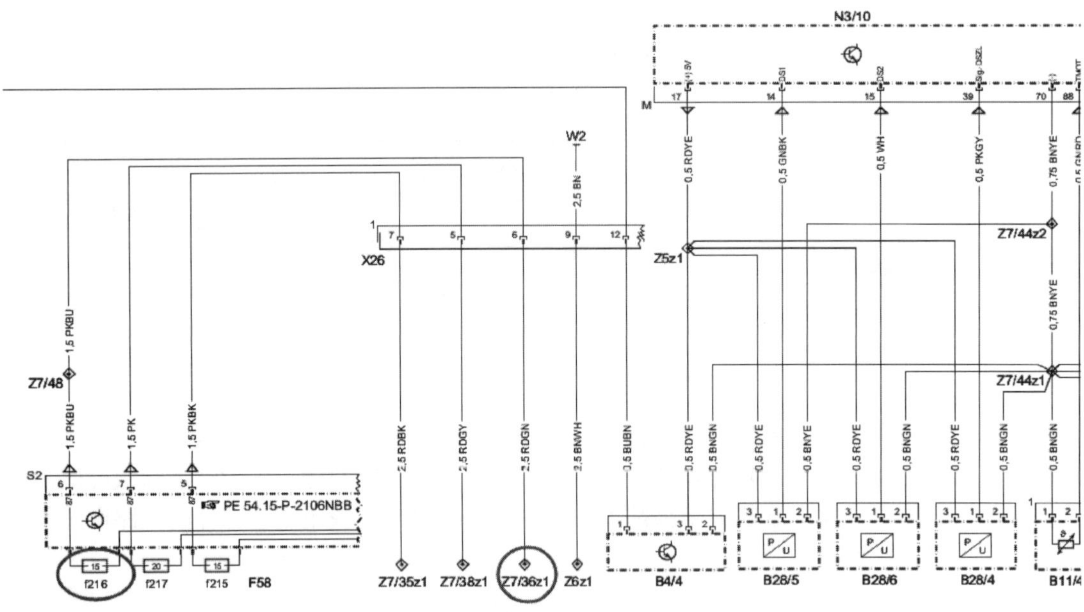

图 1-113　发动机控制单元电路图

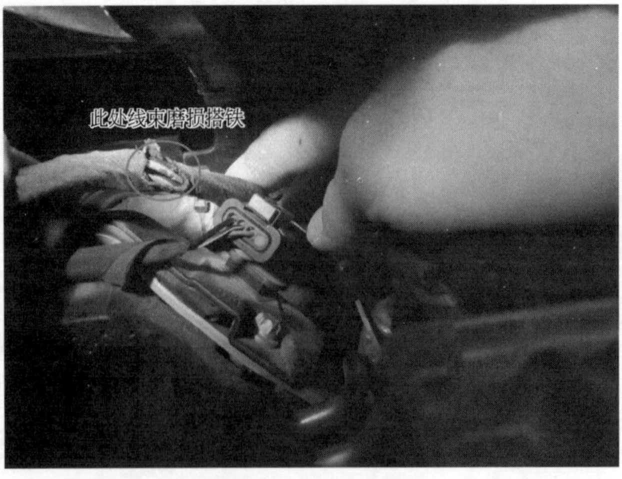

图 1-114　磨损的线束

案例 28

奔驰 E300 发动机故障灯亮

1．故障现象

一辆奔驰 E300，底盘号为 LE4213148，装配 274 发动机，9 速自动变速箱，行驶里程 8485km，由于仪表上发动机故障灯点亮而进厂维修。

2．故障分析及排除

接车后启动着车，发动机能够启动，但启动困难，启动后仪表上发动机故障灯常亮。启动后挂挡行驶正常。

连接诊断电脑进行快速测试，读取的故障码如图 1-115 所示。

N3/10 - 内燃机“M274”的发动机电子设备“MED40”[ME（发动机电子设备）] -F-

型号	零件号	供货商	版本
Hardware	274 901 12 00	Bosch	12/12 000
软件	274 902 43 01	Bosch	17/35 000
软件	274 903 47 04	Bosch	17/35 000
引导程序软件	270 904 07 00	Bosch	12/11 000
诊断标识	02405C	引导程序软件版本	12/11 000
控制单元型号	MED40_VC16_Star2_3		

故障	文本	状态
P008700	系统中的燃油压力过低	A+S
P030085	识别到燃烧断火。 有一个信号高于允许的极限值	S
P030285	识别到气缸2燃烧断火。 有一个信号高于允许的极限值	S

S=已存储，A+S=当前并且已存储

图 1-115　读取的故障码

询问客户得知，今天开车时，发现启动时间比较长，启动后发动机故障灯就亮了。另外在等红绿灯时，启停功能启用后，发动机熄火，而再启动时，发动机也能启动，但启动困难。由于故障码中有燃油压力过低的故障码，所以首先查看了燃油压力的实际值，发现油轨压力只有 8.2bar，标准范围为 20～60bar，显然不正常，如图 1-116 所示。此时流量调节阀的控制角度也超出正常范围，说明由于故障燃油系统进入紧急运行模式，不再建立高压，造成启动困难，相应的喷射时间也会延长，如图 1-117 所示。

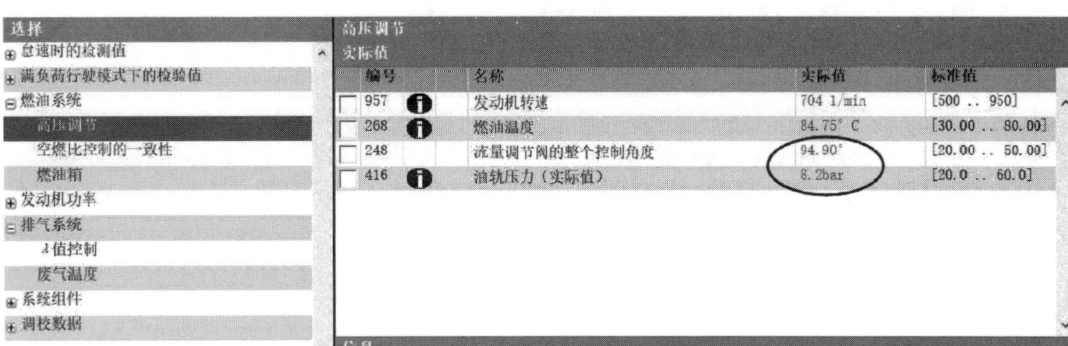

图 1-116　油轨压力实际值

编号	名称	实际值	标准值
957	发动机转速	700 1/min	[500 .. 950]
271	怠速转速提高	1800 1/min	[-50 .. 125]
253	B28/7 （节气门下游的压力传感器）	255.94hPa	[200.00 .. 500.00]
560	部件“B28/7（节气门下游的压力传感器）”的信号电压	0.55V	≤ 4.80
935	喷射时长	1.6ms	[0.1 .. 0.6]
766	部件“Y58/1（净化转换阀）”的脉冲负载系数	24%	[0 .. 100]
161	怠速识别	已识别	已识别
241	进气凸轮轴的位置	34.36°	[30.98 .. 37.86]
536	排气凸轮轴的位置	-31.83°	[-35.20 .. -28.80]
602	挂入的行驶挡位	P/N	P/N

图 1-117　喷射时间不正常的实际值

检查了燃油管路，未发现泄漏，对发动机控制单元进行编程后，故障依然存在。于是把高压泵更换掉，进行试车一切正常，故障排除。

案例 29

奔驰 E200 发动机故障灯亮

1. 故障现象

一辆奔驰 E200，底盘号为 LE4212134，装配 274 发动机，行驶里程 7730km，7 速自动变速箱，客户反映仪表上发动机故障灯亮，怠速抖动。

2. 故障分析及排除

接车后启动着车，发现发动机故障灯常亮，怠速时抖动，有明显缺缸的感觉。连接诊断电脑进行快速测试，读取到发动机控制单元 ME 的故障码，如图 1-118 所示。

故障码	说明	状态
P035413	点火线圈4的促动装置存在电气故障或断路。存在断路	当前并且已存储
P230900	点火线圈4的促动装置对地短路	已存储
P020101	燃油喷油嘴（气缸1）存在电气故障或断路。存在一个一般电气故障	已存储
P020401	燃油喷油嘴（气缸4）存在电气故障或断路。存在一个一般电气故障	已存储
P02011F	燃油喷油嘴（气缸1）存在电气故障或断路。存在一个偶发故障	已存储
P02041F	燃油喷油嘴（气缸4）存在电气故障或断路。存在一个偶发故障	已存储
P030085	识别到燃烧断火。有一个信号高于允许的极限值	当前并且已存储
P030385	识别到气缸3燃烧断火。有一个信号高于允许的极限值	已存储
P030485	识别到气缸4燃烧断火。有一个信号高于允许的极限值	当前并且已存储
P030285	识别到气缸2燃烧断火。有一个信号高于允许的极限值	已存储

图 1-118　读取的故障码

尽管有很多故障码，但大多数是存储故障码，删除并重新读取故障码，只剩下点火线圈 4 的促动装置存在电气故障或断路这一个故障码。进入实际值，查看故障计数器，发现 4 缸故障计数器在短时间内就上升到 450 次，说明 4 缸已不能正常工作，如图 1-119 所示。

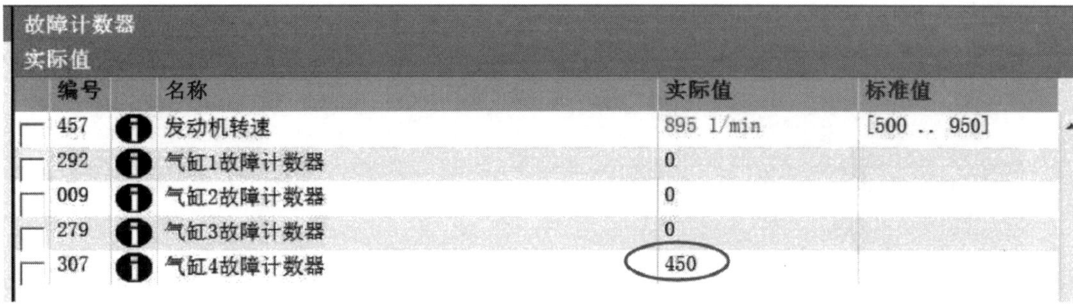

故障计数器

实际值

编号	名称	实际值	标准值
457	发动机转速	895 1/min	[500 .. 950]
292	气缸1故障计数器	0	
009	气缸2故障计数器	0	
279	气缸3故障计数器	0	
307	气缸4故障计数器	450	

图 1-119　不正常的实际值

首先根据故障引导进行检测，引导提示先检查发动机、变速箱和车身之间的搭铁线是否牢固、状态是否完好，经检查搭铁线完好。接下来连接线束适配器，让发动机怠速运转，分别测量 4 缸点火线圈上 2 号针脚、4 号针脚和 1 号针脚之间的电压，从电路图（图 1-120）上可以看出，2 号针脚和 4 号针脚都连接在了搭铁点 W11 上，而 1 号针脚是 87 供电，经测量都在 13.5V 左右，正常。故障引导的结果为更换 4 缸点火线圈，但更换 4 缸点火线圈后，故障依旧，说明故障引导的方向及结果是错误的。

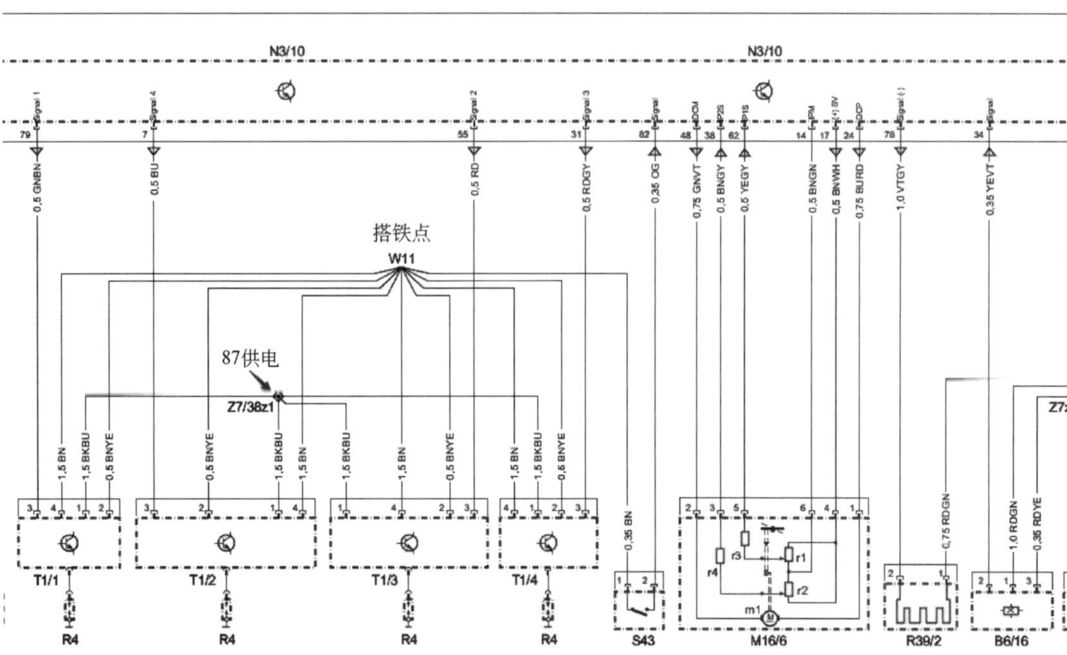

图 1-120　点火线圈电路图

于是只有本着从简到繁的原则进行检查，首先拆掉火花塞检查，没有发现异常，调换一个正常车的火花塞后，依旧是 4 缸缺火。接着又先后和其他缸调换了点火线圈及喷油器后，故障依旧。连接 HMS990 专用工具，测试喷油及点火波形，波形如图 1-121 和图 1-122 所示，但发现 4 缸没有点火波形。对发动机控制单元 ME 进行成功升级后，故障依旧，检查点火线圈至发动机控制单元之间的线路，没有发现异常，于是判断是发动机控制单元损坏，更换发动机控制单元后，发动机工作正常。

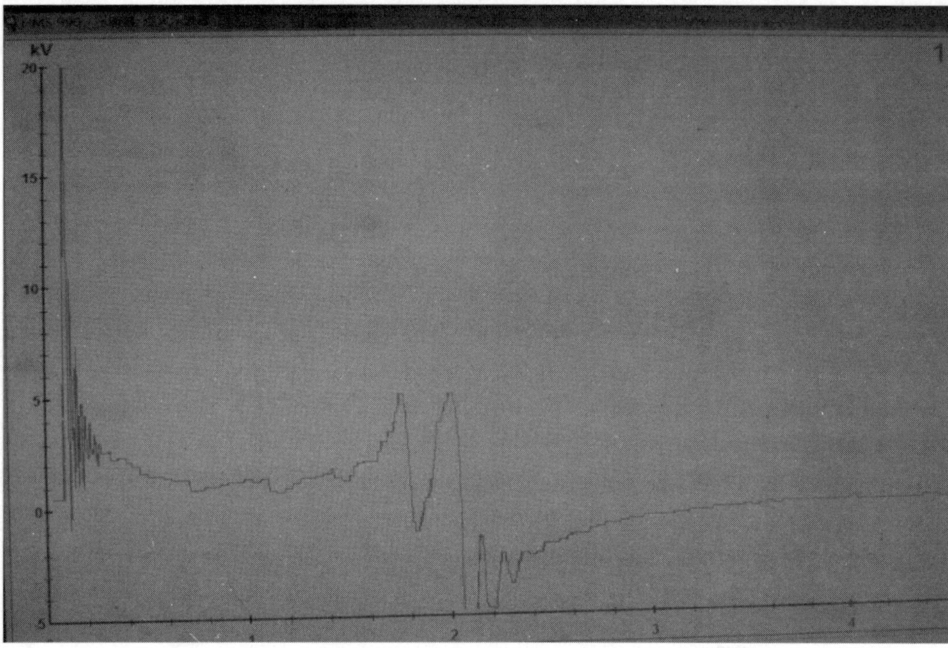

图 1-121　测试的波形（一）

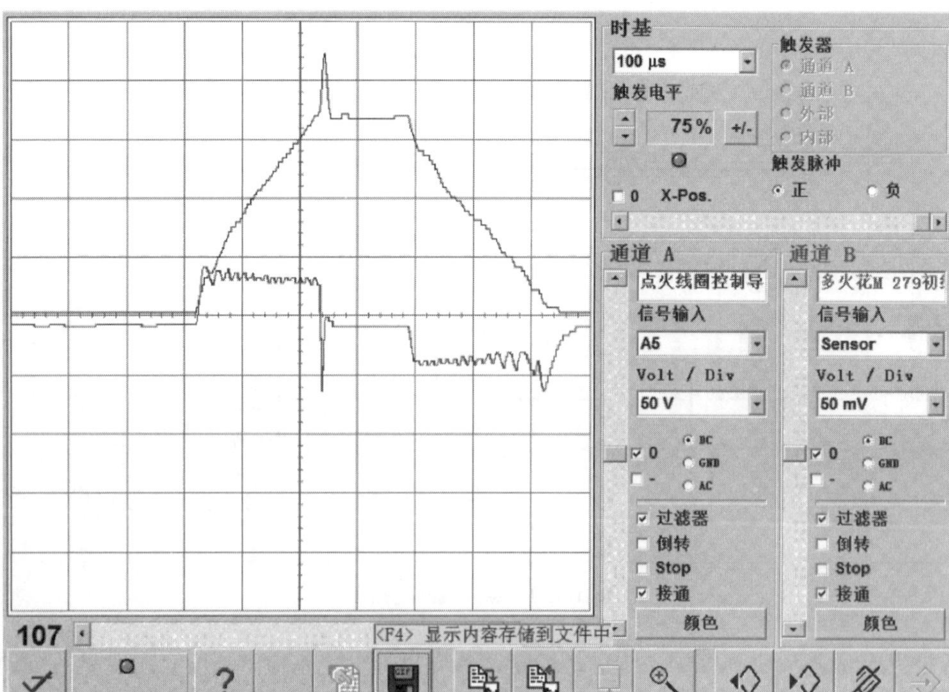

图 1-122　测试的波形（二）

案例 30

奔驰 C200 行驶中发动机抖动

1．故障现象

一辆奔驰 C200，底盘号为 LE4205142，装配 274 发动机，7 速自动变速箱，行驶里程 42230km，客户反映行驶中发动机抖动，救援拖回维修。

2．故障分析及排除

接车后尝试启动车辆，发动机能够顺利着车，并且运转平稳，仪表上也无任何报警。询问客户得知，车辆无任何事故维修，今天正在行驶途中，发动机突然抖动，赶紧熄火停车，再次启动时就不能着车了。

连接诊断电脑进行快速测试，无任何故障码。连接油压表测试燃油压力，为 5.1bar，并且压力能够保持很长时间不下降，说明燃油系统正常。准备对发动机的相关线路进行检查，这时候发动机突然开始抖动，随后熄火，根据故障现象推断相关线路有接触不良的地方，于是对线路进行检查，最后发现发动机线束的固定螺栓松动，如图 1-123 所示。原来由于 274 发动机高压油泵处油管接头存在渗油隐患，近期厂家对油管进行了召回，而在施工时拆卸了该螺栓，但忘记拧紧，此螺栓同时也是发动机线束的一个搭铁点。将该螺栓紧固后，试车一切正常。

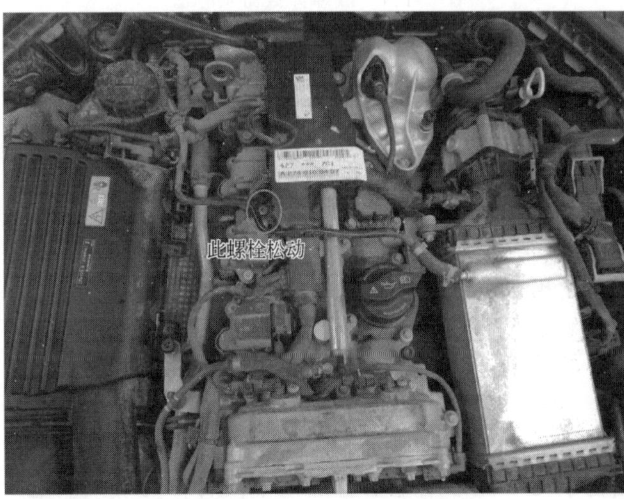

图 1-123　故障点位置

案例 31

奔驰 C63 AMG 发动机怠速抖动

1．故障现象

一辆奔驰 C63 AMG，底盘号为 WDD204077，装配型号为 156 的 V 型 8 缸发动机，7 速自动变速箱，行驶里程 128490km，因发动机怠速抖动而进厂维修。

2．故障分及排除

接车后启动车辆，能够顺利着车，着车后发动机出现轻微抖动，并且发动机故障灯闪烁，熄火再启动故障灯就熄灭了。进入故障计数器查看实际值，发现有轻微的缺火记录，如图 1-124 所示。故障计数器过一段时间后会自动清零，而再次出现时又变为其他缸缺火，缺火的气缸并不固定。

故障计数器

实际值

编号	名称	实际值	标准值
448	发动机转速	620 1/min	≥ 500
731	发动机负荷	16.5%	≥ 13.0
119	气缸1故障计数器	1	0
242	气缸2故障计数器	0	0
086	气缸3故障计数器	0	0
937	气缸4故障计数器	0	0
001	气缸5故障计数器	1	0
389	气缸6故障计数器	0	0
828	气缸7故障计数器	1	0
212	气缸8故障计数器	0	0

图 1-124　故障计数器实际值

连接诊断电脑进行快速测试，读取到发动机控制单元中的故障码，如图 1-125 所示。

N3/10 - 内燃机“M156”的发动机电子设备“ME97 AMG”[ME（发动机电子设备）]　F

梅赛德斯－奔驰硬件号	000 901 17 00	诊断标识	15/39
供应商ID	3	供货商	Bosch
控制单元型号	M156_VC23S20	软件梅赛德斯－奔驰件号（代码）	000 902 32 14
软件的梅赛德斯－奔驰件号（数据）	000 903 95 01	数据状态	8k23S20AE000K
多路转换器 序列号	00 40 89 29		

故障	文本	状态
0218	未进行气门促动器 怠速位置的调校	A+S
0695	电风扇1的输出端存在一个电气故障或断路	S
2359	该故障码可以忽略和删除	S

S=已存储，A+S=当前并且已存储

图 1-125　读取的故障码

根据故障码的提示，结合维修经验进行分析，应着重处理第一个当前故障码 0218。准备对节气门进行初始化学习，但诊断电脑里面根本没有学习节气门这一选项可供操作。根据故障码进行引导性检测，首先通过实际值检测部件 B37（油门踏板传感器），实际值分为油门踏板未操作和油门踏板踩到底，经过检测实际值都在正常范围内，如图 1-126 和图 1-127 所示。

相应的实际值状态

油门踏板未操纵

名称	实际值	标准值
油门踏板传感器信号1的电压	0.31V	[0.20 .. 0.50]
油门踏板传感器信号2的电压	0.16V	[0.10 .. 0.50]

图 1-126　油门踏板未操纵的实际值

油门踏板已踩到底

名称	实际值	标准值
油门踏板传感器信号1的电压	4.57V	[4.30 .. 4.80]
油门踏板传感器信号2的电压	2.29V	[2.10 .. 2.50]

图 1-127　油门踏板踩到底的实际值

然后通过实际值检测 M16/3（前部节气门促动器），检测前提是打开点火开关，发动机停止运转，然后点击“继续”，显示出相应的实际值，此时未踩下油门踏板，实际值在标准范围内。

接着需要检测油门踏板踩到底的相应实际值，检测前提打开点火开关，发动机停止运转。当把油门踏板踩到底后，诊断电脑会随即显示实际值正常，检测结束，如图 1-28 所示。在激活项目中对节气门进行激活，发现实际值可以正常变化，节气门工作正常。

相应的实际值状态

名称	实际值	标准值
车辆识别号	WDDGF7HBXEG212212	
强制降挡识别	是	是
油门踏板传感器信号1的电压	4.59V	[4.30 .. 4.80]
节气门促动器M16/3 （前部节气门促动器）信号1的电压	4.45V	[3.80 .. 4.70]
节气门促动器M16/3 （前部节气门促动器）信号2的电压	0.55V	[0.40 .. 1.00]

结果

实际值正常 ← 油门踏板踩到底后才能显示

图 1-128　节气门实际值

诊断电脑检测正常，但故障现象依然存在，并且除此之外并没有其他故障码，于是决定拆下节气门检查。此款车型的节气门拆卸比较复杂，需要把发动机进气歧管一同拆下，节气门位于进气歧管的下方，安装时为了保证密封性，需要更换两个进气歧管垫，如图 1-129 所示。

图 1-129　节气门安装位置

进气歧管中有两个节气门，目的是为了向气缸输送高速率的气流。节气门执行元件被 ME 控制单元平行促动，每个节气门的反应通过实际值电位计记录，并被送到 ME 控制单元，每个节气门上的两个电位计执行相反的操作。

拆下进气歧管后发现节气门上的积炭很多，估计一直没有清洗过节气门，对两个节气门清洗后重新装复，发现故障码可以清除了，打着车后怠速抖动及缺火现象都消失了，查看实际值，节气门角度从原来的 1.1° 下降到 0.7°，如图 1-130 所示，进行路试，一切正常，故障排除。

电子油门踏板

实际值

编号		名称	实际值	标准值
636		油门踏板传感器信号1的电压	0.31V	
885		油门踏板传感器信号2的电压	0.16V	
974		油门踏板 位置	0.0%	
416		节气门角度	0.70°	
929	i	节气门促动器M16/3 （前部节气门促动器）信号1的电压	0.63V	
866	i	节气门促动器M16/3 （前部节气门促动器）信号2的电压	4.38V	
830	i	节气门促动器M16/4 （后部节气门促动器）信号1的电压	0.63V	
292	i	节气门促动器M16/4 （后部节气门促动器）信号2的电压	4.39V	
484		怠速识别	是	
469		满负荷识别	否	
376		滑行断油	未激活	

图 1-130　清洗节气门后的实际值

案例 32

奔驰 E200 冷却液温度过低

1. 故障现象

一辆奔驰 E200，底盘号为 LE4212134，装配 274 发动机，7 速自动变速箱，行驶里程 14305km，客户反映此车在跑高速时仪表上冷却液温度显示过低。

2. 故障现象及排除

接车后启动着车，仪表上冷却液温度可以正常显示，询问客户得知，车辆在怠速时及低速行驶时，冷却液温度显示正常，但是在跑高速时仪表上冷却液温度显示很低。连接诊断电脑进行快速测试，没有发现任何故障码。带上诊断电脑陪同客户一起试车，发现车速在 80km/h 以上时，冷却液温度开始快速下降，从最初的 100℃左右下降到 70℃左右，最低时还能达到 60℃。一旦车速降下来，冷却液温度马上又能恢复正常。

利用诊断电脑对冷却液节温器进行检测，首先通过促动检测部件 R48（冷却液节温器加热元件）。检测前提为：冷却液循环回路已加注和排气，内燃机怠速运转，关闭空调，冷却液温度低于 55℃，检测时间将持续 600s，经检测节温器工作正常，如图 1-131 所示。

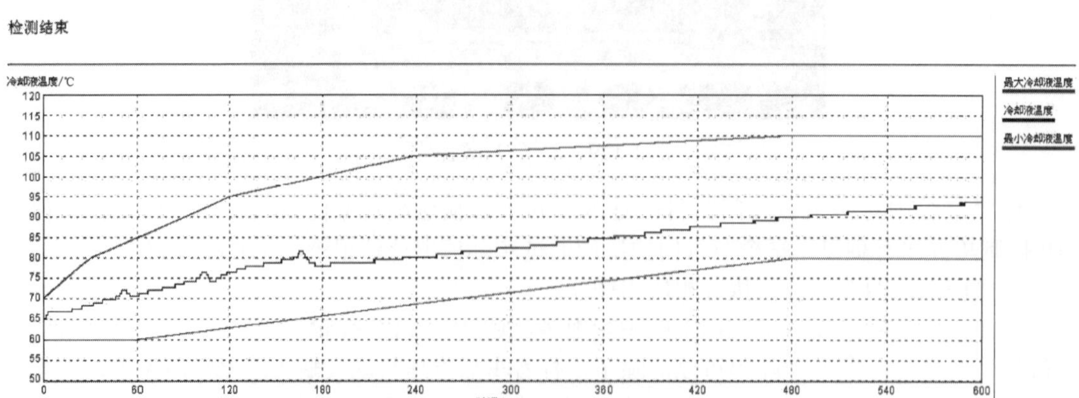

图 1-131　对节温器进行测试（一）

由于是质保期内的车，为了保险起见，又进入选项“冷却液上升过快和过高”进行检测，检测时电子扇会高速运转，结果也正常，如图 1-132 所示。

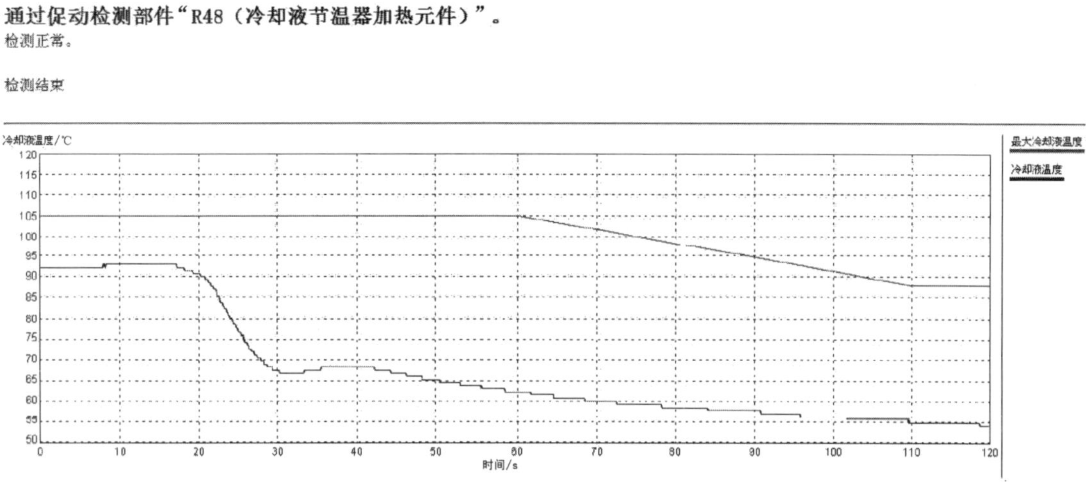

图 1-132　对节温器进行测试（二）

尽管节温器检测正常，但是根据故障现象及维修经验，怀疑故障是由于节温器卡滞，导致冷却液循环量过大引起的，和客户沟通更换节温器后试车，冷却液温度一直显示正常，故障排除。

案例 33

奔驰 E260 发动机高温（一）

1．故障现象

一辆奔驰 E260，底盘号为 LE4212147，装配 271 涡轮增压发动机，车辆在行驶中出现高温现象，节温器爆裂，于是拖回维修。

2．故障分析及排除

接车后发现冷却液已经漏完，首先和客户报价更换节温器及冷却液，更换过程中，据客户反映，这辆车不是一个司机开的，也不在 4S 店维修，所以最近维修过哪些地方也说不清楚。今天开车时没发现什么异常现象，但行驶没多远就发现加油无力，随后发现冷却液温度上升到 120℃的红色标线位置，发动机舱冒出很多白烟（喷出的冷却液）。

更换完节温器及冷却液后，让发动机怠速着车，关闭空调并在诊断电脑上查看实际值，发现冷却液温度快速上升，在 109℃时，电子扇开始低速运转，但冷却液温度不但没有下降，反而快速上升，不到 2min 就上升到了 115℃，电子扇高速运转，但冷却液温度依然不下降，再下去必然出现高温。赶紧熄火，寻找高温原因。

经过检查发现，冷却液水壶到发动机之间的连接水管不是原车的，位置如图 1-133 所示。拆掉此管检查，发现了问题所在，此管内部有一个单向阀，正常情况下，温度上升后，冷却液膨胀会流往水壶，但水壶内的冷却液不能流往发动机，而是通过下方的另外一个水管进行循环。此管装反后，导致冷却液不能流到水壶内，高温高压的冷却液一直憋在发动机处，从而导致发动机高温，节温器爆开。

图 1-133　故障点位置

把水管重新装好后，冷却液温度及电子扇都恢复正常，进行试车一切正常。

案例 34

奔驰 E260 发动机高温（二）

1．故障现象

一辆奔驰 E260，底盘号为 LE4212136，装配 274 发动机，7 速自动变速箱，行驶里程 79590km，客户反映仪表上冷却液出现高温报警，救援拖回维修。

2．故障分析及排除

接车后启动着车，发现仪表上冷却液温度指示正常，连接诊断电脑进行快速测试，没有发现任何相关故障码。询问客户得知，车辆正行驶中，仪表上冷却液温度指示到 120℃，于是赶紧靠边熄火停车。

由于故障现象不存在，于是根据客户所描述的现象，首先检查冷却液，发现液位正常，检查电子扇，轴承没有发卡现象，激活电子扇，高低速工作都正常。利用诊断电脑进入发动机控制单元的实际值，让发动机怠速运转并关闭空调，以便观察电子扇工作情况。

随着冷却液温度的逐渐升高，在温度达到 97℃左右时，节温器打开，触摸节温器到散热水箱之间的水管，热得烫手。通过观察冷却液温度传感器的实际值发现，冷却液温度每次以 0.75℃递增，在冷却液温度达到 105.75℃时，电子扇开始低速运转，过一会冷却液温度下降，电子扇停止运作，经过初步检测一切正常，实际值如图 1-134 所示。

前提条件

- 内燃机怠速运转
- 所有辅助用电器都必须关闭

相应的实际值状态

编号	名称	实际值	标准值
457	发动机转速	701 1/min	[500 .. 950]
681	B11/4 （冷却液温度传感器）	105.75°C	[80.00 .. 115.00]
088	蓄电池电压	14.8V	[12.0 .. 15.0]
289	空调	关闭	关闭

图 1-134　冷却液温度的实际值

根据维修经验，发动机一般在原地怠速或市区走走停停的路况下，由于散热不良，容易高温。因为没有发现故障点，就对散热水箱进行了清洗后（水箱上粘了许多柳絮之类的东西），交于客户观察使用。谁知一个多小时后，客户再次进店反映依然高温。详细询问客户得知，客户在市区行驶 20km 后，又出现了高温现象。

带上诊断电脑和客户一起试车，发现车速在 60km/h 以上时，不会出现高温现象。在 60km/h 以下并且打开空调行驶几分钟后，冷却液温度突然快速上升，由原来的 100℃左右，会在 30s 内上升至 120℃。发动机高温的实际值如图 1-135 所示。

前提条件

- 内燃机怠速运转
- 所有辅助用电器都必须关闭

相应的实际值状态

	编号	名称	实际值	标准值
⚠	457	发动机转速	1293 1/min	[500 .. 950]
⚠	681	B11/4 （冷却液温度传感器）	120.75°C	[80.00 .. 115.00]
	088	蓄电池电压	14.0V	[12.0 .. 15.0]
⚠	289	空调	接通	关闭

图 1-135　发动机高温的实际值

在发动机高温时用手触摸节温器到散热水箱之间的水管，发现很凉，说明节温器没有打开，尝试利用诊断电脑对节温器进行测试，结果正常。根据此车冷却系统的工作原理及维修经验，怀疑冷却液泵工作不正常。于是拆掉冷却液泵检查，发现冷却液泵已卡死。同时发现冷却液泵真空室的密封圈已损坏，如图 1-136 和图 1-137 所示。更换冷却液泵后试车，故障排除。

图 1-136　卡死的冷却液泵

图 1-137　真空室密封圈损坏

274 发动机冷却系统介绍（装配机械冷却液泵）

274 发动机的冷却系统与上代发动机 271 相比，略有不同之处。发动机冷却通过一个横流冷却回路进行（271 是纵流），这确保每个气缸冷却液得到均匀供给。与纵流冷却相反，这可以防止高负荷时气缸间产生温度阶梯。冷却液节温器根据负荷为热量管理系统调节冷却液在 98～108℃温度范围。发动机控制单元 ME 通过搭铁信号促动加热元件，从约 108℃起，节温器一直完全打开。

在暖机阶段，冷却液泵被真空操作的旋转式球阀切断，如图 1-138 所示。从而使冷却液停留在发动机中，这样加速了发动机暖机，并允许节能的操作策略（例如 ECO 启动/停止系统）能够快速启动。

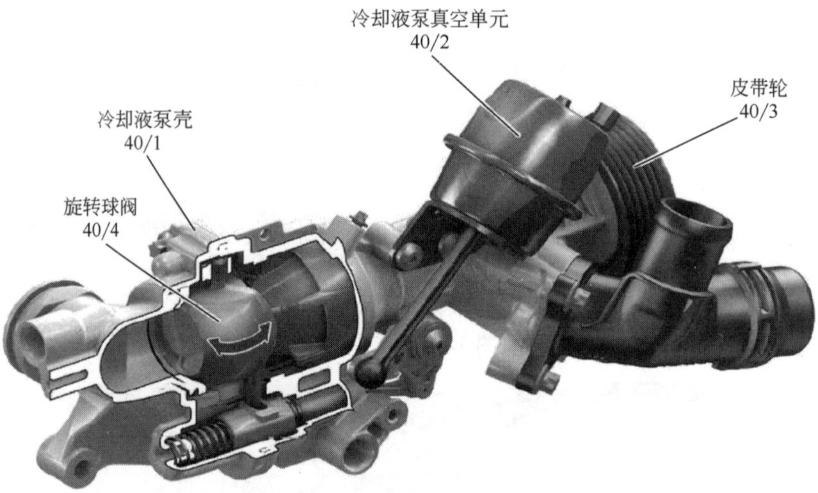

图 1-138　冷却液泵内部球阀结构图

此车出现高温的原因是由于冷却液泵的旋转球阀卡滞，导致冷却液大循环被切断，真空室一直保持负压尝试打开球阀，时间长了造成真空室损坏。在原地怠速时需要的冷却液循环量比较小，高速时自身散热较好，所以不容易出现高温。而在市区道路行驶并且开启空调时，冷却液得不到循环散热且发动机负荷较大，就出现了高温现象。

案例 35
奔驰 C180 发动机高温

1. 故障现象

一辆奔驰 C180，底盘号为 LE4205140，装配 274 发动机，9 速自动变速箱，电动冷却液泵，行驶里程 23587km，由于仪表上冷却液高温报警而进店维修。

2. 故障分析及排除

接车后启动着车，发现仪表上无任何报警，冷却液温度也正常。询问客户得知，刚启动时仪表上冷却液温度显示正常，但过一会后就出高温报警。为了防止损坏发动机，于是救援拖回维修。正说话间，仪表上冷却液温度已快速上升至 120℃，同时，仪表多功能显示屏上出现冷却液红色报警，如图 1-139 所示。

图 1-139　仪表上冷却液报警

同客户谈话中得知，不久前车辆也出现了冷却液高温报警，当时到店后对传动系统控制单元（N127）进行了升级，当时也进行了路试，未发现异常。但今天正行驶中，突然又出现了高温报警。经查阅该车维修历史，发现一个月前对 N127 进行了升级，并检查了相关线路。连接诊断电脑进行快速测试，读取的故障码如图 1-140 所示。

N127 - “传动系统”控制单元（PTCU）

型号	零件号	供货商	版本
硬件	000 901 44 06	Continental	18/27 000
软件	000 902 31 46	Continental	18/17 000
软件	000 903 36 41	Continental	19/39 000
引导程序软件	000 904 92 00	Continental	17/28 000
诊断标识	023E17	控制单元型号	CPC_NG_R17B

故障	文本	状态
U019F87	与部件“冷却液泵”的通信存在功能故障。信息缺失	S
P246B00	柴油或汽油微粒滤清器再生的前提条件未满足	S

S=已存储

图 1-140　读取的故障码

首先根据故障引导进行检测，故障引导提示检查低温回路循环泵 M43/6，并通过促动测试 M43/6 的耗电量，测试结果为 0.76A，标准范围为 0.5～1.5A，检测结束。显然故障引导并不能提供可靠的维修方案。查询相关技术文件，发现有一个相似的指导，根据文件检查了相关线路，未发现异常，检测步骤如图 1-141 所示，于是更换冷却液泵 M75/11 后，多次试车一切正常。

故障：　冷却液高温报警

原因：　故障码U019F87被存储在传动系统控制单元（N127）中

技术指导：

- 检查冷却液泵的电气插头，如有必要则进行清洁处理
- 断开ME上的电气插头，检查并重新连接
- 断开PTCU上的电气插头，检查并重新连接
- 断开车身底部与发动机/变速箱之间的搭铁线，重新连接
- 断开冷却液泵的搭铁线，检查并修整
- 检查冷却液泵的供电线，松开防火墙母线上的供电电缆并修整
- 检查电子扇供电，断开电气插头，检查插头并重新连接
- 为冷却系统执行排气工作
- 删除故障码，更新N127软件并执行冷启动测试

图 1-141　针对此故障的检测步骤

案例 36

奔驰 E200 电子扇高速运转

1. 故障现象

一辆奔驰 E200，底盘号为 LE4212134，装配 274 发动机，7 速自动变速箱，行驶里程 65330km，客户反映发动机启动后电子扇一直高速运转。

2. 故障分析及排除

接车后启动着车，电子扇马上就开始高速运转，而此时冷却液温度在 60℃左右，电子扇应该处于停止状态。连接诊断电脑进行快速测试，读取到发动机控制单元中的故障码，如图 1-142 所示。

N3/10 - 内燃机“M274”的发动机电子设备“MED40”[ME（发动机电子设备）]

梅赛德斯一奔驰硬件号	274 901 19 00	梅赛德斯一奔驰软件号	270 904 01 00
梅赛德斯一奔驰软件号	270 902 64 00	梅赛德斯一奔驰软件号	274 903 98 01
诊断标识	02203B	硬件版本	11/13 00
软件状态	11/25 00	软件状态	13/46 00
软件状态	14/15 00	引导程序软件版本	11/25 00
硬件供应商	Bosch	软件供应商	Bosch
软件供应商	Bosch	软件供应商	Bosch
控制单元型号	VC11		

故障	文本	状态
P069111	电子扇1的输出端对地短路。 存在对地短路	S

S=已存储

图 1-142 读取的故障码

故障码是已存储状态，根据维修经验判断，不是引起电子扇高速转的原因。经和客户沟通得知，此车在修理厂检查过，怀疑是检查过程中测量线路或拔插头留下的故障码。清除该故障码后再次刷新，发动机控制单元内没有任何故障码。

经观察发现，电子扇并不是一直高速运转，而是转转停停。发动机控制单元通过脉冲宽度调制信号（PWM）控制电子扇的转速，脉冲宽度调制信号的占空比在 10%～90%之间。10%是电子扇停止状态；20%电子扇打开，最低转速；90%是电子扇的最高转速。如果促动装置出现故障，则电子扇以最高速度转动（电子扇的应急运行模式）。

进入发动机控制单元热量管理的实际值，发现空调需要的电子扇功率为 69%，而此时空调处于关闭状态，冷却液温度也只有 72℃，显然不正常，实际值如图 1-143 所示。

这就说明是空调系统造成电子扇工作不正常，查看空调系统实际值（空调未打开），发现制冷剂压力为 14.9bar，连接空调压力表，实际压力仅 5bar，如图 1-144 所示。说明是制冷剂压力传感器传送了错误的信号，于是把制冷剂压力传感器更换掉，多次试车，一切正常。

本以为故障就此解决了，谁知第二天客户再次进店维修，反映早上启动车辆后电子扇依然高速转，连接诊断电脑进行快速测试，没有任何故障码。经过仔细检查线束发现，此车由于之前出过事故，把制冷剂压力传感器的线束撞断，接线处发生虚接，造成制冷剂压力的实际值过高，使电子扇处于应急模式。重新把虚接的线束接好后，制冷剂压力的实际值恢复正常，交于客户使用一切正常。

实际值

编号	名称	实际值	标准值
457	发动机转速	751 1/min	[500 .. 6000]
414	发动机负荷	22%	[0 .. 100]
302	过热保护	未激活	
681	B11/4 （冷却液温度传感器）	72.00°C	[75.00 .. 110.00]
941	部件"B11/4（冷却液温度传感器）"的信号电压	1.10V	≤ 4.80
491	控制器区域网络（CAN）信息"环境温度"	12.75°C	[-40.00 .. 60.00]
556	B17/7 （节气门上游的增压空气温度传感器）	12.75°C	[-40.00 .. 80.00]
329	发动机启动时的冷却液温度	68.25°C	≤ 115.00
009	燃油温度	42.75°C	≤ 80.00
289	空调	关闭	
449	部件"压缩机"的激活	0%	[0 .. 100]
873	控制单元的内部温度	31.50°C	[-40.00 .. 80.00]
128	风扇延时运行	已激活	
984	风扇延时时间的修正因素	0%	≤ 100
183	风扇操纵的脉冲负载系数	1%	[0 .. 100]
481	部件"R48（冷却液节温器加热元件）"的脉冲负载系数	100%	[0 .. 100]
521	内燃机要求风扇功率	已激活	
922	空调需要的风扇功率	69%	[0 .. 100]
480	Y130（发动机油泵阀门）	10%	[0 .. 100]

图 1-143　不正常的实际值

气候控制系统

实际值

编号	名称	实际值	标准值
416	制冷剂压力	14.90bar	[0.00 .. 35.00]
882	B10/6 （蒸发器温度传感器）	14.00°C	[-40.00 .. 90.00]
285	部件"A9（制冷剂压缩机）"的耗电量	0.00A	[0.00 .. 1.00]
447	B14（外部温度传感器）	12.50°C	[-40.00 .. 80.00]
439	车外温度	12.50°C	
188	B10/4（车内温度传感器）	13.90°C	[-40.00 .. 90.00]
395	N70b1（带集成式风扇的车内温度传感器）	15.00°C	[-40.00 .. 90.00]
043	冷却液温度	54.00°C	[-40.00 .. 125.00]
194	发动机转速	751 1/min	

信息

图 1-144　空调系统的实际值

案例 37

奔驰 E300 锁车后电子扇高速运转

1．故障现象

一辆奔驰 E300，底盘号为 LE4213148，装配 274 发动机，9 速自动变速箱，行驶里程 28585km，由于锁车后电子扇高速运转而进厂维修。

2．故障分析及排除

接车后同客户一起试车，发动机启动正常，启动后仪表上无任何报警。客户反映车辆无任何事故维修，之前车辆一直使用正常，今天突然出现锁车后电子扇高速转。于是熄火锁车，锁车后大概 2min 左右，电子扇开始高速运转（应急模式）。经过反复试车，发现每次锁车后故障现象都会出现，当电子扇正在高速运转时，使用遥控钥匙解锁，或者操作一下座椅调节开关，操作一下天窗开关，甚至拉一下外部的门把手，电子扇都会停止运转。如果车门没有打开，过一会车辆再次上锁后，电子扇依然会高速运转。

连接诊断电脑进行快速测试，读取的故障码如图 1-145 所示。

N127 - “传动系统”控制单元（PTCU） -F-

型号	零件号	供货商	版本
Hardware	000 901 44 06	Continental	18/50 000
软件	000 902 31 46	Continental	18/17 000
软件	000 903 33 41	Continental	19/39 000
引导程序软件	000 904 92 00	Continental	17/28 000
诊断标识	023E17	控制单元型号	CPC_NG_R17B

故障	文本	状态
P068700	“电路87（内燃机）”继电器的输出端存在对正极短路	A
P069000	“端子87”（内燃机）输入端对正极短路	A

A=当前

图 1-145　读取的故障码

尝试清除故障码，发现故障码可以清除，再次刷新没有任何故障码。查找电子扇的电路图发现，电子扇插头处共有四根线，分别为来自 F32/3 的供电，电子扇搭铁，来自于节点 Z142z1 的 LIN 线，来自于节点 Z141/1z1 的 87C 供电，如图 1-146 和图 1-147 所示。正常情况下，车辆解锁后，87C 就会有 12V 的供电，锁车后过几分钟 87C 供电会变为 0V（87C 继电器断开）。相应的 LIN 线在车辆休眠后也不再会有波形。而实际测量此车时发现，锁车 2min 左右电子扇开始运转，此时 87C 和 LIN 线上都有 14V 左右的电压（已连接充电机），由于用万用表测量 LIN 线电压不能准确判断 LIN 线是否正常工作，于是用 HMS990 测量 LIN 线波形，发现 N127 确实发出了控制信号，如图 1-148 所示。

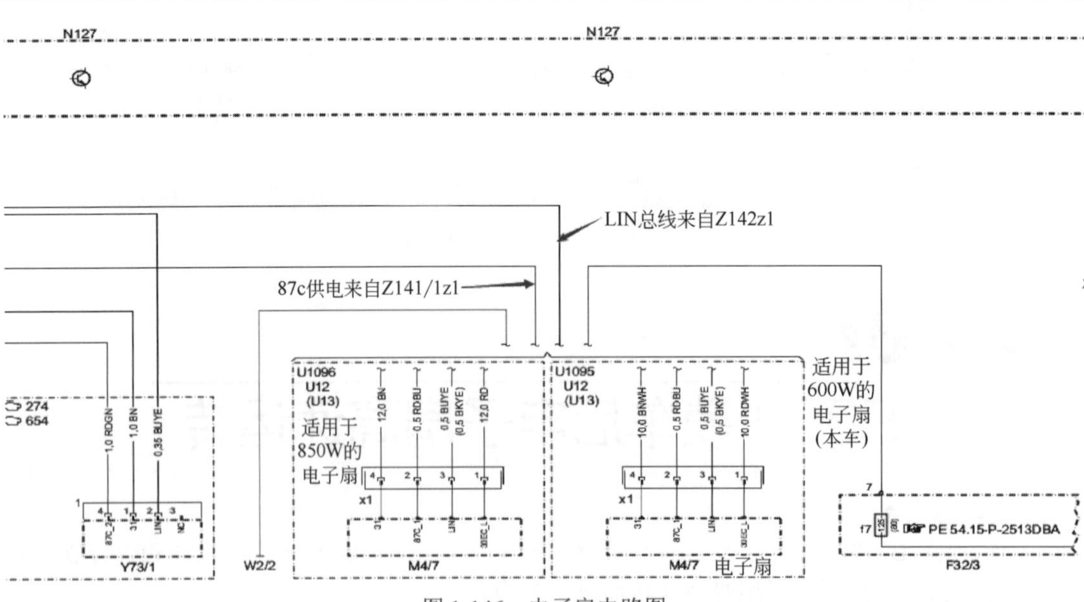

图 1-146　电子扇电路图

传动系统控制单元 N127 通过传动系统局域互联网 LIN 对电子扇进行促动，转速可设置在 0～100%之间，如果促动发生故障，则电子扇会以最高转速运转（电子扇的应急模式）。在点火开关关闭后，如果冷却液温度或发动机机油温度超过规定的最大值，则电子扇最多继续运转 6min，如果蓄电池电压下降过多，则会抑制延迟电子扇关闭。

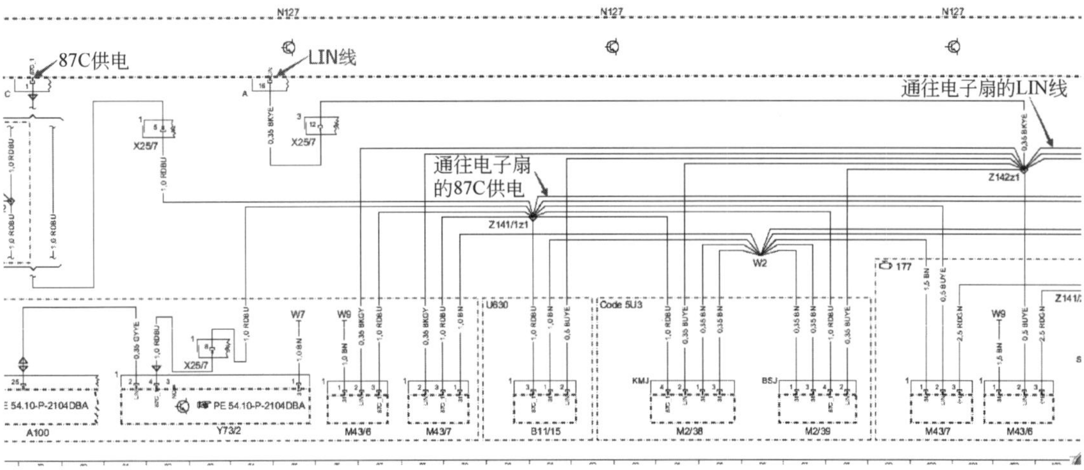

图 1-147　LIN 线及 87C 电路图

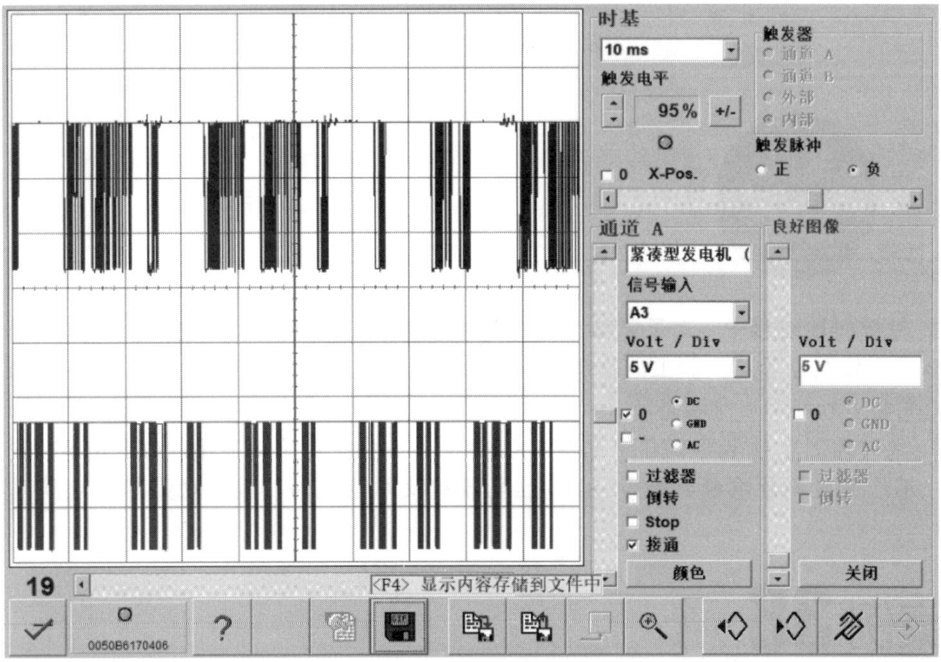

图 1-148　控制电子扇的 LIN 线波形

怀疑 N127 控制单元故障，在锁车后持续发出 LIN 线控制信号，于是更换了 N127 控制单元。本以为故障就此解决了，谁知更换后试车，锁车后电子扇依然会高速运转。再次读取故障码，还是报了原来的故障码。查找电路图发现，87C 供电来自发动机舱熔丝继电器盒 K40/8 中的 KJ 继电器，但该继电器集成在 K40/8 里面，无法单独更换，电路图如图 1-149 所示。推断继电器内部触点粘连，锁车后无法及时断开，于是更换 K40/8 后，再次试车，一切正常，故障排除。

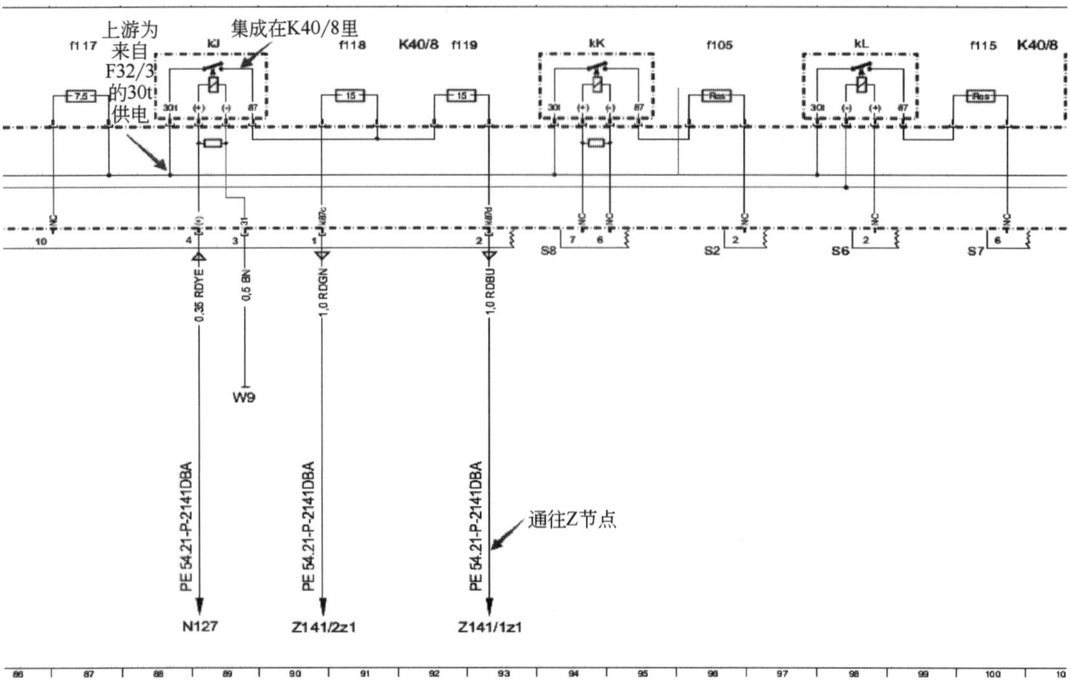

图 1-149 KJ 继电器电路图

故障总结

① 故障排除过程中，走了弯路，即先更换了 N127。因为实际测量时，N127 的确发出了 LIN 信号去控制电子扇。加上故障码可以清除，所以没有引起足够的重视。误以为是 N127 故障造成电子扇处于应急状态。

② 故障原因是锁车后 87C 继电器（KJ 继电器）要断开而断不开，由于锁车后等待时间较短，不能通过测量准确判断是 87C 继电器有故障造成的，最后也是根据故障码更换了 K40/8。

案例 38 奔驰 C180 加速无力

1．故障现象

一辆奔驰 C180，底盘号为 LE4205140，装配 274 涡轮增压发动机，9 速自动变速箱，行驶里程 129804km，客户反映提速时发闷，发动机加速无力。

2．故障分析及排除

接车后启动着车，发动机能够顺利启动，启动后运转平稳，仪表上无任何报警。同客户一起试车，发现把油门踩到底，发动机转速迅速上升到3000r/min以上，但是车速提升很慢，同客户描述一致。连接诊电脑进行快速测试，读取的故障码如图1-150所示。

N3/10 - 内燃机“M274”的发动机电子设备“MED40”[ME（发动机电子设备）]

梅赛德斯－奔驰硬件号	274 901 12 00	梅赛德斯－奔驰软件号	274 902 59 00
梅赛德斯－奔驰软件号	274 903 16 02	软件的梅赛德斯－奔驰件号（引导程序）	270 904 07 00
诊断标识	02393B	硬件版本	12/12 000
软件状态	14/31 000	软件状态	14/31 000
引导程序软件版本	12/11 000	引导程序软件版本	12/11 000
硬件供应商	Bosch	软件供应商	Bosch
软件供应商	Bosch	引导程序软件供应商	Bosch
控制单元型号	MED40_VC11		

故障	文本	状态
P029921	废气涡轮增压器1的增压压力过低。信号振幅小于最小振幅	S

S=已存储

图1-150　读取的故障码

此时进入实际值，查看增压压力控制的实际值，发现都在正常范围内，如图1-151所示，由于是存储故障码，清除后并再次刷新故障码，显示无任何故障码。但是试车时发现依然不能正常加速，再次连接诊断电脑测试，还是报增压压力过低的故障码。尝试对发动机控制单元进行升级后，故障现象依然存在。

实际值

编号	名称	实际值	标准值
957	发动机转速	1014 1/min	[809 .. 1209]
946	B11/4（冷却液温度传感器）	99.75°C	[75.00 .. 105.00]
702	环境压力	998.61hPa	[830.00 .. 1070.00]
846	B28/5（空气滤清器下游的压力传感器）	999.00hPa	≤ 1070.00
073	B28/6（节气门上游的压力传感器）	997.50hPa	≤ 1070.00
253	B28/7（节气门下游的压力传感器）	299.45hPa	[100.00 .. 1800.00]
706	部件“B28/11（空气滤清器下游的压力传感器）”的信号电压	4.30V	≤ 4.90
487	部件“B28/6（节气门上游的压力传感器）”的信号电压	1.64V	≤ 4.90
560	部件“B28/7（节气门下游的压力传感器）”的信号电压	0.62V	≤ 4.90
492	B17/7（节气门上游的增压空气温度传感器）	45.75°C	[-40.00 .. 80.00]
656	B17/9（节气门下游的增压空气温度传感器）	51.75°C	[-40.00 .. 80.00]
023	部件“B17/7（节气门上游的增压空气温度传感器）”的信号电压	2.76V	≤ 4.90
651	部件“B17/9（节气门下游的增压空气温度传感器）”的信号电压	2.48V	≤ 4.90

图1-151　发动机控制单元的实际值

经过反复试车发现，车辆启动后能够正常加速，但是猛踩两三次油门踏板后，故障现象就会出现，凭维修经验判断涡轮增压器没有工作，明显加速无力。熄火后重新启动，故障就会消失，又能正常加速。但是在等红绿灯时踩住刹车踏板停稳后，启停功能起作用，发动机自动熄火，再次启动后故障现象并不会消失。但如果启动后轻踩油门踏板加速，故障现象就一直不会出现。带上诊断电脑试车，并让同事观察实际值，发现在急加速时，节气门上游的压力传感器数值能在瞬间达到1200hPa，正常行驶时节气门上游压力传感器在1000hPa左右，增压压力调节器的脉冲负载系数在90%左右，对比正常车节气门上游压力传感器急加速时可以达到1400hPa，此车在故障现象出现后，增压压力调节器脉冲负载系数变为9%，并且不会变化，显然是由于存在故障而进入了应急模式，如图1-152所示。

相应的实际值状态

	名称	实际值	标准值
	发动机转速	1515 1/min	≥ 50
⚠	增压压力调节器的脉冲负载系数	9%	[87 .. 100]
	B28/5 （空气滤清器下游的压力传感器）	999.51hPa	[200.00 .. 1150.00]
	B28/6 （节气门上游的压力传感器）	1005.47hPa	[200.00 .. 1150.00]

图 1-152　不正常的实际值

于是根据故障引导进行检测，引导提示检测增压压力控制，首先通过促动检测部件增压压力控制变换器，在促动时能够看到真空罐控制拉杆在运动，经检查拉杆运动正常。接着需要检测旁通空气转换阀的密封圈，经检查密封圈密封良好，如图 1-153 所示。接下来根据故障引导提示检测部件 B28/6（节气门上游压力传感器）没有污物，检测导线和插头也没有接触不良及腐蚀，检测结束。

根据故障引导没能找出故障点，只好根据系统原理进行检查。如果三元催化器堵塞，那么在急加速时就会出现排气流通不畅，也会引起加速无力现象。于是拆掉三元催化器检查，发现三元催化器内部有一半堵塞，并且前部三元催化器明显后移，拆掉氧传感器，发现前段三元催化已经碰到了氧传感器，如图 1-154 所示，以为故障点找到了，尝试对三元催化器进行清洗后试车，故障依旧，同其他车调换三元催化器后试车，故障依然存在。

图 1-153　检查转换阀密封圈

图 1-154　检查三元催化器

静下心来对故障出现时的实际值进行分析，既然增压压力较正常车低，还是由于涡轮增压器功率不足造成的，故障点应该还在涡轮增压器的控制方面，由于对进气侧检查没有发现异常，怀疑故障是废气侧漏气导致压力不足造成的。尝试把真空罐上的真空管拔掉，使用工具对真空罐施加真空，几秒钟后发现拉杆会慢慢回位，回位后造成废气侧的旁通阀打开，增压压力降低，故障部位如图 1-155 和图 1-156 所示。同其他车调换真空罐后，试车加速有力，故障消失。于是把涡轮增压器更换后（真空罐和涡轮增压器整体提供）试车，一切正常，故障排除。

图 1-155　对涡轮增压器施加真空

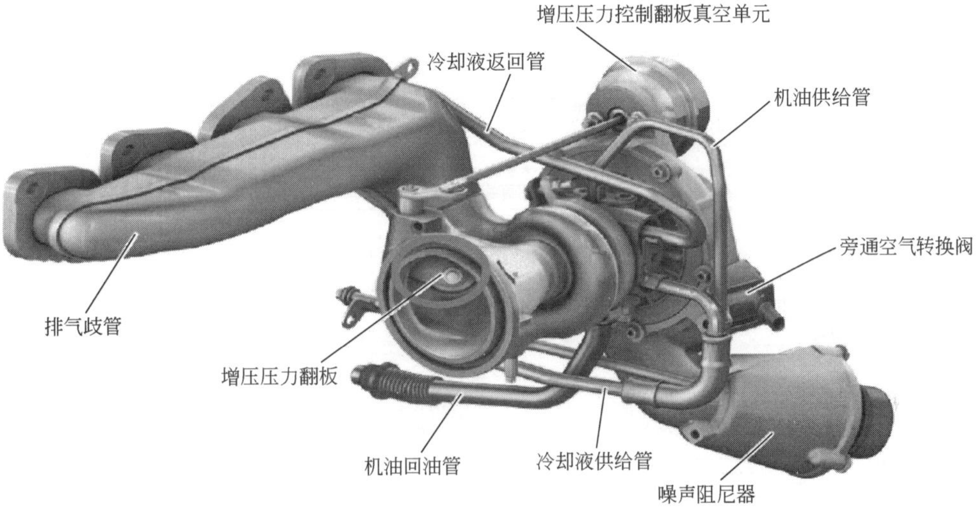

图 1-156　故障点位置图

案例 39

奔驰 GL350 仪表报警

1．故障现象

一辆奔驰 GL350，底盘号为 4JG164824，装配柴油 642 发动机，7 速自动变速箱，行驶里程 129813km，客户反映启动后仪表报警。

2．故障分析及排除

接车后启动着车，仪表上立即出现“AdBlue”的字样报警。询问客户得知，今天开车时显示“可行驶距离：9”，在高速上行驶 200km 后，再次启动变成了“可行驶距离：7”，但是熄火并再次启动几次，数值没有变化，如图 1-157 所示。

图 1-157　仪表上的报警

连接诊断电脑进行快速测试，读取到故障码如图 1-158 和图 1-159 所示。

N3/9 - 内燃机“OM642”的发动机电子设备“CDI60LS”[共轨喷注系统（CDI）]　F

梅赛德斯—奔驰硬件号	006 446 71 40	梅赛德斯—奔驰软件号	642 902 82 01
梅赛德斯—奔驰软件号	642 903 74 04	梅赛德斯—奔驰软件号	642 904 02 00
诊断标识	020534	硬件版本	09/14 00
软件状态	12/27 00	软件状态	12/30 00
软件状态	11/18 00	硬件供应商	Bosch
软件供应商	Bosch	软件供应商	Bosch
软件供应商	Bosch	控制单元型号	CR60LS_Diag_34h

故障	文本	状态
16CB00	煤烟颗粒传感器中的温度传感器存在电气故障	A+S
16CE00	AdBlue®系统检测尚未进行。“可能的发动机启动”频率计数器已激活	S
16CF00	AdBlue®系统检测尚未进行。“可能的发动机启动”频率计数器已激活	A+S
155F00	调节废气再循环时正调节偏差过高	S
149C00	部件“SCR催化转换器上游的氧化氮传感器”未准备好测试	S
18BC00	超出SCR（选择性催化还原）废气再处理系统长时间匹配的上限值	A+S

S=已存储，A+S=当前并且已存储

图 1-158　读取的故障码（一）

N118/5 - 选择性催化还原[选择性催化还原（SCR）]　f

梅赛德斯—奔驰硬件号	164 446 00 54	梅赛德斯—奔驰软件号	000 448 22 54
梅赛德斯—奔驰软件号	642 902 68 01	梅赛德斯—奔驰软件号	642 903 26 04
诊断标识	001721	硬件版本	07/10 00
软件状态	07/37 00	软件状态	11/36 00
软件状态	12/04 00	引导程序软件版本	255/255 255
硬件供应商	Bosch	软件供应商	Bosch
软件供应商	Bosch	软件供应商	Bosch
控制单元型号	V33		

故障	文本	状态
20BD1B	AdBlue®罐加热元件输出端存在电气故障或断路	S
20BE1B	AdBlue®罐加热元件输出端存在功能故障	S

S=已存储

图 1-159　读取的故障码（二）

针对仪表上出现启动限制的故障，首先要检查“AdBlue”的液位，把尿素加满后。实际值会有三个液位传感器来检测，如图 1-160 所示。然后对选择性催化还原控制单元进行升级，按照要求进行路试，大约行驶 5km 后，仪表上报警消失。

AdBlue®罐的加注液位

实际值

缩写	编号	名称	实际值	标准值
SCRCM	763	AdBlue®罐加注液位（绝对值）	25.87L	[0.00 .. 27.50]
SCRCM	083	A103/1b2 （满液位传感器）	浸入的	
SCRCM	360	A103/1b3 （储备液位传感器）	浸入的	
SCRCM	204	A103/1b4 （空液位传感器）	浸入的	
SCRCM	477	AdBlue®加注液位的状态	满	

图 1-160　尿素实际值

Mercedes-Benz

第二章

底盘及传动故障案例

案例 1

奔驰 C200 仪表上 ESP 灯报警（一）

1．故障现象

一辆奔驰 C200，底盘号为 LE4204048，装配 271 涡轮增压发动机，7 速自动变速箱，ABR 自适应制动器，行驶里程 57680km，客户反映仪表上 ESP 灯报警。

2．故障分析及排除

接车后启动着车，仪表上立即出现 ESP 停止运作的报警提示。询问客户得知，此车一直使用正常，今天在路上行驶时，左后侧发生剐蹭，致使左后车门下方的边梁碰撞凹陷下去一块，发生剐蹭的同时仪表上 ABS、ESP 灯亮起，连接诊断电脑读取故障码，如图 2-1 所示。

N30/4 - 电控车辆稳定行驶系统（ESP®）			F
梅赛德斯－奔驰硬件号	172 901 41 00	梅赛德斯－奔驰软件号	172 902 20 00
诊断标识	000004	硬件版本	10/10 00
软件状态	10/22 00	引导程序软件版本	10/22 00
硬件供应商	Teves	软件供应商	Teves
控制单元型号	000004		
C112000 部件“L6/3（左后轴转速传感器）”存在电气故障			当前并且已存储 F
控制单元专用的环境数据			
依次出现的辅助信息			
C327000 后轴上的转速传感器数值不可信			当前并且已存储 i

图 2-1　读取的故障码

首先根据故障引导进行检测，故障引导提示转动车轮，同时观察左后轮的转速实际值，车速信号应大于 3km/h，而实际数值为 0.6km/h，这是存在故障时的一个替代数值，没有实际意义。故障引导的结果为检测部件 L6/3（左后轴转速传感器）和控制单元 N30/4（电控车辆稳定行驶系统控制单元）之间的导线及电气插头是否接触不良、损坏与腐蚀，必要时修理或更换，或者为部件 L6/3（左后轴转速传感器）损坏。并且诊断电脑给出了一个重要提示：多极性环正常，不允许更换。诊断电脑提示，在当前的故障码下不能进行电压测量，因为控制单元关闭了输出端。

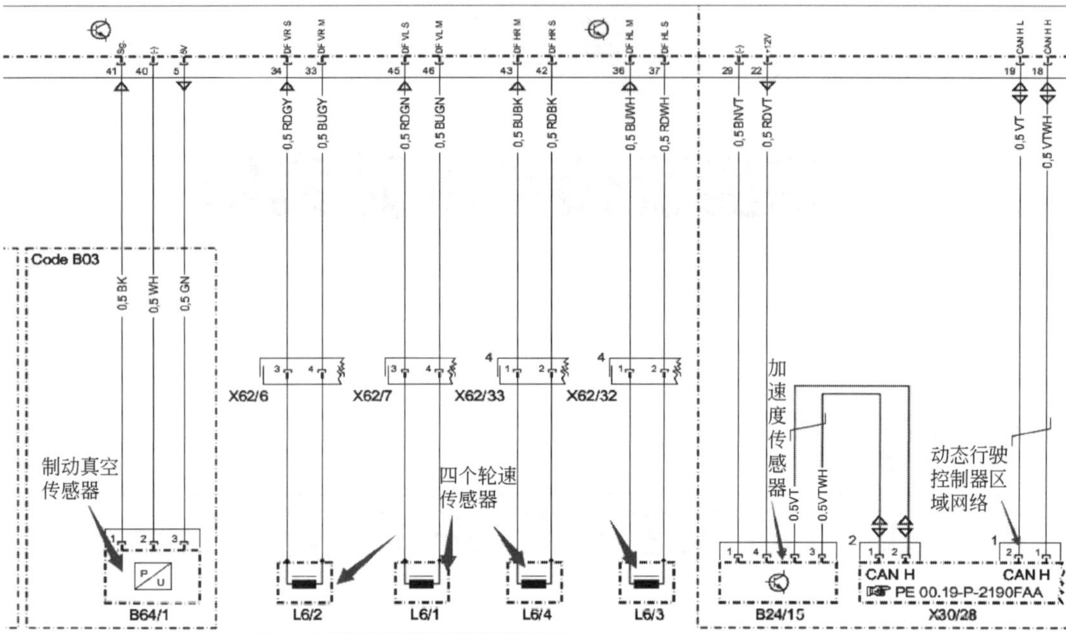

图 2-2　轮速传感器电路图

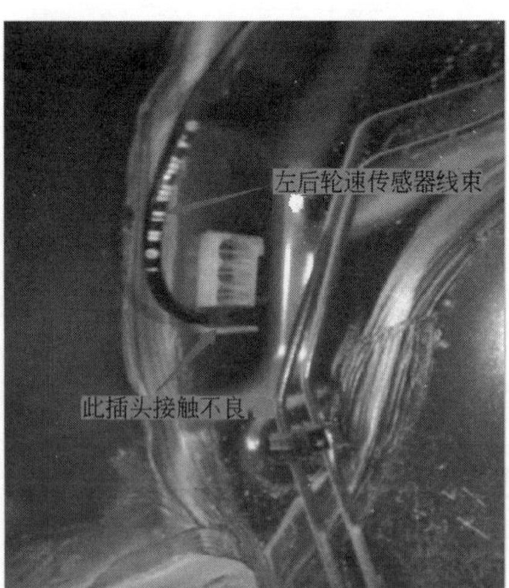

图 2-3　松动的插头位置

根据故障现象和维修经验，首先怀疑左后轮的轮速传感器损坏（这是最常见的故障），查询配件编号，左后轮速传感器和右后轮速传感器一致，于是先把左后轮速传感器和右后轮速传感器进行了调换，然后再次查看实际值，发现左右两侧都正常了，故障码也消失了。说明两个轮速传感器都是正常的，这时感到很奇怪，带着疑问又把两个轮速传感器对调过来，发现又变成了左侧转速实际值不正常。

于是怀疑中间的线路出现故障，查找 WIS，找出 ABS 系统电路图，如图 2-2 所示，从电路图中可以看出，四个轮速传感器分别经过一个插头后，把轮速信号直接送往了 ESP 控制单元，拔掉左后侧轮速传感器插头，测量到 ESP 控制单元之间的线路阻值在 1Ω 左右，正常，没有发现相互之间短路或对搭铁短路的地方。

难道是 ABS 控制单元坏了？一时间还不敢下定论，只好调换一个正常的 ABS 控制单元试车，但发现故障依旧。检查了一边也没有发现异常，故障排除一时没了思路，但为什么报警还是一直存在呢？静下心来，经过简单的思考，认为故障点还是在线路方面，准备对线路进行彻底排查，最终在插头 X62/32 处发现了异常，如图 2-3 所示。X62/32 一端是 ABS 的轮速传感器，一端固定在车身上，检查发现固定在车身端的插头很松动。

于是拆开左后门密封条，在这里可以观察到插头，发现插头没有卡到位，很松动，推断车辆在碰撞时震动造成插头松脱，把插头重新安装后，实际值恢复正常，清除故障码，试车一切正常。

案例 2

奔驰 C200 仪表上 ESP 灯报警（二）

1．故障现象

一辆奔驰 C200，底盘号为 LE4205142，装配 274 发动机，9 速自动变速箱，行驶里程 405km，客户反映行驶中仪表上突然出现 ESP 报警。

2．故障分析及排除

接车后启动着车，仪表上无任何报警，询问客户得知，今天行驶途中仪表上突然出现“ESP 停止运作，参见用户手册”，但是熄火重新启动后报警又消失了。

连接诊断电脑进行快速测试，读取到 ESP 控制单元的故障码，如图 2-4 所示。

N30/4 － 电控车辆稳定行驶系统（ESP®）

梅赛德斯－奔驰硬件号	253 901 15 00	梅赛德斯－奔驰软件号	253 902 84 00
诊断标识	000811	硬件版本	14/13 000
软件状态	15/49 000	引导程序软件版本	14/35 000
硬件供应商	Teves	软件供应商	Teves
控制单元型号	ESP205__000811_Applikation		

事件	文本	状态
P1644FC	识别到错误的型号编码或配置	S

S=已存储

图 2-4　读取的故障码

根据故障码进行引导性检测，引导提示列举了很多故障原因，如图 2-5 所示，但是不能确定准确故障点。

检测的前提条件

- 底盘FlexRay总线正常

可能的原因和补救措施

- 控制单元的编码错误
- 检测控制单元“N30/4（电控车辆稳定行驶系统（ESP®）控制单元）”内的编码，必要时更改
- 安装了错误的控制单元
- 控制单元“N62 - 驻车系统（PARK）”内的软件或数据记录并非最新
- 检测控制单元“N62 - 驻车系统（PARK）”的软件版本，必要时更新
- 新的控制单元软件版本：A000 902 58 25
- 更换控制单元“N30/4（电控车辆稳定行驶系统（ESP®）控制单元）”

图 2-5　故障码的引导检测

故障引导中建议检测 N62 的软件版本，必要时更新。查看 N62 控制单元，报了功能故障的故障码，如图 2-6 所示。怀疑 N62 控制单元内部软件错误，不能与其他控制单元进行正常通信，所以生成该故障码。根据该故障码的引导，对 N62 控制单元及 ESP 控制单元升级后，

把车交于客户使用一段时间，故障没有再出现，故障排除。

N62 - 驻车系统（PARK）

梅赛德斯－奔驰硬件号	000 901 75 02	梅赛德斯－奔驰软件号	000 902 20 34
诊断标识	004401	硬件版本	12/32 000
软件状态	15/52 000	引导程序软件版本	12/32 000
硬件供应商	Valeo	软件供应商	Valeo
控制单元型号	PARK222_Appl_004401		

故障	文本	状态
B223255	控制单元“驻车系统”存在功能故障。该部件未配置	S

S=已存储

图 2-6 N62 中的故障码

案例 3 奔驰 E260 仪表上 ESP 灯报警

1. 故障现象

一辆奔驰 E260，底盘号为 LE4212136，装配 274 发动机，7 速自动变速箱，行驶里程 52070km，客户反映仪表上 ESP 报警。

2. 故障分析及排除

接车后启动着车，仪表上立即出现“ESP 停止运作”的报警提示，连接诊断电脑进行快速测试，读取到转向柱模块的故障码，如图 2-7 所示。

N80 - 转向柱模块［转向柱管模块（MRM）］

梅赛德斯－奔驰硬件号	212 901 23 01	梅赛德斯－奔驰软件号	246 902 71 01
诊断标识	000507	硬件版本	11/07 00
软件状态	12/48 00	引导程序软件版本	10/36 00
硬件供应商	Valeo	软件供应商	Valeo
控制单元型号	BR166_Valeo_0x0507		

故障	文本	状态
C220500	转向角传感器存在内部故障	A+S
C124500	方向盘转向计数器存在故障	S

S=已存储，A+S=当前并且已存储

图 2-7 读取的故障码

进入转向柱模块查看实际值，发现转向角的实际值为“信号无效”，如图 2-8 所示。对转向柱模块进行成功升级后，故障依旧。故障引导的结果需要更换转向柱模块（和转向角传感器是一个整体提供），于是更换转向柱模块后，实际值能够正常显示，报警消失。

转向角

实际值

编号	名称	实际值	标准值
1.0	转向角	信号无效	[-720° .. 720°]
1.1	转向角传感器存在内部故障	是	否
1.2	转向角传感器的状态	已初始化	已初始化

图 2-8 转向柱模块内不正常的实际值

对于老款车型，例如 251、164 等，转向角传感器可以单独提供。而对于新款车型，例如 212、213、207、222 等，转向角传感器则和转向柱模块整体提供。在更换转向柱模块后，如果没有进行升级，车辆也可以正常使用，并且仪表上不会出现报警。

案例 4

奔驰 E200 仪表上 ESP 灯报警

1. 故障现象

一辆奔驰 E200，底盘号为 LE4212134，装配 274 发动机，7 速自动变速箱，行驶里程 72568km，客户由于仪表上 ESP 灯报警而进厂维修。

2. 故障分析及排除

接车后启动着车，仪表上立即出现 ESP 系统报警、碰撞预防辅助系统停止运转等报警提示，如图 2-9 所示，但车辆挂挡及行驶都正常。

图 2-9　仪表上的报警

连接诊断电脑进行快速测试，读取到故障码如图 2-10 和图 2-11 所示。

N30/4 － 电控车辆稳定行驶系统（ESP®）　－F－

梅赛德斯－奔驰硬件号	212 901 87 04	梅赛德斯－奔驰软件号	212 902 59 07
诊断标识	000101	硬件版本	11/41 00
软件状态	13/26 00	引导程序软件版本	12/01 00
硬件供应商	Bosch	软件供应商	Bosch
控制单元型号	Diag_000101		

故障	文本	状态
C007500	部件“S9/1（制动灯开关）”机械损坏或其电气导线存在故障	A+S
事件	**文本**	**状态**
C022100	CAN总线［动态行驶控制器区域网络（CAN）总线］存在断路、对地短路或接触不良	A+S

A+S=当前并且已存储

图 2-10　读取的故障码（一）

A90 － 控制单元“防撞辅助系统”（SG-AWF）　－i－

梅赛德斯－奔驰硬件号	000 901 35 03	梅赛德斯－奔驰软件号	000 902 07 21
诊断标识	000303	硬件版本	14/08 00
软件状态	14/08 00	引导程序软件版本	13/06 01
硬件供应商	Autoliv	软件供应商	Autoliv
控制单元型号	CPA30_000303		

事件	文本	状态
U0416FD	底盘控制器区域网络（CAN）总线：未收到控制单元“电控车辆稳定行驶系统”的控制器区域网络（CAN）信息	A+S
U144300	底盘控制器区域网络（CAN）总线：控制单元“电控车辆稳定行驶系统”的控制器区域网络（CAN）信号“纵向加速度”不可信	A+S

图 2-11　读取的故障码（二）

根据故障现象及维修经验判断，应首先处理 ESP 控制单元内的故障码，根据故障码进行引导性检测，故障引导提示通过实际值检测部件 S9/1（制动灯开关），检测前提条件为不要操纵制动踏板，两个实际值的状态必须为“关闭”，操纵制动踏板，两个实际值的状态必须为“接通”。但是通过检测发现，未操纵制动踏板时，该车实际值不正常，其中一个信号一直为“接通”状态。当踩下制动踏板时，实际值也没有变化，如图 2-12 所示。

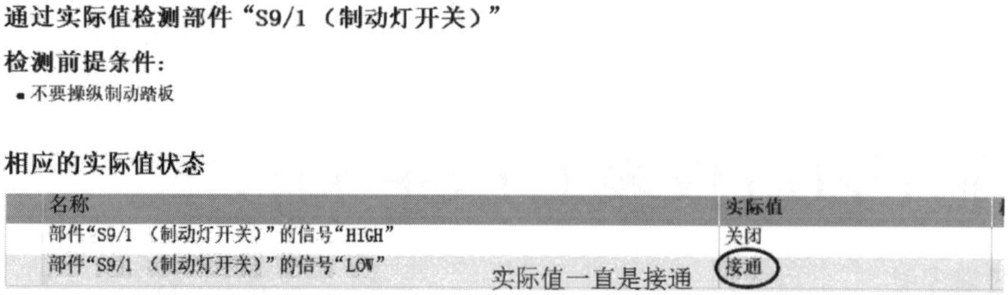
通过实际值检测部件“S9/1（制动灯开关）”

检测前提条件：

- 不要操纵制动踏板

相应的实际值状态

名称	实际值
部件“S9/1（制动灯开关）”的信号“HIGH”	关闭
部件“S9/1（制动灯开关）”的信号“LOW”	接通

图 2-12　不正常的实际值

拆掉驾驶员侧的脚坑饰板，检查制动灯开关的安装位置，未发现异常。与同款车调换了一个制动灯开关后，试车故障依然存在。于是查找相关电路图，并根据电路图进行测量，如图 2-13 所示，从电路图中可以看到，制动灯开关的线路直接连接到了 ESP 控制单元，插头上共有四根线，分别为 BLS-V（制动灯开关供电），BLS-M（制动灯开关搭铁），BLS-H（制动灯信号 HIGH），BLS-L（制动灯信号 LOW）。经实际测量发现供电为 0V（在制动灯开关的插头上测量），这是不正常的，正常情况下应该有 12V 的供电。拔掉 ESP 控制单元上的插头，测量这四根线到 ESP 控制单元的阻值，都在 0.5Ω 左右，也正常。

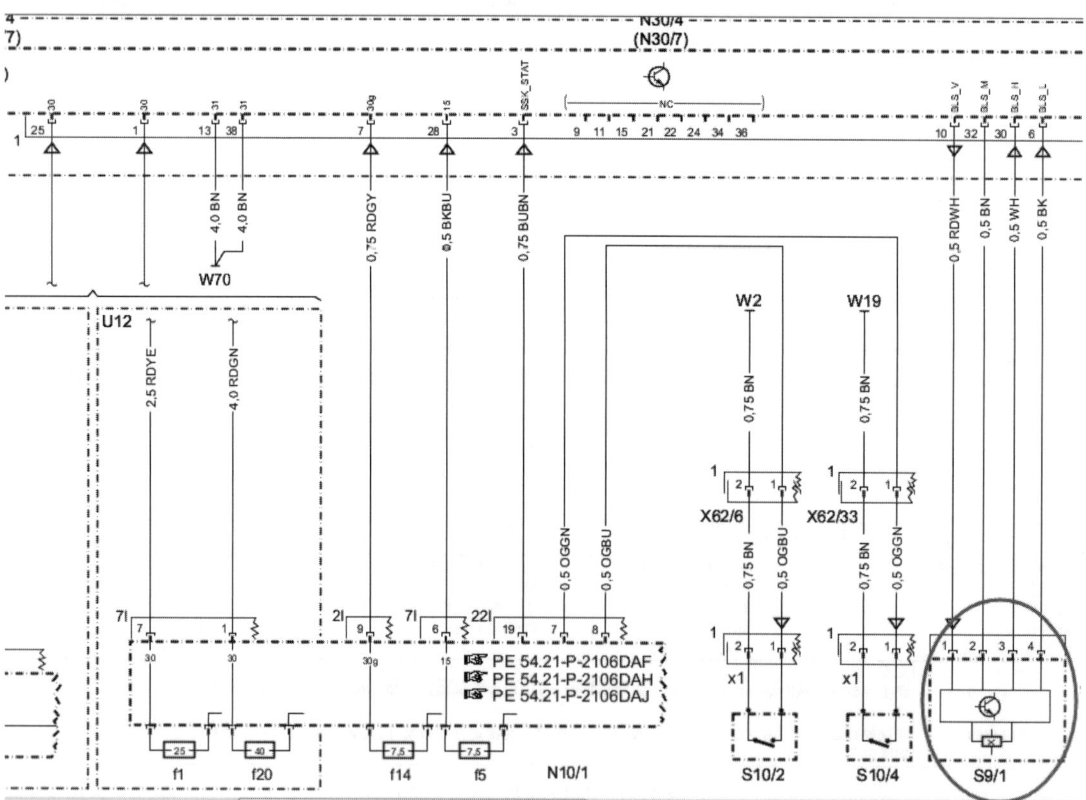

图 2-13　制动灯开关的电路图

根据测量结果分析，ESP 控制单元没有给制动灯开关供电，造成报制动灯开关的故障码，那么说明 ESP 控制单元损坏。但是根据维修经验，还没有遇到过 ESP 控制单元损坏，单纯报了制动灯开关故障码的。为了保险起见，检查了 ESP 控制单元的供电熔丝 f14 及 f5，都正常。又与同款车互换了 ESP 控制单元，互换后，发现制动灯开关的两个实际值都变为了“接通”

状态，这时，不踩制动踏板，按下 KG 按钮发动机就直接启动了。看来并不是 ESP 控制单元损坏，只好装回原车的 ESP 控制单元，奇怪的是把 ESP 控制单元装回后，制动灯开关的故障码可以清除了，只剩下一个 CAN 线的故障码。

感到奇怪的是为什么制动灯开关的故障码突然就没有了呢？难道这个 CAN 线的故障码才是真正的故障原因吗？从 ESP 控制单元电气功能图上可以看出，ESP 控制单元上连接的动态 CAN 只有一个 B24/15（横向、纵向加速度传感器），该传感器位于副驾驶侧座椅的下方，需要把地毯拆掉才可以看到，于是准备拆掉地毯检查线路，当把地毯拆掉后发现了问题所在，发现 B24/15 及其线路已经烧化粘在一起，地毯也烧了一大块，如图 2-14 所示。

图 2-14 烧坏的线束

询问客户得知，当时在结婚现场，一串鞭炮不知道怎么就跑到了车下面，把车身下面的绵护板烧着了，把火扑灭后当时也没在意，谁知把车开回去后就开始出现了 ESP 报警。于是把相关损坏部件更换掉，仪表报警消失。

案例 5

奔驰 E300 不能换挡

1. 故障现象

一辆奔驰 E300，底盘号为 LE4213148，装配 274 发动机，9 速自动变速箱，行驶里程 11150km，客户反映无法挂挡行驶。

2. 故障分析及排除

接车后首先验证故障现象，启动着车踩住制动踏板，挡位可以挂入 D 挡或 R 挡，但是挡位马上就回到 N 挡，并且不能挂入 P 挡。连接诊断电脑进行快速测试，读取到变速箱控制单元中的故障码，如图 2-15 所示。

Y3/8n4 - Transmission control for 9-speed transmission (VGS) F

MB object number for hardware	000 901 50 00	MB object number for software	000 000 00 00
MB object number for software	000 902 26 37	MB object number for software	000 000 00 00
Diagnosis identifier	000907	Hardware version	15/30 000
Software version	14/49 000	Software version	16/44 000
Software version	16/44 000	Boot software version	14/49 000
Hardware supplier	Bosch	Software supplier	Bosch
Software supplier	MB	Software supplier	MB
Control unit variant	VGSNAG3_VGSNAG3_000907		

Fault	Text	Status
P07E400	Park position cannot be engaged	A+S
Event	**Text**	**Status**
P280600	The teach-in of selection range sensor 1 is incomplete	A+S

A+S=CURRENT and STORED

图 2-15 读取的故障码

故障码的含义为未能进入驻车位置和驻车止动爪位置传感器未学习。此时查看变速箱的挡位实际值一直处于挡位 N，如图 2-16 所示。首先根据故障引导对驻车止动爪位置传感器进行学习，学习的前提条件为发动机怠速运转，踩住制动踏板，变速箱处于 N 挡或 P 挡，然后根据提示点“继续”进行下一步，但是诊断电脑提示学习不成功。接着检查变速箱油的油位，正常，尝试对变速箱控制单元进行升级及断电处理后，故障依然存在。

实际值

编号	名称	实际值	标准值
724	变速箱油温度	53 °C	≤ 120
208	变矩器锁止离合器的状态	已打开	
316	选择范围滑阀的位置	P	
375	实际挡位	挡位N	
941	目标挡位	驻车止动爪	
942	发动机转速	704 1/min	
042	涡轮转速	699 1/min	
185	变矩器滑差转速	3 1/min	
541	发动机转矩	0N·m	
311	工作压力	1124mbar	

图 2-16　变速箱挡位实际值

接着利用诊断电脑进行阀门冲洗，这是该变速箱的一个新功能，冲洗功能可多次操作（断开）电液促动器的所有电磁阀，从而能够在不拆除电磁阀的条件下清除细小碎片。进行冲洗阀门操作时，发动机需要怠速运转，操纵制动踏板，挂入 N 挡，启动冲洗过程后，会依次执行 10 个冲洗过程，诊断电脑上会显示冲洗过程的数量，如图 2-17 所示，但冲洗后故障仍然存在。根据故障现象及功能原理，驻车止动爪及变速箱阀体都有可能出现故障，由于是“三包”期之内的车，于是向厂家技术部门发报告需求技术支持，为了保证修复率及客户满意度，技术部门建议变速箱阀体和驻车止动爪同时更换，按照要求更换两个部件后试车，功能恢复正常，故障排除。

相应的实际值状态

名称	实际值	标准值
发动机转速	695.00 1/min	≥ 400.00
实际挡位	挡位N	挡位N
冲洗过程状态	允许	
冲洗过程数量	10	

提示

冲洗过程正在启动。依次执行10个冲洗过程

图 2-17　执行冲洗功能

奔驰 9 速自动变速箱驻车止动爪功能原理

驻车止动爪作为驻车制动器的附加安全特性，是为了防止车辆无意间滑行。驻车止动爪位于变速箱外壳的后部区域，主要由驻车锁机构和电液部分组成，如图 2-18 所示。自动变速箱的驻车止动爪与直接选挡换挡杆之间完全没有机械连接。当系统运行时，仅通过操作直接选挡换挡杆或根据各种因素（例如驾驶员车门开启），以电液方法结合和脱开驻车止动爪。

如果驾驶员通过换挡杆换至挡位 P，则压力室（P 以外的位置）中的压力降低，同时，变速箱控制单元将驻车止动爪提升电磁阀（Y3/8l1）通电，电磁阀克服卡止弹簧（11r）的弹簧作用力，将定位杆从锁止轮廓“P 以外”的位置（11e）中抬出，从而阻止活塞杆（11f）

的机械锁止，通过压缩弹簧（11 l）的作用力，与连杆（11k）连接的活塞杆（11f）被压向驻车止动爪齿轮，驻车止动爪锥体（11j）在导向轴套（11o）与驻车定位槽（9a）之间被推动。驻车止动爪锥体（11j）逐渐升高的部分将驻车定位槽（9a）升起，并将其压靠在驻车止动爪齿轮上。车辆静止时，如果驻车定位槽（9a）的齿未结合在齿槽中，而是接触到驻车止动爪齿轮的齿上，则驻车止动爪锥体会由其后的弹簧（11k）预张紧并定位在准备结合的位置。驻车止动爪齿轮继续转动时，驻车定位槽会结合在下一个齿槽中。驻车止动爪位置传感器用于监测驻车止动爪活塞的位置（位置 P 或 P 以外的位置）。驻车止动爪结构如图 2-19 所示。

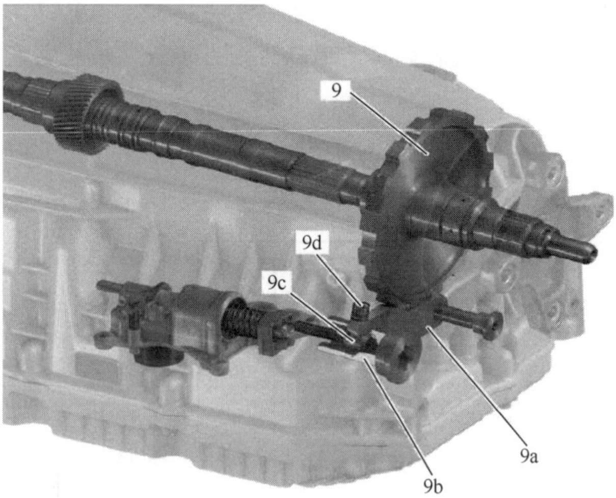

图 2-18　驻车止动爪

9—驻车止动爪齿轮；9a—驻车定位槽；9b—导向衬套；9c—驻车止动爪锥体；9d—驻车棘爪簧

图 2-19　驻车止动爪结构

9a—驻车定位槽；9d—弹簧；11c—“P”锁止轮廓；11d—定位杆（锁止）；11e—锁止轮廓“P”以外位置；11f—活塞杆；11g—定位杆解锁销；11j—驻车止动爪锥体；11k—连杆；11 l—预张紧弹簧；11m—活塞杆导向装置；11o—导向衬套；11p—压力室；11q—活塞；11r—卡止弹簧；Y3/8l1—驻车止动爪提升电磁阀

如果驻车止动爪已处于P位置，则变速箱控制单元将驻车止动爪提升电磁阀断电，断电后，驻车止动爪提升电磁阀回落至初始位置，并且不再对定位杆（11d）施加压力，卡止弹簧（11r）的弹簧作用力将定位杆压入锁止轮廓（P位置）中。

如果驾驶员从挡位P换至R、N、D，驻车止动爪提升电磁阀通电后，机械锁止装置断开，则驻车止动爪由施加到压力室“P以外”的位置的压力，克服压缩弹簧（11 l）的弹簧作用力，向“P以外”的位置移动。如果存在足够高的工作压力，则驻车止动爪仅有液压压力保持的“P以外”的位置。如果压力降低[压缩弹簧（11 l）的作用力大于液压压力]，则活塞杆（11f）由于压缩弹簧的作用力，仅向止动块移动，从而由机械锁止装置保持在“P以外”的位置。驻车止动爪锥体位于驻车定位槽前方，且驻车止动爪齿轮可自由转动。驻车止动爪提升电磁阀采用脉冲式促动，以减少变速箱控制单元的动力损失。如果车载电气系统电压中断，则由电子点火开关执行促动。

案例6

奔驰ML320不能换挡

1. 故障现象

一辆奔驰ML320，底盘号为WDC166062，装配276发动机，7速自动变速箱，行驶里程17400km，客户反映车辆无法换挡行驶，于是救援拖回维修。

2. 故障分析及排除

接车后打开钥匙开关，仪表上立即出现“请勿换挡，请去特许服务中心”的红色报警。尝试启动车辆，能够顺利着车，启动后踩住刹车踏板挂挡，但没有任何反应。连接诊断电脑，读取故障码如图2-20和图2-21所示。

EZS - Electronic ignition lock (N73) - f -

MB object number for hardware	166 905 28 01	Diagnosis identifier	020400
Hardware version	12/01 00	□□□□	12/34 03
Hardware supplier	Kostal	Software supplier	Kostal
Control unit variant	EZS166_0400		

Fault	Text	Status
U116000	A bus keepawake unit was detected	S

S=STORED

ISM - Shift module (A80) - F -

MB object number for hardware	005 446 19 10	MB object number for software	012 448 48 10
MB object number for software	012 448 32 10	Diagnosis identifier	000041
Hardware version	11/30 00	□□□□	12/23 00
□□□□	12/23 00	Boot software version	08/24 00
Hardware supplier	Continental	Software supplier	Continental
Software supplier	Continental	Control unit variant	_0041_MTC80 0U3

Fault	Text	Status
P179A12	The redundancy system for DIRECT SELECT was activated. There is a short circuit to positive	A+S

A+S=CURRENT and STORED

图2-20 读取的故障码（一）

故障码显示直接换挡（Direct Select）备用系统已激活，存在对正极短路。首先根据故障引导，并结合电路图测量，如图2-22所示。拔掉A80（直接换挡智能伺服模块）上的插头，测量供电搭铁及CAN线都正常，但在测量3号针脚时，发现上面有7V多的电压，这是不正常的。在电路图上可以看出，3号针脚为应急电源线，其供电端来自附加蓄电池，经过电子点火开关（EZS），并受EZS控制单元控制，只在特殊情况下供电，使车辆回“P”挡。

ESP® - Electronic stability program (N30/4) - f -

MB object number for hardware	166 901 34 00	MB object number for software	166 902 32 03
Diagnosis identifier	000002	Hardware version	10/44 00
□□□□	12/50 00	Boot software version	10/05 00
Hardware supplier	TRW	Software supplier	TRW
Control unit variant	000002		

Fault	Text	Status
C01FD00	This error code can be ignored and erased	S
Event	**Text**	**Status**
C067900	CAN communication with control unit 'A80 (Intelligent servo module for DIRECT SELECT)' has a malfunction	A+S

S=STORED, A+S=CURRENT and STORED

图 2-21　读取的故障码（二）

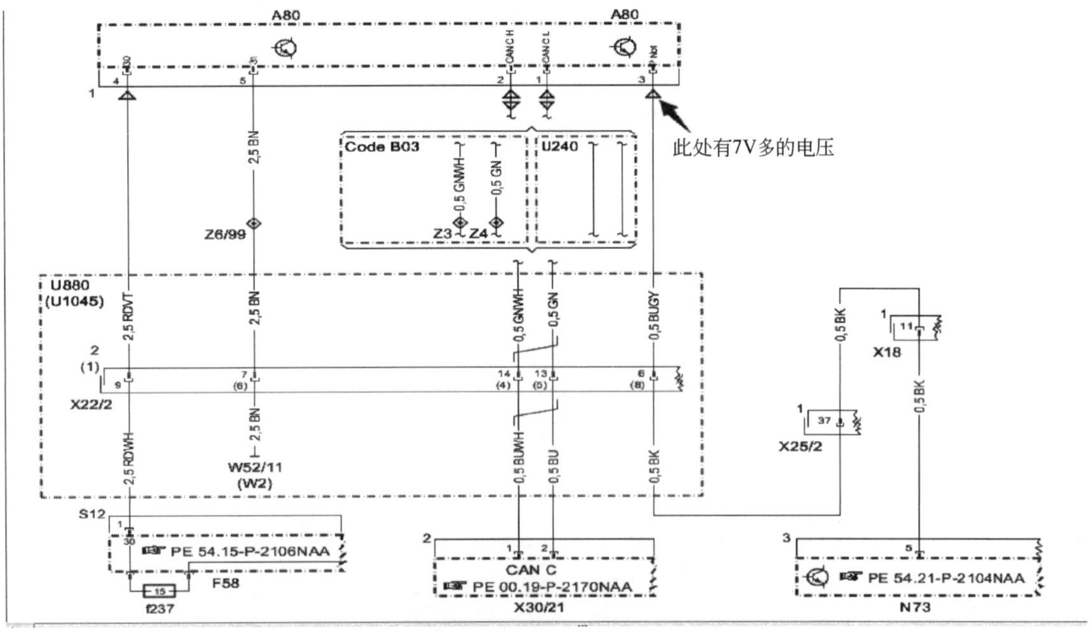

图 2-22　A80 电路图

接着进入 A80 实际值，查看系统状态，发现系统已处于紧急运行模式。实际值中显示在 P 位置紧急触发时的控制导线供电电压为 4V，换挡锁处于“已激活”状态，所以不能进行换挡操作，如图 2-23～图 2-25 所示。

状态

实际值

编号	名称	实际值	标准值
815	硬件故障	否	否
061	校准	是	是
078	设码	是	是
150	允许启动	是	是
664	运输保护功能已解除	是	是
509	P位置的紧急触发	否	否
241	电压过低	否	否
904	持续紧急运行	否	否
352	临时紧急运行	是	否
032	标准模式	是	是
244	Slave模式	否	否
122	检测模式	否	否
131	促动马达电压过低	否	否

图 2-23　不正常的实际值

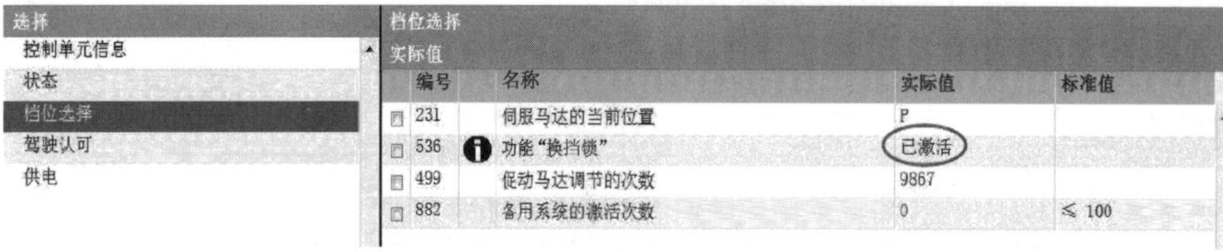

档位选择

实际值

编号		名称	实际值	标准值
231		伺服马达的当前位置	P	
536	i	功能“换挡锁”	已激活	
499		促动马达调节的次数	9867	
882		备用系统的激活次数	0	≤ 100

图 2-24　换挡锁不正常实际值

供电

实际值

编号		名称	实际值	标准值
728		控制单元的供电电压	13.09V	[8.50 .. 15.00]
161	i	在P位置紧急触发时的控制导线供电电压	4.00V	[0.00 .. 0.50]

图 2-25　不正常的控制电压

根据功能原理及故障现象，故障范围可以缩小到 EZS 控制单元故障，或 EZS 控制单元至智能伺服模块之间的线路故障。把 EZS 控制单元拆掉，把控制线从插头里挑出来，着车和挂挡均正常，说明故障点在于线路。查看线路走向，线路经过右前地毯下面到达智能伺服模块，于是准备拆掉地毯检查线路，在拆地毯时发现车内铺有地板，拆掉地毯，发现地毯很湿，下面有很多水，进一步检查发现空调蒸发箱排水口脱落，如图 2-26 所示。推断是当时铺地板碰到了排水口，没有及时装复，造成空调水无法排出，进而造成线路短路。把插头清洗吹干，重新装复，挂挡正常，故障排除。

图 2-26　脱落得排水管

直接选择选挡系统功能介绍

系统部件由选挡开关、智能伺服模块、相关执行结构及传感器组成。选挡开关是转向柱模块的一部分，位于多功能方向盘和仪表之间区域的右部。用于直接选挡的变速杆开关保证驾驶员能够选择所需的换挡范围，其开关信号通过局域互联网络（LIN）从转向柱模块读入，并且发送到 CAN C 上，一旦换挡完成，变速杆开关在弹簧的作用力下，恢复到“0”位置。

转向柱模块还会通过直通线路读入以下信号（根据车型配置不同而有所不同）：方向盘转角传感器信号（N49），组合开关信号（S4），定速巡航控制杆信号（S40/4），转向柱调节开关信号（S59），方向盘加热器开关信号。转向机构局域互联网（LIN）读入以下信号（根据车型配置不同而有所不同），并将其通过 LIN 线传送至转向柱模块：加热元件温度传感器（装配方向盘加热），左侧多功能方向盘按钮组（S110），方向盘换挡机构降挡按钮（S110/1），右侧多功能方向盘按钮组（S111），方向盘换挡机构升挡按钮（S111/1）。

为了保证换挡，还需一个用于直接选挡的智能伺服模块，安装在变速箱壳体的左边（传动方向），驾驶员的驾驶要求“P”“R”“N”“D”并非通过接杆（机械连接），而是通过电子连接（电线）由控制装置传送至变速箱，此电子连接由直接选挡变速杆开关和直接选挡智能伺服模块组成，整个系统叫做“线控换挡”。

基本功能：直接选挡智能伺服模块从角度传感器接收信号，角度传感器记录范围选择杆和偏心轴的实际位置，然后智能伺服模块控制主电机和应急电机。工作方式为：通过驱动皮带和两个驱动皮带轮促动主电机，使蜗杆转动，滑座移至要求的位置，实际位置由角度传感器来探测，然后通过传动系统控制器区域网络（CAN C）发送至全集成化变速箱控制单元。

在电路 15 接通后，智能伺服模块将当前结合的挡位范围信号发送至 ME 控制单元，ME 控制单元通过底盘控制器区域网络（CAN E）将该信号发送至电子点火开关控制单元（EZS），并进一步将该信号通过 CAN E 发送至仪表盘，仪表盘促动挡位指示器，从而在仪表中显示当前挡位。

在电路 15 断开且车辆静止时，一旦将遥控钥匙从电子点火开关控制单元上拔下，换挡杆位置“P”或“N”即会结合。对于装配无钥匙启动功能的车辆，在电路 15 断开，并且车辆静止的情况下，一旦驾驶员车门打开，则立即发出换挡杆位置“P”的请求。如果在电路 15 断开前结合换挡杆位置“N”，并且在电路 15 断开之后打开驾驶员车门，则换挡杆位置“N”保持结合。

案例 7

奔驰 E260 不能换挡（一）

1. 故障现象

一辆奔驰 E260，底盘号为 LE4213077，装配 264 发动机，9 速自动变速箱，行驶里程 51km，客户反映行驶中加油门时不能换挡。

2. 故障分析及排除

接车后启动车辆，发动机运转无异常，仪表上也无任何报警，连接诊断电脑进行快速测试，发动机、变速箱等都无任何故障码。询问客户得知，此车为刚买的新车，回家途中发现不能换挡，发动机转速到 4000r/min，但变速箱挡位一直在 1 挡。于是陪同客户一起进行路试，路试途中多次停车，然后重新起步，一直未试出故障现象。于是就与客户沟通，怀疑是客户对车辆功能不熟悉，行驶中误碰了方向盘后面的手动换挡拨片，造成锁止在 1 挡。客户表示先开走观察使用。

谁知客户把车开走不到半个小时，再次进店反映故障再次出现了。于是再次陪同客户路试，发现客户把油门踩到底，但仪表上显示的挡位一直在 1 挡。多次试车发现频率出现得非常高。先后尝试对发动机控制单元、变速箱控制单元、传动系统控制单元进行升级，及对车辆进行断电处理，但故障现象依然存在。

后经试车发现，换成其他人试车，故障现象一直不出现，只要是客户开车，基本上每次都会出现该现象。怀疑上其操作有问题，经过仔细观察，客户在踩油门时，脚一直在轻微抖动，客户反映腿上有病，脚控制不住地抖动。故障原因找到了，原来是激活了下坡模式，并不是车辆故障。后来找同款车进行测试，当反复并快速踩下油门踏板时，也会激活下坡模式，这时候把油门踩到底，变速箱一直锁止在 1 挡。

查找相关文件，有对此故障现象的说明。原因一：车辆在 1 挡下坡行驶时松开油门，发动机转速升高可能达到 4500r/min，同时 1-2 升挡偶尔出现延迟现象。此时油门深度小于 5%，坡度大于 2.3%（约等于 1°）。这是当前软件的特性，此时发动机转速升高，保障了发动机的制动性能。

原因二：车辆在平坦路面以 1 挡行驶中，加油到 1 升 2 挡换挡点前松开油门，又再次加油，或松开油门后（通过伴随刹车），又再次加油时偶尔出现该现象。在快速加油或松油门时，该现象更加容易出现。这是由于在变速箱 1 升 2 挡临界点且未达到 2 挡时，每当变速箱电脑感知到驾驶员突然松开油门，导致发动机负荷突然降低，变速箱输入转速不足，同时车速降低。为了维持车辆灵活性，保证加速性能，此时变速箱都会维持在 1 挡，稍后当加油门保持在某一位置不变，或油门踏板未被操作一段时间后，该现象就会消失。

案例 8 奔驰 E260 不能换挡（二）

1. 故障现象

一辆奔驰 E260，底盘号为 LE4212136，装配 274 发动机，7 速自动变速箱，无钥匙进入系统，行驶里程 133760km，客户反映仪表上出现多个系统报警，车辆无法熄火，无法换挡，打电话咨询要求救援。

2. 故障分析及排除

由于当时车辆离店较远，又是半夜，于是电话里和客户沟通，尝试把 KG 按钮拔掉，插入钥匙，发动机能够熄火。熄火后再次着车，发动机能够启动，但启动后无法换挡，于是拖回店里维修。

第二天一早检查车辆时，发现发动机能够顺利启动，启动后仪表无报警，只有发动机故障灯常亮，挂挡行驶也正常。

连接诊断电脑进行快速测试，读取到很多通信方面的故障码，如图 2-27～图 2-29 所示。

查看每个控制单元内的故障码，都是已存储的。由于故障码太多，无法确定故障范围，尝试清除故障码后再次刷新，没有任何故障码。同客户试车 10km，车辆行驶无异常，由于客户是外省的，不愿耽搁太长时间，于是和客户沟通，先把车开走，如有异常再去就近的奔驰维修店检查。

谁知客户行驶 30km 后，打电话反映故障再次出现了。于是带上诊断电脑到现场查看故障情况。到现场后，发现仪表上出现一系列报警，仪表上挡位不能显示，拔出 KG 按钮用钥匙熄火后，再次启动没有任何反应，后备厢也打不开。连接诊断电脑进行快速测试，发现依然报了很多通信方面的故障码，并且发动机控制单元、变速箱控制单元、ESP 控制单元、智能伺服模块、转向柱模块等都检测不到。

N93 - 中央网关 [中央网关（ZGW）] -f-

型号	零件号	供货商	版本
硬件	231 901 31 02	Bosch	13/40 01
软件	231 902 11 03	Bosch	13/40 80
引导程序软件	—	—	13/40 80
诊断标识	020303	控制单元型号	BR231_AJ2014_1

故障	文本	状态
U103288	底盘控制器区域网络（CAN）通信存在故障。 总线关闭	S
U103211	底盘控制器区域网络（CAN）通信存在故障。 存在对地短路	S
U103212	底盘控制器区域网络（CAN）通信存在故障。 存在对正极短路	S
事件	文本	状态
U118200	底盘控制器区域网络（CAN）网络管理不稳定	S

S=已存储

A80 - 换挡模块 [智能伺服模块（ISM)] -i-

型号	零件号	供货商	版本
硬件	005 446 19 10	Continental	11/30 00
软件	012 448 48 10	Continental	12/23 00
软件	012 448 33 10	Continental	13/18 00
引导程序软件	—	—	08/24 00
诊断标识	000042	控制单元型号	_0042_MTC860U3

事件	文本	状态
U010187	与“变速箱”控制单元的通信存在故障。 信息缺失	S
U016887	与电子点火开关的通信存在故障。 信息缺失	S
U015587	与仪表盘的通信存在故障。 信息缺失	S
U011187	与“蓄电池”控制单元的通信存在故障。 信息缺失	S
U014687	与中央网关的通信存在故障。 信息缺失	S
U041587	接收到来自“ESP®”控制单元的不可信数据。 信息缺失	S
U04158F	接收到来自“ESP®”控制单元的不可信数据。 信号或信息不规则	S

S=已存储

图 2-27 读取的故障码（一）

N3/10 - 内燃机“M274”的发动机电子设备“MED40”[ME（发动机电子设备)] -f-

型号	零件号	供货商	版本
硬件	274 901 19 00	Bosch	11/13 00
软件	270 904 01 00	Bosch	11/25 00
软件	270 902 64 00	Bosch	13/46 00
软件	274 903 98 01	Bosch	14/15 00
引导程序软件	—	—	11/25 00
诊断标识	02203B	控制单元型号	VC11

故障	文本	状态
U014087	与信号采集及促动控制模组的通信存在功能故障。 信息缺失	S
U003788	与底盘控制器区域网络（CAN）总线的通信存在功能故障。 总线关闭	S
U01558F	与仪表盘的通信存在故障。 信号或信息不规则	S
U015987	与驻车定位系统（PARKTRONIC）的通信存在故障。 信息缺失	S
U111029	未接收到车速信号。 存在一个无效的信号	S
事件	文本	状态
U014687	与中央网关的通信存在故障。 信息缺失	S
U016887	与电子点火开关的通信存在故障。 信息缺失	S
U016487	与空调的通信存在故障。 信息缺失	S
U015587	与仪表盘的通信存在故障。 信息缺失	S
U012287	与“牵引系统”控制单元的通信存在功能故障。 信息缺失	S

S=已存储

图 2-28 读取的故障码（二）

Y3/8n4 - 全集成化变速箱控制 [启动离合器油压传感器（VGS）] -i-

型号	零件号	供货商	版本
硬件	000 901 71 00	Continental	13/08 00
软件	000 000 00 00	Continental	10/44 01
软件	000 902 58 26	MB	14/36 00
软件	000 000 00 00	MB	04/82 00
引导程序软件	—	—	11/10 00
诊断标识	000805	控制单元型号	VGS40_000805h

事件	文本	状态
U014100	与控制单元“N73（电子点火开关控制单元）”的控制器区域网络（CAN）通信存在故障	S
U015500	与仪表盘的通信存在故障	S
U012100	与电控车辆稳定行驶系统（ESP）的通信存在故障	S
U014600	与中央网关的通信存在故障	S
U016400	与空调的通信存在故障	S
U012600	与转向柱模块的通信存在故障	S
U042600	控制单元“驾驶认可系统”未发出启动许可	S
U015531	与仪表盘的通信存在故障。 信号不存在	S

S=已存储

图 2-29 读取的故障码（三）

查看这些检测不到部件的网络框图，如图 2-30 所示。发现这些部件都在 CAN E 上，由于控制单元的数量较多，CAN E 又进一步分为 CAN E1 和 CAN E2。以下控制单元使用 CAN E1 进行数据交换：左前双向安全带拉紧器，右前双向安全带拉紧器，碰撞预防辅助系统，左后保险杠智能雷达传感器，右后保险杠智能雷达传感器，辅助防护系统控制单元，发动机控制单元，前 SAM 控制单元，ESP 控制单元，电子点火开关控制单元，转向柱模块。

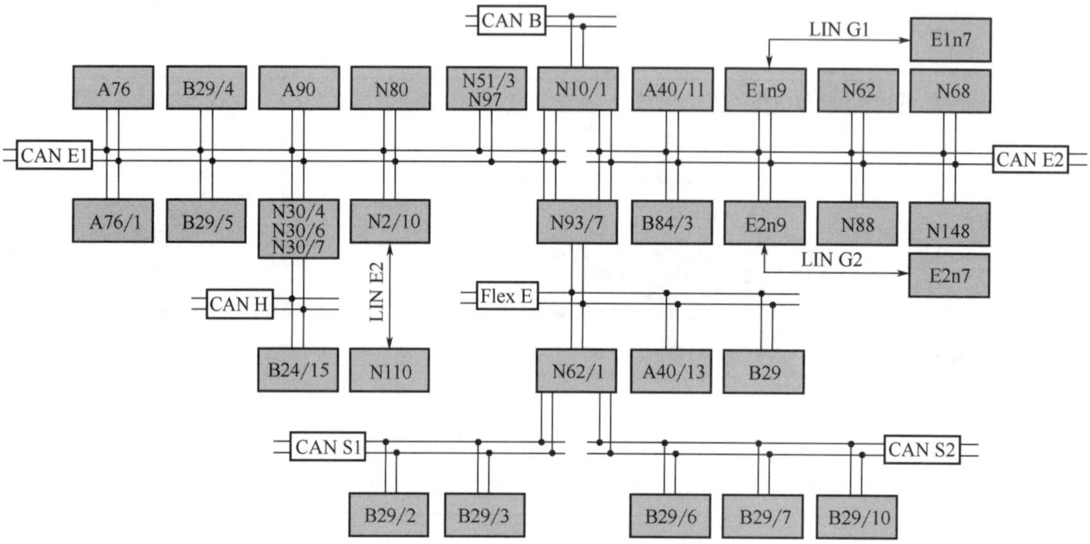

图 2-30　CAN E 网络框图

以下控制单元使用 CAN E2 进行数据交换：仪表盘，立体探测多功能摄像头，后视摄像头，左侧大灯控制单元，右侧大灯控制单元，前 SAM 控制单元，驻车系统控制单元，电动动力转向机构控制单元，360° 摄像头控制单元。

从网络框图中可以看出，主要是 CAN E1 上的部件出现了问题，CAN E1 上的部件连接在 X30/30 分配器上，该分配器位于左前地毯下方，于是找到该分配器，检查分配器无进水腐蚀痕迹，插头无松旷。经过逐个排查，发现当拔掉某个插头时，挡位突然显示了，这时启动车辆也正常了，经检查此插头为盲点辅助传感器的插头，于是拆下后保险杠中的盲点辅助传感器检查，发现左后盲点辅助传感器插头已经严重腐蚀了，如图 2-31 所示。更换盲点辅助传感器及相连接的线束后，试车报警消失，故障排除。

图 2-31　进水腐蚀的插头

案例 9

奔驰 R350 仪表报警，不能换挡

1. 故障现象

一辆奔驰 R350，底盘号为 WDB251157，装配 276 发动机，7 速自动变速箱，行驶里程约为 71000km，客户反映仪表报警，无法挂挡，于是救援拖回维修。

2. 故障分析及排除

接车后打开钥匙开关，仪表上立即出现“请勿换挡”的红色报警，尝试启动车辆可以顺利启动，但换挡却没有反应。连接诊断电脑进行快速测试，读取到许多故障码，如图 2-32～图 2-34 所示。

电子点火开关（EZS） - 电子点火开关（N73） i

梅赛德斯－奔驰硬件号	166 905 29 01	诊断标识	020401
硬件版本	12/01 00	软件状态	13/47 01
硬件供应商	Kostal	软件供应商	Kostal
控制单元型号	EZS166_0401		

事件	文本	状态
U119800	与智能伺服模块（ISM）的通信存在故障	A+S

A+S=当前并且已存储

图 2-32 读取的故障码（一）

ME（发动机电子设备） - 内燃机“M276 涡轮增压器”的发动机电子设备“MED177”（N3/10） i

梅赛德斯－奔驰硬件号	276 901 61 00	梅赛德斯－奔驰软件号	000 904 10 00
梅赛德斯－奔驰软件号	276 902 53 00	梅赛德斯－奔驰软件号	276 903 78 01
诊断标识	022447	硬件版本	12/14 00
软件状态	12/26 00	软件状态	14/13 00
软件状态	14/23 00	引导程序软件版本	12/26 00
硬件供应商	Bosch	软件供应商	Bosch
软件供应商	Bosch	软件供应商	Bosch
控制单元型号	M276LA_VC14		

事件	文本	状态
U010387	与电子选挡杆模块的通信存在故障。 信息缺失	A

A=当前

图 2-33 读取的故障码（二）

启动离合器油压传感器（VGS） - 全集成化变速箱控制（Y3/8n4） F

梅赛德斯－奔驰硬件号	000 901 71 00	梅赛德斯－奔驰软件号	000 000 00 00
梅赛德斯－奔驰软件号	000 902 15 24	梅赛德斯－奔驰软件号	000 000 00 00
诊断标识	000805	硬件版本	13/08 00
软件状态	10/44 01	软件状态	14/36 00
软件状态	04/82 00	引导程序软件版本	11/10 00
硬件供应商	Continental	软件供应商	Continental
软件供应商	MB	软件供应商	MB
控制单元型号	VGS40_000805h		

故障	文本	状态
U010300	与电子选挡杆模块的通信存在故障	A+S
事件	文本	状态
U040400	接收到来自电子选挡杆模块的不可信数据	S

S=已存储，A+S=当前并且已存储

图 2-34 读取的故障码（三）

在故障码中大多数都报了与智能伺服模块（ISM）的通信故障，在快速测试列表中查看智能伺服模块的状态，发现此模块检测不到。

根据功能原理，因为智能伺服模块检测不到，所以首先要从智能伺服模块上入手检查，首先利用诊断电脑对智能伺服模块进行通信检测，但结果为不正常。于是把车辆升起来，拔掉智能伺服模块上的线束插头，发现插头里面已经进水腐蚀了，于是首先用气枪把插头吹干并把插头装复，重新进行快速测试，发现依然是智能伺服模块检测不到。查找 WIS，找出智能伺服模块的电路图进行进一步测量，如图 2-22 所示，插头上共有五根线，分别为供电及搭铁，两根 CAN 线，一根应急电源线。实际测量供电为 12.3V，CAN H 为 2.5V，CAN L 为 2.3V，应急线电压为 0V，都正常。此应急供电在车辆状况正常的情况下不会影响到智能伺服模块的工作及检测。

因为外部测量的结果都正常，只要具备这些条件，智能伺服模块就应该被检测到，此时说明智能伺服模块自身存在故障，造成不能正常检测。于是把智能伺服模块更换掉，按要求进行装复后，再次试车一切正常。

案例 10

奔驰 E200 主动制动辅助系统报警

1．故障现象

一辆奔驰 E200，底盘号为 LE4213177，装配 264 发动机，9 速自动变速箱，行驶里程 16752km，客户反映仪表上主动制动辅助系统报警。

2．故障分析及排除

接车后和客户一起试车，启动车辆后，仪表上立即出现“主动制动辅助系统功能范围受限，参见用户手册”的报警，车辆行驶正常，如图 2-35 所示。

图 2-35　仪表上主动制动辅助系统报警

连接诊断电脑进行快速测试，发现主动制动辅助系统控制单元（A108）检测不到，同时多个控制单元报与主动制动辅助系统控制单元存在通信故障的故障码。该控制单元位于前保险杠的右侧，需要拆下前保险杠才能检查该控制单元。于是拆下前保险杠，检查 A108 控制单元无磕碰损伤，插头及插针无进水腐蚀现象。

查找 A108 控制单元的电路图，如图 2-36 所示。发现该控制单元的线路比较简单，插头上只有四根线，即供电及搭铁，和 CAN PER 的两根 CAN 线。正常情况下，供电搭铁正常，CAN 线正常，那么该控制单元就应该被检测到。否则就是控制单元自身损坏。实际测量供电搭铁之间的电压为 12.3V，正常。使用 HMS990 测量 CAN PER 波形，也正常，如图 2-37 所示。于是把 A108 更换掉，并按照流程进行试运行，路试校准后，报警消失，故障排除。

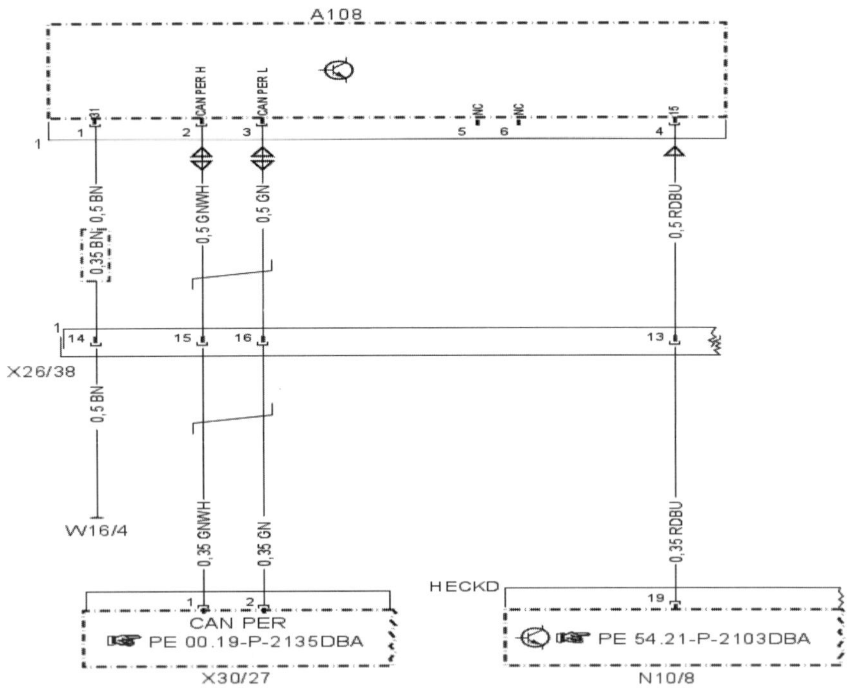

图 2-36　A108 控制单元的电路图

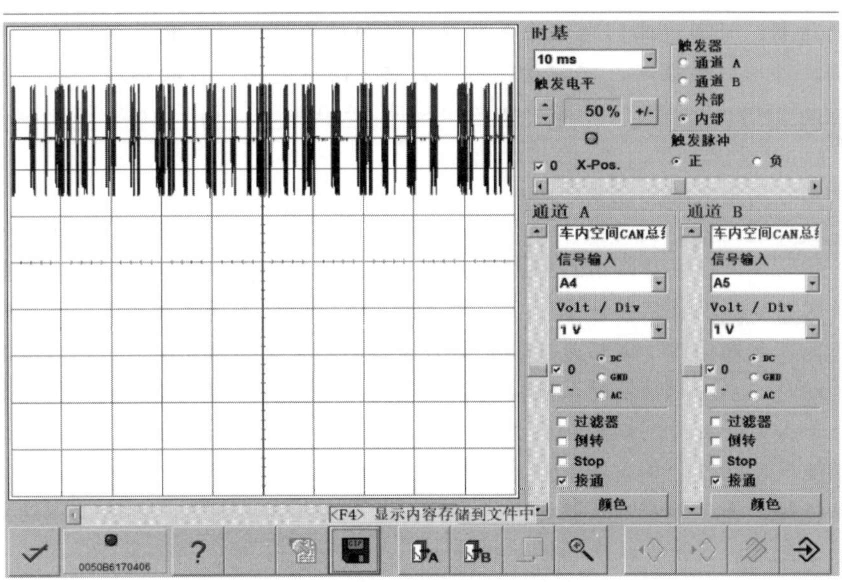

图 2-37　正常的 CAN 线波形

主动制动辅助系统功能介绍

主动制动辅助系统持续检查与前车的安全距离，向驾驶员发出视觉和声讯警告，提示可能与其他车辆发生碰撞的危险（例如追尾），从而大大降低事故风险。在即使发生碰撞的情况下，主动制动辅助系统可能会启动自动制动。为此，主动制动辅助系统控制单元评估车辆前方的交通状况、前方行驶路线以及驾驶员活动，并不断确定可能发生碰撞的潜在风险，车速范围在7～250km/h之间时输出适当警告。

主动制动辅助系统识别在车辆前方处于危险区域中的行人，主动制动辅助系统会先向驾驶员发出碰撞警告，如果驾驶员制动过弱，则为其提供制动支持。如果驾驶员没有做出反应，则系统自动施加制动。对于相对较晚进入危险区域的行人，辅助系统在发出警告的同时制动，以更快降低速度。

主动制动辅助系统由以下子功能组成。

（1）距离警告的功能顺序

除了来自雷达传感器的数据外，主动制动辅助系统还要评估以下变量。

① 行驶方向和车速。

② 加速度/横摆率。

③ 方向盘转角

④ 转向信号

⑤ 驾驶员对油门踏板和制动踏板的操作等。

主动制动辅助系统控制单元计算与障碍物之间的距离和可能发生碰撞的时间。如果本车与前车在0.8s内有发生碰撞的风险，且这种危险的车距保持3s以上，则主动制动辅助系统控制单元将输出警告的请求通过外围设备控制器区域网络（CAN）、电子点火开关控制单元和用户界面控制器区域网络（CAN）传送至仪表盘，仪表盘促动限距控制系统警告指示灯做出反应。

主动制动辅助系统控制单元还会综合考虑驾驶员行为和改变行驶路线以及车速、车辆与障碍物的距离。可通过油门踏板位置改变、转向信号灯促动或制动踏板被踩下来检测前方移动车辆。可通过横摆率、方向盘转角和行驶方向确定前方行驶路线。车距警告功能可以在车速最高250km/h时对前方障碍物做出反应，或在车速最高70km/h时对静止障碍物做出反应。

（2）制动辅助系统的功能顺序

如果驾驶员通过紧急制动操作对存在碰撞危险的距离警告做出反应，则主动制动辅助系统为其提供辅助，以便充分利用与障碍物之间的制动距离。主动制动辅助系统控制单元评估来自雷达传感器的数据并不断计算所需的制动力，可以根据制动踏板的促动速度和促动强度确定是否为紧急制动操作（促动速度和促动力由制动总泵上的制动压力传感器检测）。

紧急制动时，主动制动辅助系统控制单元将相关的制动力通过外围设备控制器区域网络（CAN）、电子点火开关控制单元和底盘FlexRay传送至ESP控制单元，后者通过牵引系统液压单元促动液压制动器，集成在ESP控制单元中的预防性安全系统（PRE-SAFE）评估当前请求的制动扭矩，并在必要时采取适当的措施。如果碰撞不可避免，则除了制动系统会进行干预以外，也会采取驾驶员及乘客保护措施。

（3）自动施加制动的功能顺序

如果驾驶员在存在事故危险的情况下未对警告做出反应，则主动制动辅助系统控制单元会启动自动制动功能，降低发动机扭矩。主动制动辅助系统控制单元计算所需的制动扭矩（平均减速度约为6m/s）。同时还要考虑与车辆或障碍物的相对速度，以及之间的距离等变量。

如果驾驶员随后对自动制动功能做出反应并进行制动，则制动辅助系统会为其提供辅助，以尽可能充分利用与障碍物之间的制动距离。如果碰撞不可避免，除了制动系统会进行干预以外，也会采取驾驶员及乘客保护措施。

案例 11

奔驰 C200 主动制动辅助系统报警

1．故障现象

一辆新款奔驰 C200，底盘号为 LE4205176，装配 264 发动机，9 速自动变速箱，行驶里程 4760km，由于仪表上显示主动制动辅助系统报警而进店维修。

2．故障分析及排除

接车后启动着车，仪表上立即出现主动制动辅助系统的报警，经询问客户得知，车辆刚买一个多月，没有任何的磕碰及事故维修。昨天去开车时，启动着车，仪表上就出现了报警，于是就把车开来维修。

连接诊断电脑进行快速测试，读取的故障码如图 2-38 所示。

A108 － 主动式制动辅助（主动制动辅助系统（ABA））　　-F-

型号	零件号	供货商	版本
硬件	000 901 23 09	Bosch	18/29 000
软件	000 902 22 62	Bosch	19/40 001
引导程序软件	—	—	18/29 000
诊断标识	008509	控制单元型号	FCW205_Appl_008509

故障	文本	状态
C163691	控制单元“主动式制动辅助”的调校存在功能故障。 参数在允许范围之外	A+S
C174AFA	控制单元“主动式制动辅助”的调校存在功能故障	A+S
C174AFB	控制单元“主动式制动辅助”的调校存在功能故障	S

S=已存储，A+S=当前并且已存储

图 2-38　读取的故障码

查看 A108 的实际值，发现校准角度都是 0.00°，校准进程显示 0%。如图 2-39 所示。检查 A108 的安装位置及插头连接，也未发现异常。

校正值

实际值

编号	名称	实际值	标准值
295	传感器校正状态	学习过程未开始	成功退出
307	校准进程	0%	[0 .. 100]
246	水平未校准角度	0.00°	[-3.00 .. 3.00]
811	垂直未校准角度	0.00°	[-3.00 .. 3.00]

图 2-39　不正常的实际值

根据故障码进行引导检测，故障引导提示需要对 A108 进行校准。于是就和客户沟通先进行路试校准，然后带上诊断电脑进行校准。诊断电脑提示，校准行驶期间，仪表盘内的指示灯“主动式制动辅助关闭”被接通，校准过程可能持续达 10km。校准学习必须进行到多功能显示屏上的指示灯“主动式制动辅助关闭”熄灭为止。

在实际校准过程中，需要尽量选择直行的路段，路上有在前方行驶或迎面驶来的车辆，但没必要一定要有在前方行驶的车辆。校准的时候，刚开始校准进程的实际值能正常变化，但过几分钟就会变为 0，此时接着继续校准，实际值不再有变化，如图 2-40 所示。退出校准界面，然后重新进入校准模式，依然校准不成功。

有校准行驶的初始化

- 部件'A108 （主动式制动辅助控制单元）'现在处在校准模式
- 现在必须进行校准行驶

⊗注意！

在校准行驶期间，车辆中必须携带有保养校准结果文档的诊断装置

相应的实际值状态

	名称	实际值	标准值
⚠	传感器校正状态	学习过程未开始	成功退出
	校准进程	7%	[0 .. 100]

图 2-40　对 A108 进行校准

尝试对 A108 控制单元升级后校准，但依然不成功。后来也进行断电处理，但还是不能成功校准。后经详细询问客户得知，买车后不久去贴车衣，加装店切割车衣时不小心划伤了前保险杠的奔驰车标，加装店就给换了一个副厂车标。考虑到这款车的 A108 正好在车标后面，于是就把车标拆掉进行校准，结果很快就校准成功了。于是更换原厂车标后，进行试车，一切正常，故障排除。

案例 12
奔驰 E320 主动制动辅助系统报警

1．故障现象

一辆奔驰 E320，底盘号为 LE4213163，装配 276 发动机，9 速自动变速箱，行驶里程 46008km，由于仪表上主动制动辅助系统报警而进店维修。

2．故障分析及排除

接车后启动着车，仪表上立即出现主动制动辅助系统的报警。车辆行驶无异常。连接诊断电脑进行快速测试，读取的故障码如图 2-41 所示，此时查看传感器的实际值，远程传感器及近程传感器的水平状态都是“未校准”，如图 2-42 所示。

A108/1 － DISTRONIC车距引导装置［限距控制系统（DTR）］

型号	零件号	供货商	版本
硬件	213 901 82 00	ADC	15/10 000
软件	213 902 41 06	ADC	16/16 000
引导程序软件	—	—	15/10 000
诊断标识	000215	控制单元型号	SDTR213_var000215

事件	文本			状态
C1636FB	“限距控制系统（Distronic）”控制单元的校准存在功能故障			A+S
	名称	首次出现	最后一次出现	
	频率计数器	—	1	
	总行驶里程	45936km	45952km	
	自上次出现故障以来的点火周期数	—	0	

A+S=当前并且已存储

图 2-41　读取的故障码

于是首先根据故障引导，对 A108 进行校准，诊断电脑提示，校准自动进行，无法手动校准。但在实际校准过程中，一直不能成功。

选择
传感器校正状态
远程水平校准
近程水平校准
垂直校准
加热器
供电

传感器校正状态

实际值

编号	名称	实际值	标准值
527	传感器校正状态	未激活	
705	校准进程	0%	[0 .. 100]
190	传感器校准状态（远程水平）	未校准（EOL）	
564	传感器校准状态（近程水平）	未校准（EOL）	
265	传感器校准（垂直）的状态	已校准（EOL+A）	

图 2-42　不正常的实际值

诊断电脑提示雷达传感器偏向左侧，后来经详细询问客户得知，车辆前部发生过碰撞，在外面修理厂更换过前中网，之后不久就出现了该报警。于是就重点对雷达传感器及其安装位置进行检查，经和正常车辆对比，发现 A108 的固定支架有轻微的倾斜，如图 2-43 所示。对固定支架校正位置后，重新进行路试校准，很快就成功了，报警消失，故障排除。

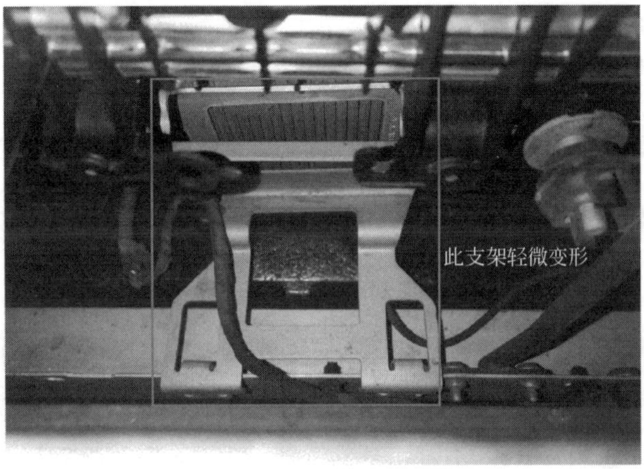

图 2-43　变形的支架

案例 13

奔驰 E300 主动制动辅助系统报警

1. 故障现象

一辆奔驰 E300，底盘号为 LE4213148，装配 274 发动机，9 速自动变速箱，行驶里程 1638km，客户反映仪表上出现主动制动辅助系统报警。

2. 故障分析及排除

接车后启动着车，仪表上立即出现“主动制动辅助系统功能范围受限，参见用户手册”的报警提示，车辆挂挡及行驶都正常。

经询问客户得知，今天车辆在路边停放一会后，再启动就出现了报警，之前车辆一直使用正常。连接诊断电脑进行快速测试，读取的故障码如图 2-44 所示。

故障引导提示更新控制单元软件，然后进行校准，于是按照引导对 A108（主动制动辅助系统控制单元）进行升级，然后进行路试校准。

C1642FD “碰撞预防辅助系统（COLLISION PREVENTION ASSIST）”控制单元的校准存在功能故障，雷达传感器偏向下方。 当前并且已存储

依次出现的辅助信息

名称	首次出现	最后一次出现
频率计数器	—	1
总行驶里程	1616km	1616km
运行小时计数器	—	482964387h
运行小时计数器的读数	—	1
自上次出现故障以来的点火周期数	—	0

图 2-44　读取的故障码

在校准过程中，实际值会有相应的变化，如图 2-45 所示。当实际值达到 99%时，突然变为 0%，然后就停止了校准，尝试重新进入校准模式进行路试校准，发现反复多次都无法完成校准。此时重新刷新故障码，依然是报原来的故障码。进入实际值，发现实际值不正常。如图 2-46 所示。

有校准行驶的初始化

- 部件“A108（主动式制动辅助控制单元）”现在处在校准模式
- 现在必须进行校准行驶
- 在校准行驶过程中车辆中不得携带诊断装置

相应的实际值状态

名称	实际值	标准值
传感器校正状态	已激活（授权服务中心模式）	已激活（授权服务中心模式）

名称	实际值
校准进程	32%

图 2-45　利用诊断电脑进行校准

校正值

实际值

编号		名称	实际值	标准值
527	i	传感器校正状态	未激活	未激活，已激活（自动），已激活（授权服务中心模式）
705	i	校准进程	0%	
049	i	传感器校准（水平）的状态	已校准（S）	
265	i	传感器校准（垂直）的状态	未校准（S）	
320	i	授权服务中心（水平校准）	2.21°	[-3.00 .. 3.00]
471	i	授权服务中心（垂直校准）	-6.56°	[-3.00 .. 3.00]

信息

图 2-46　不正常的实际值

根据维修经验及系统原理，控制单元能够正常检测到，故障码能够正常显示，并且校准可以顺利进行，但只是校准失败，基本可以判断控制单元的供电搭铁及 CAN 线都正常。怀疑是控制单元损坏，造成该实际值显示错误，于是和客户沟通拆掉前保险杠检查，当拆掉前保险杠后，发现异常，经详细询问客户得知，前保险杠发生过碰撞，但不严重，只是一个凹坑，于是随便找个维修店进行修复。但凑巧的是，凹坑处正好安装的是主动制动辅助控制单元，从而造成了该控制单元碰撞损坏，如图 2-47 所示。更换新的控制单元，并成功校准后，仪表上报警消失。

图 2-47　变形的支架

案例 14
奔驰 S450 主动制动辅助系统报警

1．故障现象

一辆奔驰 S450，底盘号为 WDD222164，装配 276 发动机，9 速自动变速箱，行驶里程为 24802km，客户反映仪表上主动制动辅助系统报警。

2．故障分析及排除

接车后启动着车，仪表上立即出现主动制动辅助系统及主动车道保持系统的报警，但车辆启动及行驶都没有异常。连接诊断电脑进行快速测试，读取的故障码如图 2-48 所示。

A40/13 - 多功能摄像机 (MFK)

型号	零件号	供货商	版本
硬件	222 901 01 07	Veoneer	18/10 000
软件	167 902 65 03	Veoneer	18/34 000
引导程序软件	—	—	18/13 000
诊断标识	00820E	控制单元型号	SMPC213_MFA2_FR_var820E

事件	文本	状态
B229B97	多功能摄像机存在功能故障。 系统功能受限制	S

名称	首次出现	最后一次出现
车外温度	5.50° C	-2.50°C
控制单元的内部温度	38.00° C	8.60°C
车辆中的车载电网电压	14.70V	14.80V
控制单元的供电	14.54V	14.56V
操作时间	—	3840536971
工作时间状态	—	1
内部故障码	2852421632	2852421632
内部故障码	2852421632	2852421632
频率计数器	—	3.00
总行驶里程	24704.00km	24720.00km
自上次出现故障以来的点火周期数	—	9.00

S=已存储

图 2-48　读取的故障码

首先根据故障引导进行检查，按照诊断电脑的提示，检查前挡风玻璃，没有结冰现象，检查车内玻璃上也没有潮湿的雾气。对多功能摄像头进行升级后，利用诊断电脑尝试重新校准多功能摄像头，但不能成功。后来反复校准多次，但依然不能成功校准。

后来，客户来车间询问维修进度，在与客户的谈话中了解到，由于在高速公路上被溅起的石子打碎了前挡风玻璃，就在外地更换了一块新的前挡风玻璃，更换后大约行驶3km，仪表上就出现了该报警。于是就重点对前挡风玻璃进行检查。发现从前挡风玻璃外部看不到摄像头，似乎被挡住了。拆掉多功能摄像头的护盖，检查多功能摄像头时，发现了故障所在，原来新的前挡风玻璃在多功能摄像头孔处有两个小护盖，安装时忘记拆掉，造成多功能摄像头被遮挡，无法正常工作，如图2-49所示。拆除护盖，并重新校准多功能摄像头，然后进行路试，报警消失，故障排除。

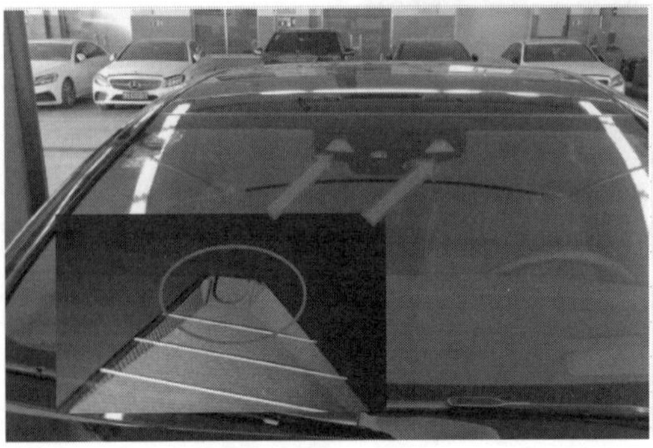

图2-49　被遮挡的摄像头

案例15

奔驰E200主动式驻车辅助系统报警

1．故障现象

一辆奔驰E200，底盘号为LE4213143，装配274发动机，9速自动变速箱，行驶里程69958km，客户反映仪表上主动式驻车辅助系统报警。

2．故障分析及排除

接车后和客户一起试车，启动着车，仪表上立即出现“主动式驻车辅助系统和PARKTRONIC停止运作，参见用户手册”的报警，同时还发现挂倒挡时倒车影像不显示，如图2-50所示。

图2-50　仪表上的报警

连接诊断电脑进行快速测试，发现主动式驻车辅助系统控制单元（N62）检测不到。N62控制单元位于后备厢的左侧，于是拆开后备厢左侧内衬，检查N62控制单元的插头插针无松动腐蚀现象。根据电路图2-51测量A插头上32及14号针脚(N62控制单元的供电和搭铁）之间的电压为12.3V，正常。测量A插头上29号针脚（FlexRay-BM）和搭铁之间的电压为2.33V，正常，测量30号针脚（FlexRay-BP）和搭铁之间的电压为2.56V，也正常。检查线束也没有和车身磨损的地方，由此可以判断N62控制单元损坏。

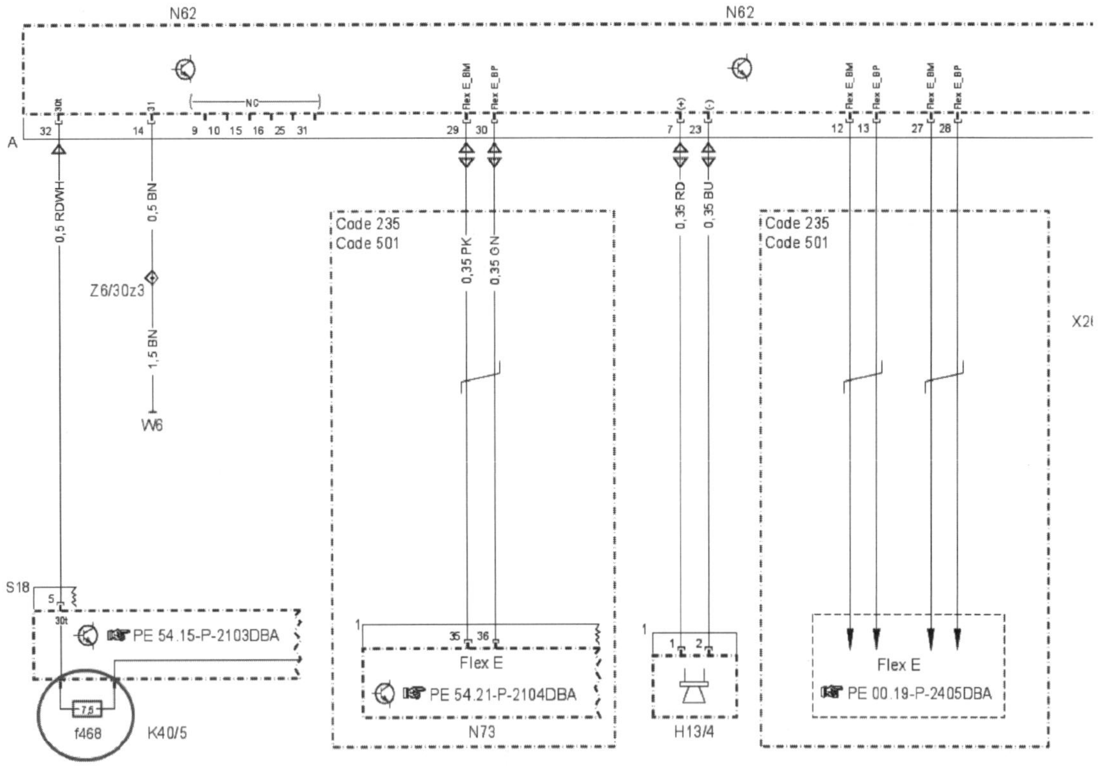

图 2-51　N62 控制单元电路图

更换 N62 控制单元后，再次进行快速测试，发现 N62 控制单元依然检测不到，启动着车，仪表上又出现了同样的报警。从电路图中看出，N62 控制单元的供电经过了 K40/5 熔丝盒中的 f468 熔丝。该熔丝盒位于后备厢右侧内衬里，找到该熔丝并拔出熔丝检查，发现该熔丝和底座已经腐蚀了，如图 2-52 所示。熔丝处于藕断丝连的状态，清洁熔丝底座，并更换熔丝后试车，报警消失。询问客户得知，最近刚贴的太阳膜，推断是贴膜时有水溅到熔丝处造成腐蚀。

图 2-52　腐蚀的熔丝底座

主动式驻车辅助系统功能介绍

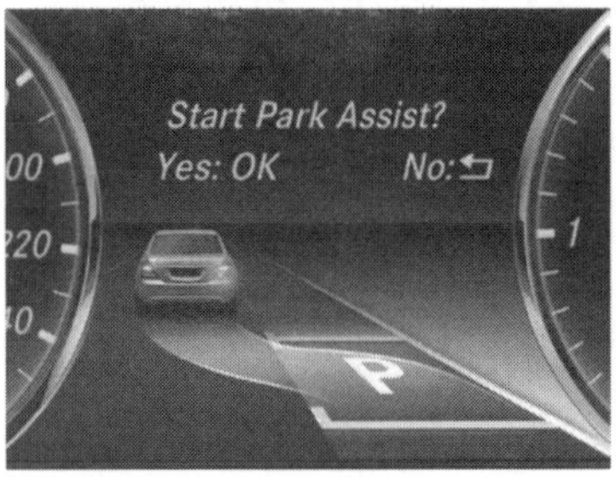

图 2-53　启用驻车辅助系统

主动式驻车辅助系统通过前保险杠中的外部距离传感器执行停车位搜索，这些传感器监测车辆左右两侧的区域，比其他车距传感器具有更大的探测范围。在停车位查找过程中，仪表盘和多媒体显示屏中的方向箭头指示监测到的停车位，如图 2-53 所示。在得到驾驶员确认后，驻车辅助系统会将车辆自动停到停车位中。

带驻车引导的驻车定位系统（PARKTRONIC），系统默认扫描乘客侧的停车位，设定转向信号后，会扫描驾驶员侧的停车位，此时挂入倒挡且启用主动式驻车辅助系统时，驻车程序即会启动。车辆在到达最终驻车位置时会进行自动制动。如果系统在驻车、挪车过程中检测到车辆路线中有物体或行人，则车辆也会进行制动。

案例 16
奔驰 E300 驻车制动系统报警

1. 故障现象

一辆奔驰 E300，底盘号为 LE4213148，装配 274 涡轮增压发动机，9 速自动变速箱，行驶里程约 7000km，客户打电话反映仪表上出现驻车制动系统的红色报警，经和客户沟通得知，仪表上出现报警后，车辆启动及行驶正常，准备让客户进店检查，但是客户离店 50 多千米，为防止行驶中造成车辆的部件损坏，于是建议客户把车拖来检查。

2. 故障分析及排除

车辆拖回店里后，却发现无法启动，钥匙可以开 2 挡，但是启动时起动机没有反应，多功能仪表盘上依次出现“主动制动辅助系统功能范围受限”“低压续跑指示器停止运作”“ESP 停止运作”“驻车制动器参见用户手册”等一系列报警。

连接诊断电脑进行快速测试，却发现 ESP 控制单元检测不到，同时，在 N127、N10/6、N3/10、N118 等多个控制单元中报了通信方面的故障码。故障码如图 2-54～图 2-56 所示。

首先根据故障码进行引导性检测，但是都提示读取 N30/4（ESP 控制单元）内的故障存储器，继续在 N30/4 中进行故障诊断。由于 N30/4 检测不到，于是就查找电路图，对 N30/4 的线路进行测量。从电路图（图 2-57）中可以看到，N30/4 的 1 号针脚和 30 号针脚都为 30t 供电，14 号针脚和 46 号针脚为搭铁。实际测量供电和搭铁之间的电压为 12.7V，判断供电正常。N30/4 上相连的数据总线有 CAN H 和 FlexRay，测量 CANH H 的电压为 3.3V，CANH L 的电压为 1.7V，经和正常车辆对比，电压一致。测量 ESP 控制单元的 FlexRay 阻值为 95Ω（测量 ESP 控制单元上的插针），测量 ESP 控制单元插头上的 FlexRay 阻值为 2.4kΩ（线束侧），判断阻值正常。按照控制单元的工作原理，如果供电和搭铁正常，CAN 线正常，那么该控制单元就应该被检测到，否则就是该控制单元存在故障。

N127 - “传动系统”控制单元（PTCU） F

梅赛德斯－奔驰硬件号	000 901 61 02	梅赛德斯－奔驰软件号	000 902 60 43
梅赛德斯－奔驰软件号	000 903 83 18	软件的梅赛德斯－奔驰件号（引导程序）	000 904 20 00
诊断标识	023E0C	硬件版本	14/47 000
软件状态	17/36 000	软件状态	17/36 000
引导程序软件版本	15/17 000	引导程序软件版本	15/17 000
硬件供应商	Continental	软件供应商	Continental
软件供应商	Continental	引导程序软件供应商	Continental
控制单元型号	CPC_NG_R16A		

故障	文本	状态
U012287	与“牵引系统”控制单元的通信存在功能故障。 信息缺失	A
U012200	与“牵引系统”控制单元的通信存在功能故障	A

A=当前

N118 - “燃油泵”控制单元［燃油系统控制单元（FSCU）08］ i

梅赛德斯－奔驰硬件号	000 901 38 06	梅赛德斯－奔驰软件号	000 902 02 38
梅赛德斯－奔驰软件号	000 903 53 13	诊断标识	00330C
硬件版本	16/34 000	软件状态	16/48 000
软件状态	17/10 000	引导程序软件版本	11/20 000
硬件供应商	Continental	软件供应商	Continental
软件供应商	Continental	控制单元型号	FSCM_GEN4_Programmstand_x30C

事件	文本	状态
U012287	与“牵引系统”控制单元的通信存在功能故障。 信息缺失	A+S

A+S=当前并且已存储

图 2-54　读取的故障码（一）

Y3/8n4 - 9挡变速箱的变速箱控制系统［启动离合器油压传感器（VGS）］ i

梅赛德斯－奔驰硬件号	000 901 50 00	梅赛德斯－奔驰软件号	000 000 00 00
梅赛德斯－奔驰软件号	000 902 06 39	梅赛德斯－奔驰软件号	000 000 00 00
诊断标识	000907	硬件版本	15/30 000
软件状态	14/49 000	软件状态	17/23 000
软件状态	17/23 000	引导程序软件版本	14/49 000
硬件供应商	Bosch	软件供应商	Bosch
软件供应商	MB	软件供应商	MB
控制单元型号	VGSNAG3_VGSNAG3_000907		

事件	文本	状态
U140C00	接收到不可信的右后车轮速度信号	A
U140B00	接收到不可信的左后车轮速度信号	A
U140A00	接收到不可信的右前车轮速度信号	A
U140900	接收到不可信的左前车轮速度信号	A
U140800	接收到一个不可信的“制动灯”开关信号	A
U012100	与电控车辆稳定行驶系统（ESP）的通信存在故障	A
U014600	与中央网关的通信存在故障	A
U114129	未接收到制动扭矩信号和“制动灯”开关的信号。 存在一个无效的信号	A
U114131	未接收到制动扭矩信号和“制动灯”开关的信号。 信号不存在	A
U015531	与仪表盘的通信存在故障。 信号不存在	A

A=当前

图 2-55　读取的故障码（二）

N10/6 - 前部信号采集及促动控制模组［前部信号采集及促动控制模组（SAM）］ F

梅赛德斯－奔驰硬件号	213 901 41 03	梅赛德斯－奔驰软件号	167 902 17 01
诊断标识	000406	硬件版本	15/44 001
软件状态	17/02 001	引导程序软件版本	15/06 004
硬件供应商	Hella	软件供应商	Hella
控制单元型号	BC_F213_E117_2		

故障	文本	状态
U012241	与“牵引系统”控制单元的通信存在功能故障。 存在一个一般校验和故障	A+S
U012908	与“再生制动系统”控制单元的通信存在功能故障。 存在一个信号故障或信息有错误	A+S
事件	文本	状态
U012887	与电动驻车制动器的通信存在故障。 信息缺失	A+S
U012964	与“再生制动系统”控制单元的通信存在功能故障。 存在一个不可信的信号	A+S

A+S=当前并且已存储

图 2-56　读取的故障码（三）

当对车辆进行断电后，发现 ESP 控制单元可以检测到，再次读取故障码，发现报了电动驻车制动器存在功能故障的故障码，如图 2-58 所示。检查电动驻车制动器功能时发现，当操作电动驻车制动器开关时，左后轮可以刹住，而右后轮刹不住，证实了和故障码内容一致。

车辆停放大约 30min 后，再次启动车辆时，发现又出现了不能启动的现象，ESP 控制单元依然检测不到。由于该车刚买两个月，于是向厂家申请更换 ESP 控制单元，得到肯定回复后，把 ESP 控制单元更换掉，试车一切正常。

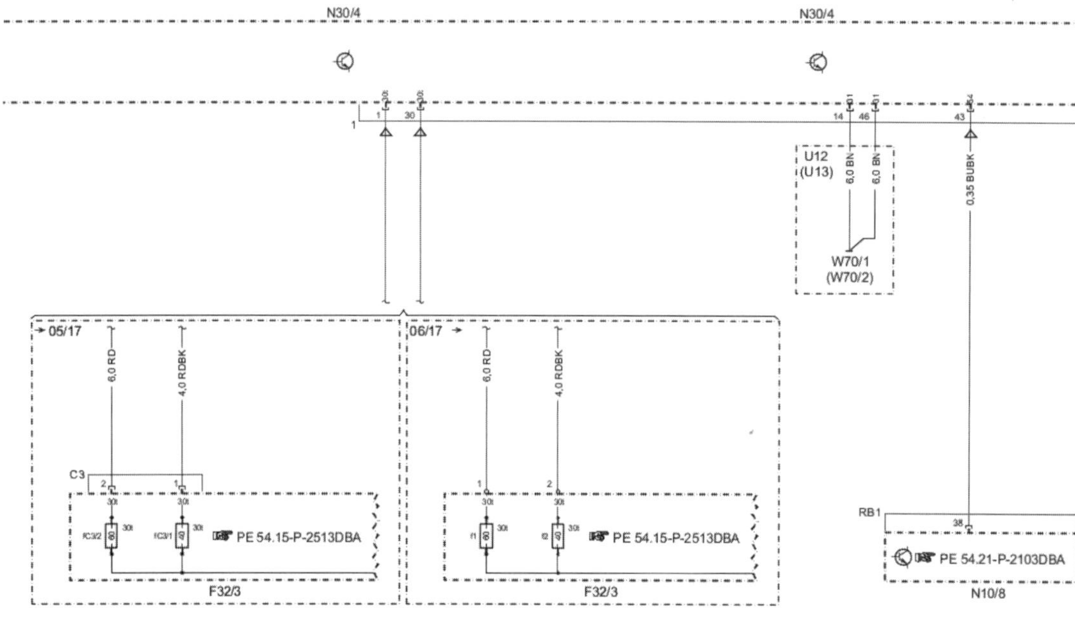

图 2-57　ESP 控制单元电路图

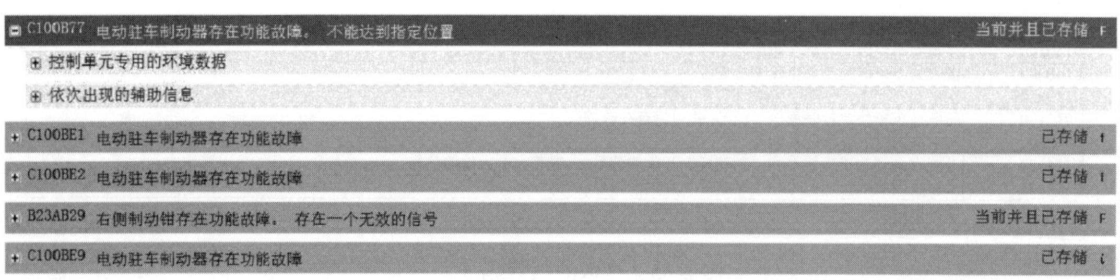

图 2-58　ESP 控制单元的故障码

案例 17

奔驰 E260 驻车系统不能用

1．故障现象

一辆奔驰 E260，底盘号为 WDD212047，装配 271 涡轮增压发动机，7 速自动变速箱，行驶里程 76430km，客户反映驻车系统不能用。

2．故障分析及排除

接车后启动着车并挂上倒挡，发现驻车系统开关红色指示灯亮起，前后两个驻车警告指示器都没有反应，说明驻车系统已处于停用状态。

连接诊断电脑进行快速测试，读取的故障码如图 2-59 所示。

N62 - 驻车系统［驻车定位系统（PTS）］ -F-

梅赛德斯－奔驰硬件号	212 901 15 00	梅赛德斯－奔驰软件号	212 902 32 02
诊断标识	002100	硬件版本	08/50 00
软件状态	08/51 08	引导程序软件版本	08/17 01
硬件供应商	Bosch	软件供应商	Bosch
控制单元型号	BR212_002100		

故障	文本			状态
A12500	传感器的供电电压处于有效范围之外			A+S
	名称	首次出现	最后一次出现	
	总行驶里程	76416.00km	76416.00km	
	频率计数器	1.00	1.00	

A+S=当前并且已存储

图 2-59　读取的故障码

首先根据功能原理并结合电路图进行检查，检查后 SAM 控制单元中的 f80 熔丝（驻车系统控制单元的供电熔丝），正常，拆掉驻车系统控制单元（位于副驾驶侧脚坑地毯下面），测量 B 插头的 18 号及 9 号针脚之间的电压为 12.3V，正常。既然控制单元能够检测到，并且正常显示故障码，说明 CAN 线系统是正常的。但是测量通往前部距离传感器及后部距离传感器线束上的电压，都是 0V，显然不正常，如图 2-60 所示。此时查看驻车系统距离传感器的实际值，也都不正常，如图 2-61 所示。

供电

实际值

编号	名称	实际值	标准值
787	警报元件的供电	0.00V	[11.00 .. 15.50]
101	蓄电池电压 - PTS	14.40V	[11.00 .. 15.50]
196	传感器电压	0.00V	[7.20 .. 9.20]

图 2-60　不正常的供电

前保险杠

实际值

编号	名称	实际值	标准值
710	B8/1［左前外部驻车定位系统（PARKTRONIC）距离传感器］	255.00cm	[19.00 .. 100.00]
990	B8/2 （左前中间驻车系统距离传感器）	255.00cm	[19.00 .. 100.00]
970	B8/3 ［内部左前驻车定位系统（PARKTRONIC）距离传感器］	255.00cm	[19.00 .. 100.00]
492	B8/4 ［内部右前驻车定位系统（PARKTRONIC）距离传感器］	255.00cm	[19.00 .. 100.00]
182	B8/5 （右前中间驻车系统距离传感器）	255.00cm	[19.00 .. 100.00]
262	B8/6［右前外部驻车定位系统（PARKTRONIC）距离传感器］	255.00cm	[19.00 .. 100.00]

图 2-61　不正常的实际值

由于驻车系统控制单元没有输出供电，怀疑控制单元有故障，于是对驻车系统控制单元进行了升级，但是故障依旧。询问客户得知，车辆几个月前出过事故，前部发生碰撞，但是驻车系统是最近几天才不能用的。于是准备重点对前部距离传感器及其线束进行检查。在电路图（图 2-62）中可以看出，前保险杠内的距离传感器共用了节点 Z36/3（搭铁线节点）及 Z36/4（供电节点），并且都通过一个插头 Z26/38 和驻车系统控制单元连接。Z26/38 位于前保险杠右侧，于是找到该插头并断开，此时再次测量距离传感器的供电，为8.4V，恢复了正常，说明故障点位于前保险杠的距离传感器或线束上。把前保险杠拆掉，逐个检查距离传感器，发现有两个传感器已损坏，如图2-63所示。更换损坏的传感器，并把线束重新装复，系统工作正常，故障排除。

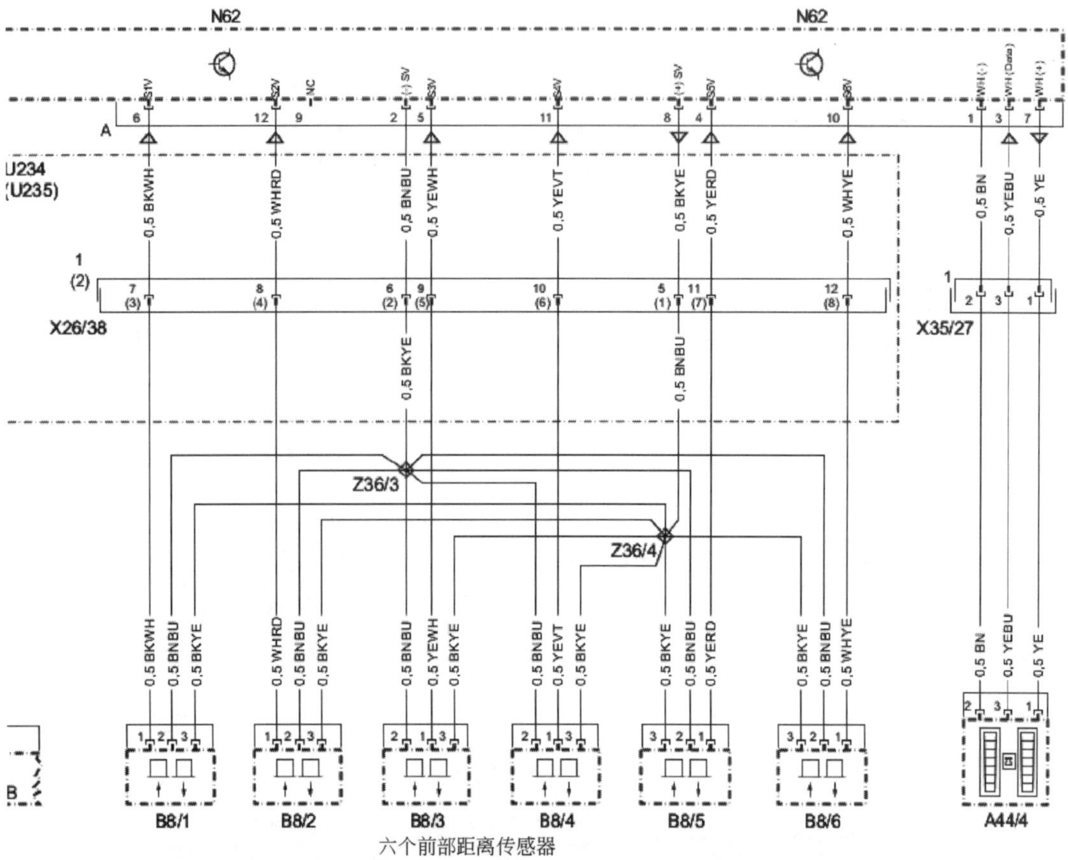

图2-62　雷达传感器电路图

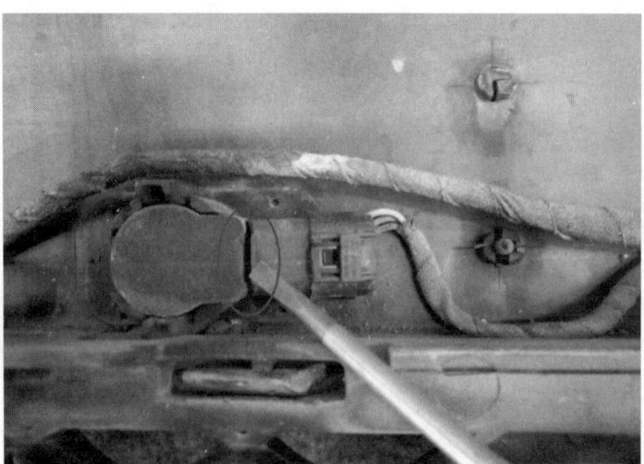

图2-63　损坏的雷达传感器

驻车引导系统功能介绍

此车装配的是高级驻车引导系统（代码 230），驻车系统使用超声波来测量车辆与障碍物之间的距离。当行驶车速小于 36km/h 时，会测量并保存车辆行驶方向两侧的其他纵向停车位。位于前保险杠内的 6 个车距传感器和后保险杠内的 4 个（新款车型 6 个）车距传感器发出超声波信号，从障碍物反射来的信号被接收和评估。本车与障碍物之间的距离会通过仪表板驻车系统警告指示器和后部驻车系统警告指示器显示给驾驶员。理论上有两种测量方法：一种是由直接回声引起的直接测量；另一种是通过交叉回声引起的间接距离测量（由于较大的车距传感器检测角，反射回波也可以从相邻的距离传感器接收，它们被称为交叉回波）。

在发生故障和系统错误的情况下，驻车系统停用并且驻车系统按钮（位于上部控制面板控制单元中）上的红色指示灯点亮。如果驾驶车辆穿过自动清洗机，或者建筑工地上的手提钻，或者蒸汽喷嘴等会对距离传感器造成暂时的干扰。如果检测到系统故障，则驻车系统警告指示器上的红色发光二极管都会亮起，还会持续 2s 发出警告声，再经过 18s 后，驻车系统关闭，且驻车系统控制单元的故障记忆中记录一条故障。

在驻车系统启用的情况下，警告指示灯照明的亮度会改为合适的环境亮度（雨量/光线传感器记录环境亮度）。如果检测到夜间，会以 60%的亮度促动驻车系统警告指示器。如果检测到日间，则会以 100%的亮度促动驻车系统指示器。

距离传感器根据行驶方向而激活，在向前行进的情况下，适当的车距传感器被激活用来监视前方区域以及角落区域。监视的前方区域最远为 100cm，监视后部区域最远为 120cm，如果车辆和障碍物的距离小于 20cm，那么由于技术原因，驻车系统无法再接收确定的数据。

案例 18

奔驰 GLA220 仪表显示变速箱故障

1. 故障现象

一辆奔驰 GLA220，底盘号为 LE4156947，装配 270 发动机，7 速双离合器变速箱，行驶里程 9km，此车是还未出售的新车，在做 PDI 检测时一切正常，但准备交车时发现仪表上出现白色报警，显示“变速箱故障”。

2. 故障分析及排除

接车后打开钥匙开关，仪表上立即出现“变速箱故障”的白色报警，如图 2-64 所示。但挂挡行驶正常，也没有任何顿挫感。

图 2-64　仪表上的报警

报警按照等级分为红色报警及白色报警，红色报警提示车辆存在安全隐患，不能进行正常驾驶。白色报警为故障提醒，车辆可以进行正常使用，但某些功能上存在故障，这些功能不会影响到车辆行驶安全。

连接诊断电脑进行快速测试，读取的故障码如图 2-65 所示，进一步对车辆相关功能进行检查时发现，当车辆没有启动时，把挡位置于“D”或“R”后，马上就会回到“P”挡，但启动后挂挡正常，除此之外，没有什么其他异常。

0B0900 部件“辅助机油泵”有故障 当前并且已存储

控制单元专用的环境数据

名称	首次出现	最后一次出现
实际挡位	空挡位置	空挡位置
目标挡位	挡位1	空挡位置
空心轴转速	0.00 1/min	0.00 1/min
内轴转速	0.00 1/min	0.00 1/min
离合器“K1”的压力	0.40bar	-0.20bar
离合器“K2”的压力	0.40bar	-0.20bar
变速箱的机油温度	55.00°C	56.00°C
供电电压	12.00V	12.00V
换挡杆滑阀	P	P
选挡杆位置	中间位置	SNV/Idle/Init
故障冻结数据	00 01 FF FF FF FF FF FF	00 01 FF FF FF FF FF FF
自控制单元启动或复位起的时间	20s	0s
发动机转速	1123.50 1/min	0.00 1/min

图 2-65　读取的故障码

根据故障码做引导检测，引导提示检查电动辅助机油泵的插头位置及连接是否正确和锁止，如果插头良好，就要更换电动辅助机油泵。

电动辅助机油泵的插头在变速箱内部，通过变速箱控制单元上的线束插头无法测量，于是就把变速箱控制单元连同阀体一起拆掉，检查了电动辅助机油泵的插头连接，正常，插针无松旷，其位置如图 2-66 所示。

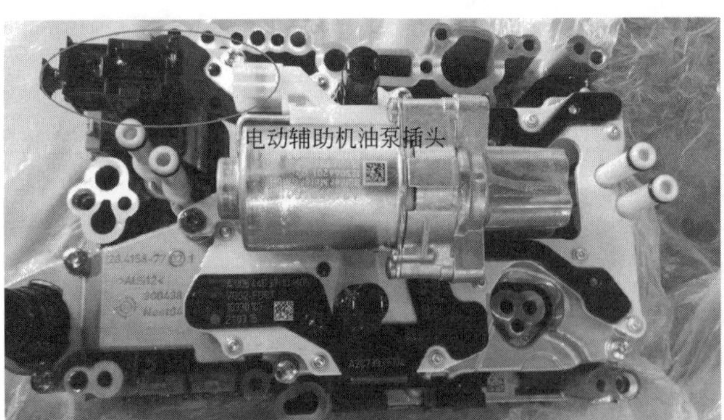

图 2-66　电动辅助机油泵安装位置

在发动机正常运转的情况下，电动辅助机油泵基本不起作用，所以可以挂挡行驶，而一旦发动机停止运转时，电动辅助机油泵没有工作，所以无法建立必要的油压，D 挡及 R 挡无法保持（自动回 P 挡），根据故障现象及故障引导检测的结果，可以判断是电动辅助机油泵自身损坏，于是把电动辅助机油泵更换掉，再次试车一切正常。

双离合器变速箱辅助油泵功能介绍

在内燃机运转的情况下，机油泵（初级泵）将机油传输至电控液压控制式双离合器变速箱，机油泵由齿轮组驱动。

电动辅助机油泵的主要任务分为以下几种情况。

① 在发动机转速低时支持初级泵。双离合器变速箱完全集成式变速箱控制单元在内燃机转速较低时（降挡，升挡，离合器操作）促动电动辅助机油泵，从而补偿初级泵的低传输油量并确保恒定的油压以及变速箱部件的最佳冷却和润滑。

② 在启动/停止模式下支持初级泵。在启动/停止模式下，所有促动器认定处于无负载默认状态，随后无法再进行换挡并且无法再促动双离合器，为了使启动请求和启动点之间的延迟最短，电动辅助机油泵会在实际启动步骤之前提供必要的油压。

③ 在离合器冷却过程中支持初级泵。在特定行驶条件（例如在上坡路上频繁地起步操作或带拖车行驶时）下，必须增加机油量以冷却双离合器，双离合器变速箱完全集成式变速箱控制单元根据双离合器处的变速箱油温计算所需量，容积流量的增加也是通过启用电动辅助机油泵来实现的。

案例 19

奔驰 G500 仪表显示分动箱故障

1. 故障现象

一辆新款奔驰 G500，底盘号为 WDC463234，装配 176 发动机，行驶里程 8970km，由于仪表上分动箱报警而救援拖回维修。

2. 故障分析及排除

接车后启动着车，仪表上立即出现“分动箱故障，请去特许服务中心”的红色报警，如图 2-67 所示。挂挡行驶正常（在厂区内试车），询问客户得知，正行驶中突然出现报警。当时车辆无法正常行驶，只好拖回维修。

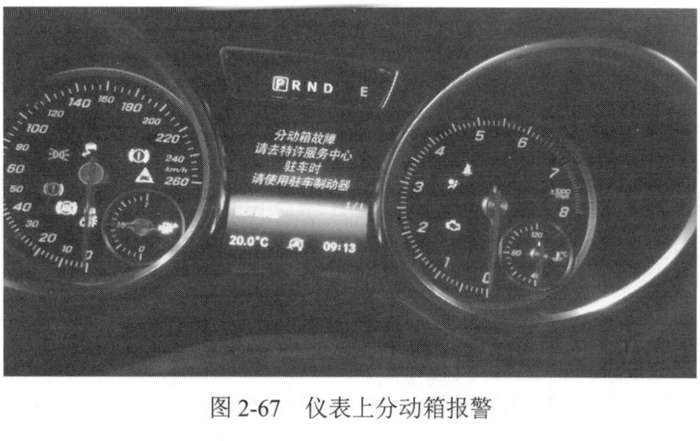

图 2-67　仪表上分动箱报警

尽管可以挂挡行驶，但仪表上的报警持续存在，于是连接诊断电脑进行快速测试，读取的故障码如图 2-68 所示。

N15/7 - 分动箱（VG）

梅赛德斯－奔驰硬件号	463 901 09 00	诊断标识	1/2
硬件版本	11/46	软件状态	12/51 01
供应商ID	3	供货商	Bosch
控制单元型号	BR463_Serie_0102	软件的梅赛德斯－奔驰件号（引导程序）	463 901 09 00
软件梅赛德斯－奔驰件号（代码）	463 902 72 00		

故障	文本	状态
P2935	从控制单元“N15/7（分动箱控制模块）”到部件“M46/2（分动箱伺服马达）”的电气导线断路	S
P294F	部件“M46/2（分动箱伺服马达）”上的动力消耗不可信	S
事件	文本	状态
P2903	未收到控制单元“Y3/8n4（全集成化变速箱控制的控制单元）”的控制器区域网络（CAN）信息	S

S=已存储

Y3/8n4 - 全集成化变速箱控制［启动离合器油压传感器（VGS）］

梅赛德斯－奔驰硬件号	000 901 71 00	梅赛德斯－奔驰软件号	000 000 00 00
梅赛德斯－奔驰软件号	000 902 34 27	梅赛德斯－奔驰软件号	000 000 00 00
诊断标识	000805	硬件版本	13/08 01
软件状态	10/44 01	软件状态	16/11 00
软件状态	04/82 00	引导程序软件版本	11/10 00
硬件供应商	Continental	软件供应商	Continental
软件供应商	MB	软件供应商	MB
控制单元型号	VGS40_000805h		

事件	文本	状态
U041400	接收到来自“分动箱”控制单元的不可信数据	S

S=已存储

图 2-68　读取的故障码

查找维修指导“TIPS”，发现有一个“TIPS”和此故障现象相同。需要对分动箱控制单元进行升级，然后对分动箱控制单元进行校准。校准的前提条件为：分动箱控制单元已编程，并且分动箱控制单元的供电正常，点火开关 ON，选挡杆必须处于位置“N”，不要操纵行车制动器，然后点“继续”进行校准。如果出现校准不成功，那么需要让车辆行驶一段距离，以释放传动系统的张紧力，然后再次校准。

按照要求对分动箱成功校准后，报警消失，进行试车一切正常。

案例 20

奔驰 C200 行驶中发闯

1. 故障现象

一辆奔驰 C200，底盘号为 LE4205142，装配 274 发动机，7 速自动变速箱，行驶里程 1160km，客户反映仪表上发动机故障灯亮，启停功能不能正常工作，并且有时行驶中发闯。

2. 故障分析及排除

接车后启动着车，仪表上无任何报警，进行路试也一切正常，并没有出现发闯现象。连接诊断电脑进行快速测试，发动机控制单元中没有任何故障码，变速箱控制单元中存在故障码，如图 2-69 所示。

故障码显示的含义为：变矩器锁止离合器的调压阀存在电气故障，与中央网关的通信存在故障。故障引导提示需与厂家技术部门进行反馈维修。经反馈沟通后，准备拆下变速箱阀体检查，当把阀体连同变速箱电脑一同拆下后，发现了问题所在，一个电磁阀的弹簧压片已经完全折断了，如图 2-70 所示，于是按照技术部要求更换四个弹簧压片及相关螺栓后，重新装复，试车，一切正常。

Y3/8n4 - Fully integrated transmission control (VGS) -F-

MB object number for hardware	000 901 71 00	MB object number for software	000 000 00 00
MB object number for software	000 902 11 27	MB object number for software	000 000 00 00
Diagnosis identifier	000805	Hardware version	13/08 001
Software version	10/44 001	Software version	15/20 000
Software version	04/82 000	Boot software version	11/10 000
Hardware supplier	Continental	Software supplier	Continental
Software supplier	MB	Software supplier	MB
Control unit variant	VGS4NAG2_VGS40_0008 05h		

Fault	Text			Status
P275900	The pressure regulating valve of the torque converter lockup clutch has an electrical fault. _			A+S
	Name	First occurrence	Last occurrence	
	Oil temperature of automatic transmission	8.00°C	45.00°C	
	Selector lever position	P	SNA	
	Actual gear	P	P	
	Target gear	P	P	
	Turbine speed	75.00 1/min	0.00 1/min	
	Transmission output speed	0.00 1/min	0.00 1/min	
	Battery voltage	11.30V	12.50V	
	Fault freeze frame data for the development department	20 37 02 64 02 D2 0F 04	01 31 00 00 00 00 00 00	
	Frequency counter	—	3	
	Main odometer reading	1050.00km	—	
	Number of ignition cycles since the last occurrence of the fault	—	40	
	Time elapsed since the ignition was switched on [s]	0.00s	0.00s	
Event	**Text**			**Status**
U014600	Communication with the central gateway has a malfunction			S

S=STORED, A+S=CURRENT and STORED

图 2-69　读取的故障码

图 2-70　折断的弹簧压片

案例 21

奔驰 S400 加速时前部传出“吱吱”响

1．故障现象

一辆奔驰 S400，底盘号为 WDD222165，装配 276 发动机，9 速自动变速箱，行驶里程 13770km，客户反映加速时前部传出“吱吱”响。

2. 故障分析及排除

接车后同客户一起路试验证故障现象，发现在低速行驶时，轻踩油门踏板时仪表台前部中间部位传出“吱吱”响，在车速较高时由于行驶噪声增加，“吱吱”响声几乎听不到。在原地踩油门踏板则听不到任何异响。

经询问客户得知，仪表台上从未放过饰件或者其他杂物，可以排除异物滑落到仪表台和防火墙之间的可能性。之后拆掉雨刮臂及雨刮电机，检查外部防火墙处无掉落的异物，但进行路试异响依然存在。只好逐个拆掉发动机舱内的部件，然后路试。当拆掉发动机舱内的加强铝架后，试车异响消失，如图 2-71 所示。怀疑是铝架和隔板结合面震动产生的异响，尝试在结合面上粘上一层毛毡后，试车异响消失。

图 2-71　故障点位置

案例 22

奔驰 GLC260 行驶中前部“哒哒”响

1. 故障现象

一辆奔驰 GLC260，底盘号 LE4253946，装配 274 发动机，行驶里程 20670km，客户反映车辆行驶在不平路面时前部“哒哒”异响。

2. 故障分析及排除

接车后同客户一起试车发现，行驶在颠簸路面时，左前部发出很大的“哒哒”声。经检查底盘上的悬挂部件未发现异常，但是检查发动机舱里的部件时发现左前减振器上部支座的胶套破裂，如图 2-72 所示。尝试更换减振器上部支座，试车异响消失。

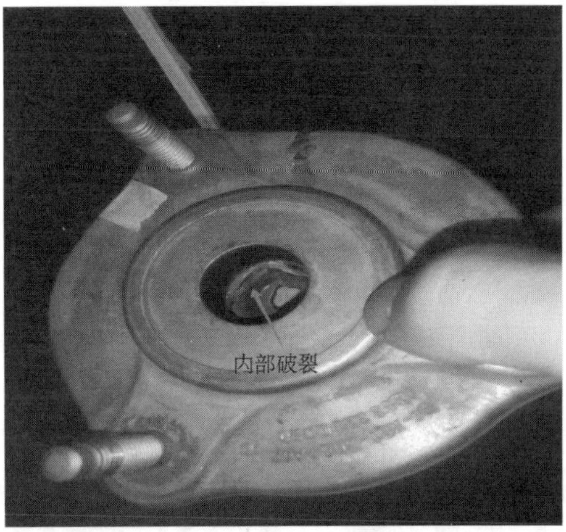

图 2-72　故障点位置

案例 23

奔驰 A200 左前轮异响

1．故障现象

一辆奔驰 A200，底盘号为 LE4177987，装配 282 发动机，双离合自动变速箱，行驶里程 9872km，客户反映跑高速时左前轮有异响。

2．故障分析及排除

接车后同客户一起试车，发现故障现象确实存在，在市区道路行驶时没有任何异常，车速在 90km/h 以上时，左前轮处发出“沙沙”响声，频率很高，在 130km/h 时更加明显，类似很多小石子甩到车轮内衬上的声音。举升车辆，检查底盘及悬挂部件，未发现任何磕碰损伤，紧固悬挂部件的固定螺栓也未发现松动。

由于其声音是从车轮处传出的，于是和其他车对调了四个车轮后试车，异响依然存在。检查轴承间隙，正常，未发现卡滞现象。查询“TIPS”，发现有一个类似的维修指导，是由于高速时车轮内衬和车身发生共振造成该异响。于是尝试在内衬边缘贴一层毛毡后试车，异响消失，故障点位置如图 2-73 所示。

图 2-73　故障点位置

Mercedes-Benz

第三章

车身电气故障案例

案例1

奔驰E260空调不制冷

1．故障现象

一辆奔驰为E260，底盘号为LE4212147，装配271涡轮增压发动机，自动空调系统，行驶里程约78670km，客户反映空调不制冷。

2．故障分析及排除

接车后启动着车，打开空调，空调按钮均能正常操作，但出风口一直出自然风。连接诊断电脑进行快速测试，空调控制单元内没有任何故障码，进入空调控制单元查看实际值，发现制冷剂压力为9.5bar，压缩机耗电量为0.88A，说明压缩机耗电量正常，但没有工作，如图3-1所示，奔驰车型在冷凝器处只有一个压力传感器，压缩机工作时，制冷剂压力一般在13bar以上。

气候控制系统

实际值

编号	名称	实际值	标准值
416	制冷剂压力	9.50bar	[0.00 .. 35.00]
882	B10/6 （蒸发器温度传感器）	40.10°C	[-40.00 .. 90.00]
285	部件“A9（制冷剂压缩机）”的耗电量	0.88A	[0.00 .. 1.00]
447	B14（外部温度传感器）	33.00°C	[-40.00 .. 80.00]
439	车外温度	32.50°C	
188	B10/4 （车内温度传感器）	36.60°C	[-40.00 .. 90.00]
557	N70b1 （带集成式风扇的车内温度传感器）	36.80°C	[-40.00 .. 90.00]
043	冷却液温度	97.00°C	[-40.00 .. 125.00]
194	发动机转速	747 1/min	

信息

图3-1　空调系统实际值

询问客户得知，在修理厂抽真空，加注制冷剂后空调依然不凉，然后就过来检查。根据维修经验，要首先检查压缩机，观察压缩机发现，压缩机皮带轮中间的螺栓不能跟着皮带轮一起旋转，把皮带拆掉，发现压缩机已经抱死，更换压缩机后，故障排除。

案例 2

奔驰 R350 空调不制冷

1．故障现象

一辆奔驰 R350，底盘号 WDC251166，装配 276 发动机，自动恒温空调系统，客户反映只要车辆在太阳下面暴晒之后，就会出现空调不制冷，仪表上显示的车外温度为 60℃左右，而实际车外温度只有 20℃左右。

2．故障分析及排除

接车后启动着车，打开空调，发现制冷正常，仪表上也无任何报警。连接诊断电脑进行快速测试，读取到空调控制单元的故障码，如图 3-2 所示。

KLA（自动恒温控制系统）- 自动空调 - f - i

MB 号码	HW 版本	SW 版本	诊断版本	插针
2518206089	06.28	13.18	2/40	101

FW 号码	FW 号码（数据）	FW 号码（Boot-SW）
2519022200		

编码	文本	状态
900C	B12（制冷剂压力传感器）：供电 > 5.1 V	已存储的
900D	B12（制冷剂压力传感器）：供电 < 4.9 V	已存储的
9201	B14（车外温度显示温度传感器）：对地短路	已存储的
920A	B32/3（双阳光传感器）：供电 > 5.1 V	已存储的
920B	B32/3（双阳光传感器）：供电 < 4.9 V	已存储的
9401	M2/6（左侧混合空气风门伺服电机）：LIN总线的通信故障	已存储的
9402	M2/7（右侧混合空气风门伺服电机）：LIN总线的通信故障	已存储的
9403	M2/12（后部封闭翻板伺服电机）：LIN总线的通信故障	已存储的
9404	M16/23（左侧中部出风口空气风门伺服电机）：LIN总线的通信故障	已存储的
9405	M16/24（右侧中部出风口空气风门伺服电机）：LIN总线的通信故障	已存储的
9406	M2/10（左侧脚部空间风门伺服电机）：LIN总线的通信故障	已存储的
9407	M2/11（右侧脚部空间风门伺服电机）：LIN总线的通信故障	已存储的
9408	M2/8（左侧除霜风门伺服电机）：LIN总线的通信故障	已存储的
9409	M2/9（右侧除霜风门伺服电机）：LIN总线的通信故障	已存储的
9501	M2/5（新鲜空气和空气内循环风门伺服电机）：LIN总线的通信故障	已存储的
9503	M2/21（后座区气体分配风门伺服电机）：LIN总线的通信故障	已存储的

事件	文本	状态
900F	端子30本地电压过高（电压>16V）	事件"已存储"

图 3-2　读取的故障码

询问客户得知，对于空调系统故障断断续续检查了好几次，故障出现时的持续时间很短，一会就消失了，所以来店检查时一切都正常。先后对空调控制单元进行升级，检查过空调系统的线路插头，最后还调换过车外温度传感器，都没有解决故障。

进入空调系统实际值，发现车外温度显示正常，为 15℃，多次打开和关闭空调，制冷也一直正常。打开空调大概有 5min，这时发现一个不正常的实际值。刚打开空调时，车内温度实际值显示为 2℃，但实际值会不断下降，一直下降到-7.5℃，而此时车内温度在 15℃左右，如图 3-3 所示。

控制单元: KLA8

编号	名称	实际值	单位
150	车内温度	-7.5	℃
151	车外温度	15.0	℃
152	前部蒸发器温度	1.5	℃
153	后部蒸发器温度	14.5	℃
156	制冷剂压力	13.5	bar
165	对部件A9（制冷剂压缩机）的要求	47	%
210 CAN	冷却液温度	90	℃
209 CAN	发动机转速	607	1/min
169	Y67（后座空调制冷剂单向阀）	关闭/打开	
207	M13（热水循环泵）	关闭/打开	
211	压缩机状态或压缩机关闭的原因	打开	

图 3-3　不正常的实际值

根据维修经验推断，空调控制单元报系统内所有传感器和执行器的故障码，并且自身实际值都显示混乱，说明空调控制单元自身损坏，更换空调控制单元后，实际值可以正常显示，试车一切正常，故障排除。

案例 3

奔驰 S300 空调不制冷

1．故障现象

一辆奔驰 S300，底盘号为 WDD221154，装配 272 发动机，7 速自动变速箱，自动空调系统，客户反映打开空调后，副驾驶侧脚坑出风口出热风，而在冬天使用暖风时，该出风口又出凉风。

2．故障分析及排除

接车后打开空调，发现空调系统制冷正常，左侧及中间出风口都很凉，右侧脚坑出风口出的风很热。结合系统原理及维修经验判断，可以排除制冷剂缺少、压缩机不工作等原因。连接诊断电脑进行快速测试，空调控制单元内无任何故障码。进入实际值，发现右侧脚坑出风口温度传感器到达 65.3℃，很显然不正常，如图 3-4 所示。

于是准备对右侧脚坑出风口温度传感器及其线路进行检查，拆掉右侧脚坑饰板，检查脚坑温度传感器，没有发现损坏痕迹，插头也未发现松旷、腐蚀等异常现象。在测量线路时，发现实际线路的颜色和电路图上显示的不一致，顺着线路往上找，把杂物箱拆掉，发现了问题所在，原来脚坑温度传感器和仪表台上的右侧出风口温度传感器插反了，两个插头形状一样，导致空调控制单元接收了错误的温度信号。把插头重新装好后，实际值能够正常显示，温度调节一切正常。

温度传感器

控制单元：KLA9			
编号	**名称**	**实际值**	**单位**
018	温度左侧侧面出风口	29.3	℃
019	温度右侧侧面出风口	10.6	℃
020	温度左侧脚部空间喷嘴	20.4	℃
021	温度右侧脚部空间喷嘴	65.3	℃
022	车内温度	22.3	℃
023	车外温度（已计算）	12.6	℃
003 CAN	车外温度（原始值）	54.5	℃
025	蒸发器传感器	4.2	℃

图 3-4　不正常的实际值

案例 4

奔驰 E260 空调系统不正常

1．故障现象

一辆奔驰 E260，底盘号为 LE4212147，装配 271 发动机，7 速自动变速箱，自动空调系统，客户反映最近几天空调系统不正常，出的风忽冷忽热。

2．故障分析及排除

接车后启动着车，打开空调，空调制冷正常，询问客户得知，空调系统在正常工作时，工作台上两边的出风口突然就出了热风，中间两个出风口还不出风。出现故障时，空调面板上的按键都能正常操作，但出风模式不受控制。几分钟后又正常了，出现的很频繁，2h 左右就出现一次。连接诊断电脑进行快速测试，读取到空调控制单元中的故障码，如图 3-5 所示。

N22/7 - 空调 (KLA)

梅赛德斯－奔驰硬件号	212 830 47 00	梅赛德斯－奔驰软件号	212 902 74 06
诊断标识	00011C	硬件版本	11/40 00
软件状态	12/40 01	引导程序软件版本	12/03 128
硬件供应商	Hella	软件供应商	Hella
控制单元型号	ECE_Kanada_2_Zonen_B_Muster_28		

故障	文本	状态
D00800	局域互联网络（LIN）总线1存在故障	S
912B49	冲压空气风门/空气内循环风门伺服电机存在故障。 存在一个内部电气故障	S
90A949	右侧混合空气风门 伺服电机存在故障。 存在一个内部电气故障	S
917849	空气分配风门 伺服电机存在故障。 存在一个内部电气故障	S
90F749	“左侧除霜出风口”空气风门 伺服电机存在故障。 存在一个内部电气故障	S
90A249	左侧混合空气风门 伺服电机存在故障。 存在一个内部电气故障	S
90A987	右侧混合空气风门 伺服电机存在故障。 信息缺失	S
90F787	“左侧除霜出风口”空气风门 伺服电机存在故障。 信息缺失	S
917887	空气分配风门 伺服电机存在故障。 信息缺失	S
90A287	左侧混合空气风门 伺服电机存在故障。 信息缺失	S

S=已存储

图 3-5　读取的故障码

故障码中报了 LIN 总线及所有风门电机的故障码，这款车的风门电机都是靠 LIN 线控制的，根据功能原理及维修经验，要重点检查 LIN 总线系统。首先利用诊断电脑对第一个故障码进行引导检测，引导提示检查局域互联网 LIN 总线导线连接，并依次断开局域互联网 LIN 总线的参与部件，然后检查故障状态，检测结束。对其他故障码进行引导检测，诊断电脑提示部件可能没有安装，忽略故障码，删除故障记忆。

故障引导并没有提供可靠、有用的信息及方向。只有根据空调及LIN总线的系统原理进行检查。大概过了半个小时后，故障现象再次出现了，进入空调系统实际值，发现制冷剂压力正常，压缩机耗电量正常，但蒸发箱温度传感器的实际值很高，如图3-6所示。尝试利用诊断电脑做制冷剂回路检测，诊断电脑提示测量蒸发箱温度传感器的阻值，实际测量为2690Ω，引导提示将制冷剂抽出并按标准量重新加注，检测结束。按照要求抽出制冷剂，并按照标准量重新加注后，故障依然存在。

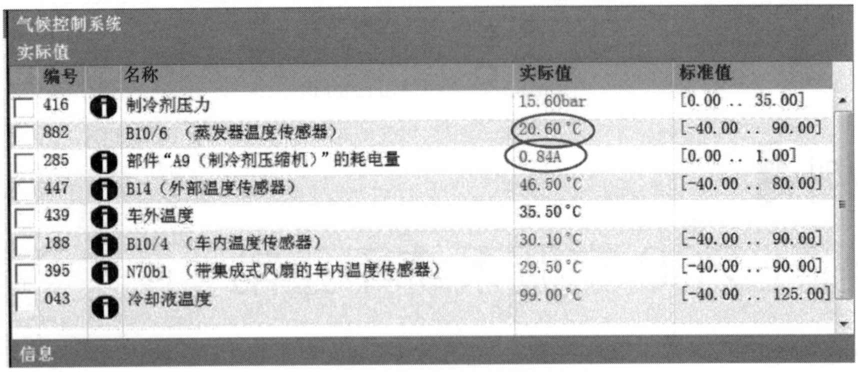

气候控制系统

实际值

编号	名称	实际值	标准值
416	制冷剂压力	15.60bar	[0.00 .. 35.00]
882	B10/6 （蒸发器温度传感器）	20.60 °C	[-40.00 .. 90.00]
285	部件“A9（制冷剂压缩机）”的耗电量	0.84A	[0.00 .. 1.00]
447	B14（外部温度传感器）	46.50 °C	[-40.00 .. 80.00]
439	车外温度	35.50 °C	
188	B10/4 （车内温度传感器）	30.10 °C	[-40.00 .. 90.00]
395	N70b1 （带集成式风扇的车内温度传感器）	29.50 °C	[-40.00 .. 90.00]
043	冷却液温度	99.00 °C	[-40.00 .. 125.00]

信息

图3-6　空调系统实际值

此时用手触摸空调低压管路，很凉，说明压缩机正常工作，只是没有吹出凉风，故障点在于室内风门的控制上。

故障现象持续几分钟后，系统又一切正常。于是找出空调系统电路图，如图3-7所示。分析LIN总线走向及部件连接。在电路图中看出，LIN总线信号从空调控制单元发出后，一分为二：一路去了辅助加热器（这款车没有此配置）；另一路依次通过除霜风门电机，空气分配风门电机，左侧混合空气风门电机，右侧混合空气风门电机，最后结束于内外循环风门电机。

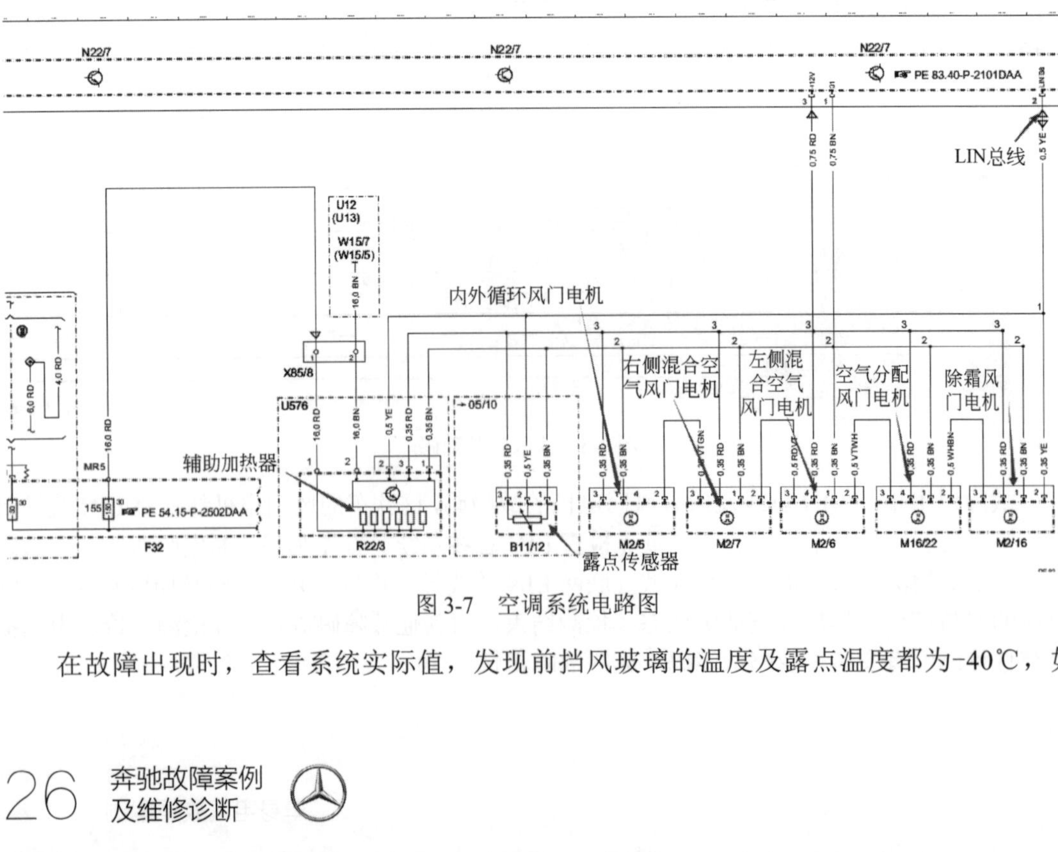

图3-7　空调系统电路图

在故障出现时，查看系统实际值，发现前挡风玻璃的温度及露点温度都为-40℃，如

图 3-8 所示，显然不正常。其实际值也是靠 LIN 总线传输的，怀疑是这个传感器有故障，造成系统紊乱，以为故障点找到了，当把传感器上的插头拔掉后，发现空调依然不正常。

B82 （车内湿度/温度传感器）

实际值

编号	名称	实际值	标准值
845	相对空气湿度	0.00%	[0.00 .. 100.00]
214	前挡风玻璃的温度	-10.00°C	
368	露点	-40.00°C	

图 3-8　不正常的实际值

当故障出现时，实际测量 LIN 总线电压为 2.6V 左右，不正常。怀疑 LIN 总线有短路或者接触不良的地方。正常情况下，如果某个风门电机出现故障，那么此风门电机以后的部件都不能正常工作，而前面的风门电机都可以工作，把故障码的顺序与风门电机电路图进行比较，并没有规律性，只好逐个检查风门电机，空气分配风门电机（控制中间两个出风口）比较好拆卸，于是就先把空气分配风门电机拆掉，测量 LIN 总线阻值为 0.6Ω，正常。接下来相对比较容易检查的是两个混合空气风门电机，当把两个电机插头拔掉后，发现了问题所在，两个风门电机插头上都有进水痕迹，如图 3-9 所示。究其原因，是蒸发箱壳体温度较低，冷凝水长时间形成水滴，进入插头里面。于是把插头吹干，并把插头进行防水处理后，清除故障码，系统恢复正常。

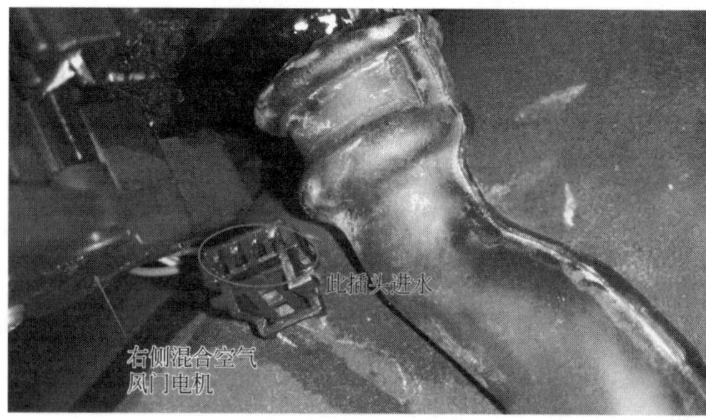

图 3-9　进水的插头

LIN 总线是单线总线系统，与其他总线系统相比，区域网络连接（LIN）总线的传输速度较慢。多用在多功能方向盘与转向柱模块之间以及空调系统内。同样，它还可用在高位控制板控制单元和低位控制板控制单元之间，以及高位控制板控制单元与旋转式照明开关之间。

由于 LIN 总线为串联连接，当某处 LIN 总线断路时就会影响到整个 LIN 总线的正常工作。LIN 总线的工作特性为单线双向，当正常工作时，工作电压为 7～11V，而当断路时，LIN 总线上的电压就要接近电源电压。

案例 5

奔驰 E300 空调系统不正常

1. 故障现象

一辆奔驰 E300，底盘号为 LE4213148，装配 274 发动机，行驶里程 12130km，客户反映仪表台上中间两个空调出风口不出风。

2. 故障分析及排除

接车后首先和客户一起验证故障现象，启动着车并打开空调，发现仪表台两侧的出风口正常，空调制冷也正常。但是仪表台上中间的两个出风口无论怎么调节，都不会出风。

连接诊断电脑进行快速测试，读取到空调控制单元的故障码，如图 3-10 所示。

N22/1 - 空调 (KLA)　　F

梅赛德斯一奔驰硬件号	000 901 76 06	梅赛德斯一奔驰软件号	000 902 35 43
诊断标识	008229	硬件版本	15/50 002
软件状态	17/17 001	引导程序软件版本	16/04 001
硬件供应商	Hella	软件供应商	Hella
控制单元型号	HVAC222_HVAC_HSW06P1		

故障	文本	状态
B109F07	“除霜出风口/中间出风口/脚坑出风口”空气分配风门促动电机存在功能故障。 存在一个机械故障	S
B109F87	“除霜出风口/中间出风口/脚坑出风口”空气分配风门促动电机存在功能故障。 信息缺失	S
B10A287	左侧混合空气风门 伺服电机存在故障。 信息缺失	S
B10A987	右侧混合空气风门 伺服电机存在故障。 信息缺失	S
B112787	空气质量传感器存在故障。 信息缺失	S
B113600	空气风门 伺服电机的测量行驶存在故障	A+S
B1A8A87	“芳香系统”控制单元功能故障。 信息缺失	A+S
B1A9287	“电离器”控制单元存在功能故障。 信息缺失	A+S
U103B00	局域互联网（LIN）总线3存在功能故障	S
U151300	“空调”和“仪表盘”控制单元之间的通信存在功能故障	A+S

S=已存储，A+S=当前并且已存储

图 3-10　读取的故障码

经询问客户得知，原车并没有装配香氛系统，客户在外面加装了香氛系统后，使用空调时就发现中间两个出风口不会出风了。由于原车没有香氛系统，所以空调控制单元内也不会存储香氛方面的故障码，但是在该车的故障码中可以看出，报了芳香系统控制单元功能故障及电离器控制单元存在功能故障的故障码，说明加装香氛系统后，刷机过空调控制单元软件。初步推测是由于空调控制单元系统紊乱，从而不能通过 LIN 总线控制风门促动电机进行调节。

首先尝试和正常车辆调换了空调控制单元，但是发现故障依旧。对风门促动电机进行标准化学习，但是不成功。于是利用诊断电脑对 M2/14（除霜风门/脚部位置风门/中部喷嘴风门促动电机）进行激活，但是发现实际值一直为 0%，并且不会变化，如图 3-11 所示。

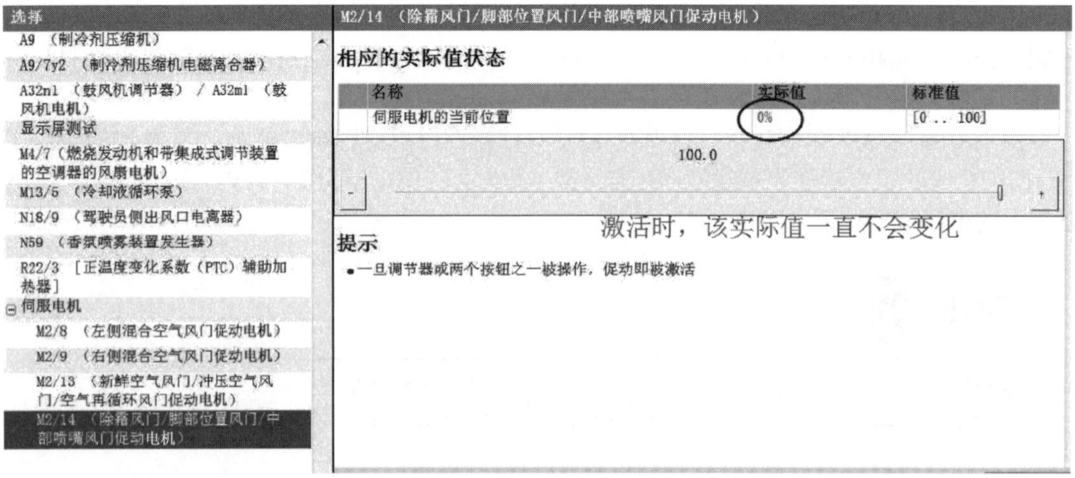

图 3-11　激活时不正常的实际值

查看风门促动电机的实际值，发现 M2/14 的实际值不正常，如图 3-12 所示。

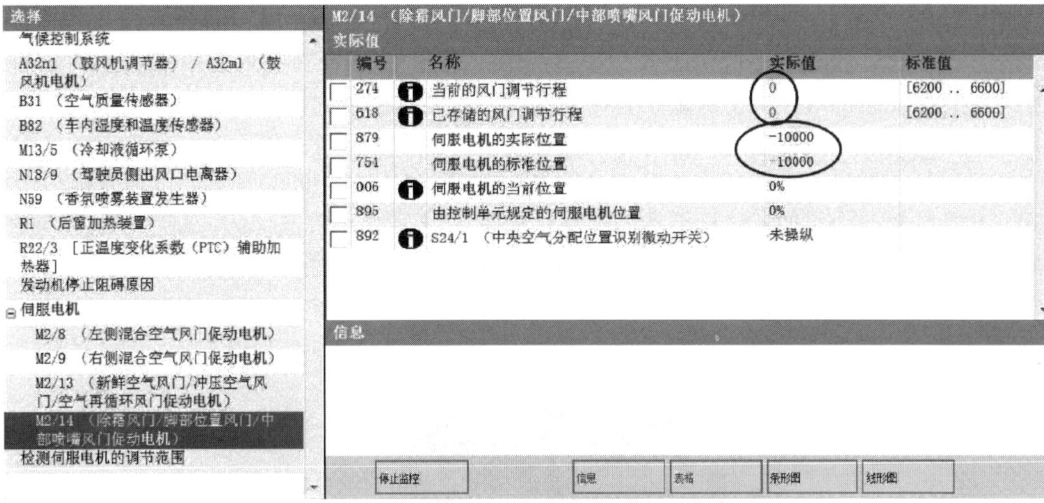

图 3-12　不正常的实际值

通过查阅相关电路图得知，该车装配的自动空调系统共有四个风门促动电机，分别为 M2/8（左侧混合空气风门促动电机），M2/9（右侧混合空气风门促动电机），M2/13（新鲜空气风门促动电机），M2/14（除霜风门/脚部位置风门/中部喷嘴风门促动电机）。从电路图（图 3-13）中可以看出，四个风门促动电机共用了供电和搭铁，并通过节点分配到四个风门促动电机。N22/1（空调系统控制单元）通过 LIN 总线对四个风门促动电机进行控制，LIN 总线从 N22/1 出来后，依次经过 M2/13、M2/14、M2/8、M2/9 后，又回到了 N22/1。根据 LIN 总线的控制特性，如果系统中某个风门促动电机出现故障或 LIN 总线断路，那么该风门电机之后的风门电机将不能正常工作，但是该风门电机之前的线路将不受影响。

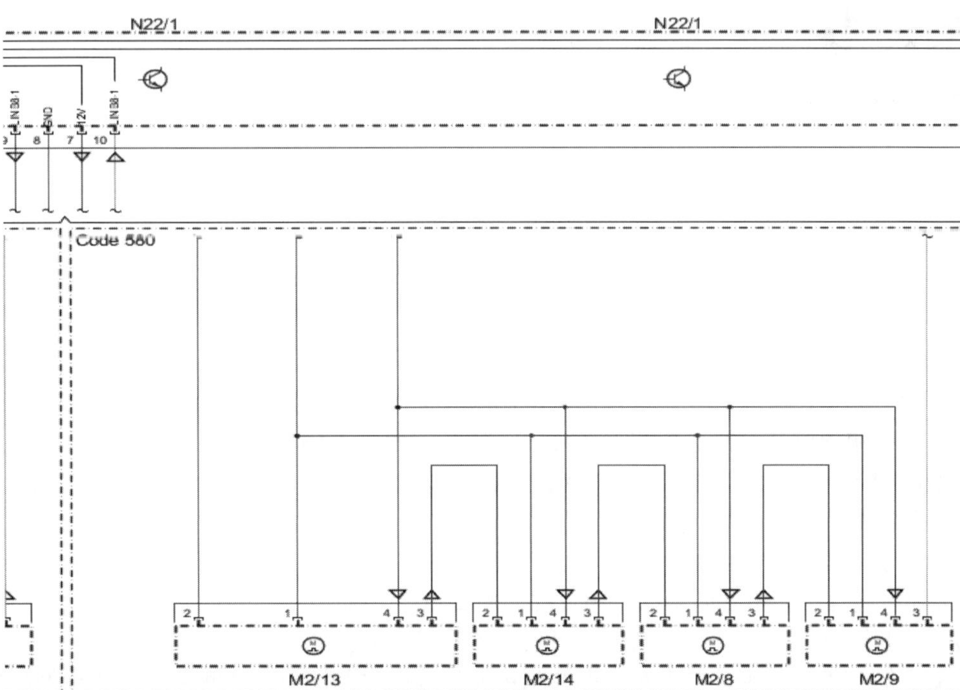

图 3-13　风门促动电机的电路图

根据维修经验并结合系统原理，M2/14 处于 LIN 总线的中间位置，而其前后风门促动电机都能正常工作，说明该车的故障并非线路故障，而是 M2/14 风门促动电机的机械故障。M2/14 的位置比较隐蔽，位于蒸发箱壳体的右侧，需要拆掉杂物箱才能看到。于是把杂物箱拆掉，然后又把该风门促动电机拆掉仔细进行检查，终于发现了故障所在。原来，该风门促动电机通过相互转换同时控制除霜风门、仪表台上两个中间风门和脚部风门，而实现三个风门相互转换的是一个类似三连杆结构的部件，如图 3-14 所示。究其原因，是在加装香氛时，碰到了该部件（旁边是加装的香氛管路），造成其中一个连杆脱槽，从而造成三个连杆机构卡死无法调节。对脱槽部位恢复后，空调系统出风正常，故障排除。

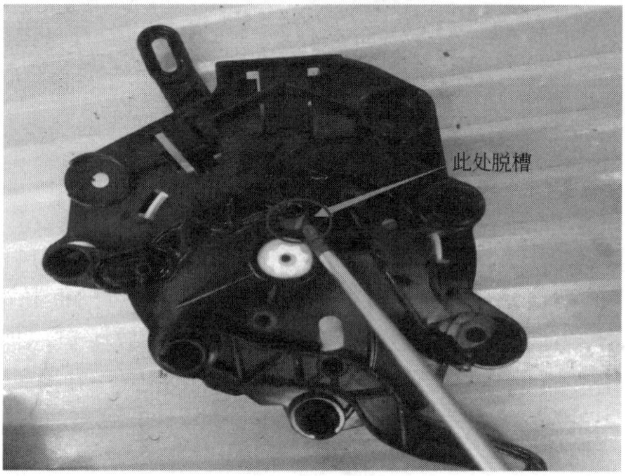

图 3-14　故障点位置

案例 6

奔驰 GL350 空调系统不正常

1．故障现象

一辆美规奔驰 GL350，底盘号为 4JG164825，装配柴油 642 发动机，自动空调系统，行驶里程 59040km，客户反映空调系统不正常。

2．故障分析及排除

接车后启动着车，打开空调，发现空调系统工作正常，空调面板上的按键均能正常操作。但是把空调关闭后，鼓风机还是一直工作，熄火并拔出钥匙，鼓风机也不会停止转动。连接诊断电脑进行快速测试，读取到空调系统的故障码，如图 3-15 所示。

从故障码中可以看出，报了 LIN 总线通信故障及所有风门电机的故障码。根据故障现象及维修经验判断，应重点对线路进行检测。首先对 LIN 总线的故障码进行引导性检测，但是故障引导提示“依次断开局域互联网（LIN）总线的参与部件并检查故障状态，检测结束”。显然，故障引导并不能指示明确的方向及提供解决方案。风门电机及线路又处于仪表台里面，如果逐个断开进行检测，势必又增加了很大的工作量，并且花费时间也很长。

本着由简到繁的原则，首先对空调控制单元的线路进行测量，经测量发现供电及搭铁都正常，接着对 CAN B 进行测量，此车的 CAN B 为低速 CAN ，其他的大部分车型都为高速

CAN。实际测得 CAN L 为 0.9V，CAN H 为 4.0V，也正常。既然空调面板上的按键操作正常，怀疑是系统内部紊乱，从而一直控制鼓风机工作，于是对空调控制单元进行升级，但故障依旧。

KLA(自动恒温控制系统) - 自动空调				- F -
MB 号码 2518206389	HW 版本 07.14	SW 版本 09.37	诊断版本 6/39	插针 101
FW 号码 2519021300	FW 号码(数据)	FW 号码(Boot-SW)		

编码	文本	状态
9108	B10/36（右侧脚部空间温度传感器）：断路	已存储的
9401	M2/6（左侧混合空气风门伺服电机）：LIN总线的通信故障	当前的和已存储的
9402	M2/7（右侧混合空气风门伺服电机）：LIN总线的通信故障	当前的和已存储的
9403	M2/12（后部封闭翻板伺服电机）：LIN总线的通信故障	当前的和已存储的
9404	M16/23（左侧中部出风口空气风门伺服电机）：LIN总线的通信故障	当前的和已存储的
9405	M16/24（右侧中部出风口空气风门伺服电机）：LIN总线的通信故障	当前的和已存储的
9406	M2/10（左侧脚部空间风门伺服电机）：LIN总线的通信故障	当前的和已存储的
9407	M2/11（右侧脚部空间风门伺服电机）：LIN总线的通信故障	当前的和已存储的
9408	M2/8（左侧除霜风门伺服电机）：LIN总线的通信故障	当前的和已存储的
9409	M2/9（右侧除霜风门伺服电机）：LIN总线的通信故障	当前的和已存储的
9501	M2/5（新鲜空气和空气内循环风门伺服电机）：LIN总线的通信故障	当前的和已存储的
9503	M2/21（后座区气体分配风门伺服电机）：LIN总线的通信故障	当前的和已存储的
9601	LIN总线故障：处于有效电压范围以外	当前的和已存储的
9602	LIN总线故障：接地电位不在有效范围	已存储的
9603	B11/12（露点传感器）：LIN总线的通信故障	当前的和已存储的
9604	N33/4［PTC（正温度系数）辅助加热器］：LIN总线的通信故障	已存储的
9606	鼓风机（前部）：LIN总线的通信故障	已存储的

图 3-15　读取的故障码

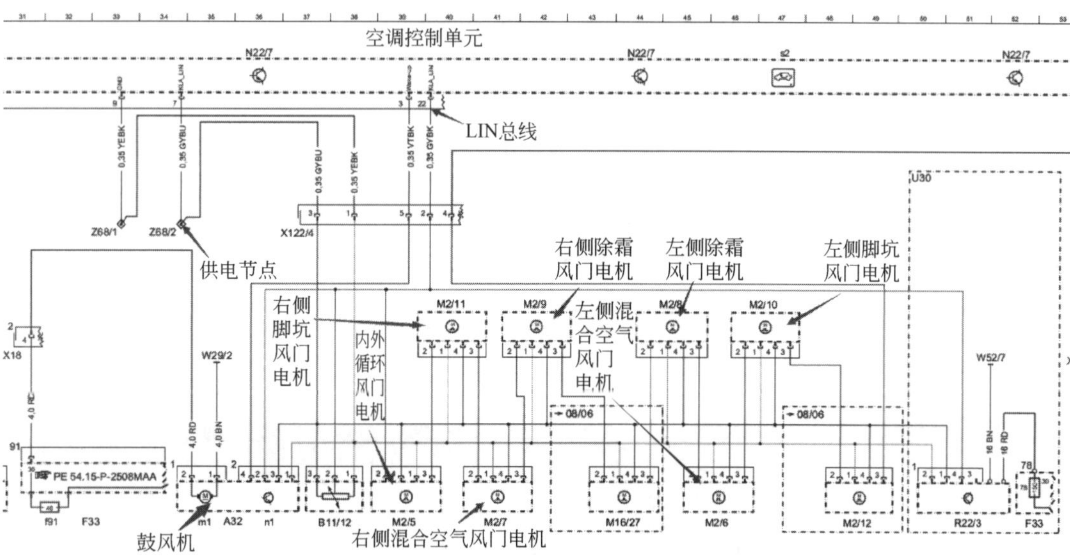

图 3-16　空调系统风门电机电路图

接下来准备对 LIN 总线进行测量，从电路图（图 3-16）中看出，LIN 总线从空调控制单元发出后，依次经过了内外循环风门电机，右侧脚坑风门电机，右侧混合空气风门电机，右侧除霜风门电机，分流风门电机，左侧除霜风门电机，左侧混合空气风门电机，左侧脚坑风门电机等，采取了串联的方式连接。正拆两侧脚坑饰板的时候，客户来车间询问检查情况（当时是晚上，客户急着走）。在与客户的沟通中得知，车辆在外面的维修店清洗空调后才出现此故障，之前一直使用正常。于是准备先检查拆卸过的地方，看是否有相关部件未装复到位。拆掉右前脚坑饰板后发现，CAN B 分配器进水腐蚀了，尽管测量 CAN B 的电压正常，如果测量其波形，应该会出现异常。由于客户赶时间，波形及 LIN 总线都没来得及测量。尝试对分配器清洗后，重新装复，空调系统恢复正常。

案例 7

奔驰 GLK300 空调系统不正常

1．故障现象

一辆奔驰 GLK300，底盘号为 LE4204981，装配 272 发动机，行驶里程 8990km，客户反映最近一段时间在用暖风时，仪表台上右侧两个出风口一直出凉风。

2．故障分析及排除

接车后首先验证故障现象，启动着车，空调面板上各个按钮操作正常，此车装配的是自动空调系统，仪表台上共有四个出风口，发现右侧两个出风口无论怎么调节，都一直出凉风，左侧两个出风口出热风。同时，马鞍台后面有两个出风口，右侧的出风口也一直出凉风。连接诊断电脑，读取到空调控制单元中存在故障码，如图 3-17 所示。

自动恒温控制系统（KLA） - 空调 (N22/7) F

梅赛德斯－奔驰硬件号	204 901 18 04	梅赛德斯－奔驰软件号	204 902 15 03
诊断标识	000221	硬件版本	10/38 00
软件状态	12/20 00	引导程序软件版本	12/05 00
硬件供应商	Continental	软件供应商	Continental
控制单元型号	ECE_Kanada_2_Zonen_33		

故障	文本	状态
90A907	右侧混合空气风门 伺服电机存在故障。 存在一个机械故障	A+S

A+S=当前并且已存储

图 3-17　读取的故障码

进入控制单元查看故障计数器为 1 次，于是根据故障引导检查促动电机的调整范围，检测的前提条件为蓄电池电压必须处于 12.5～14.5V，外部温度传感器及车内温度传感器的实际值大于 10℃。但发现风门调节的实际值位于标准范围之外，如图 3-18 所示。对各风门电机进行成功标准化后，故障码由当前变为存储，清除故障码后，发现右侧出风口慢慢变为了热风。

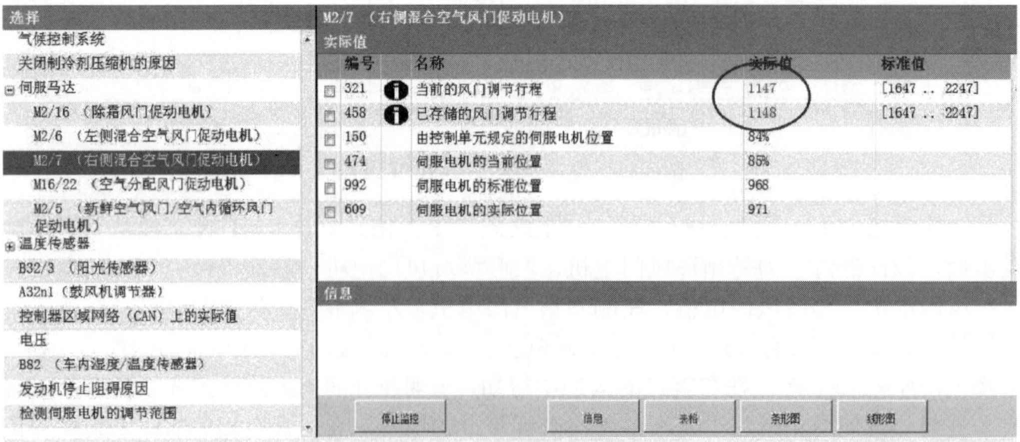

图 3-18　不正常的实际值

本以为故障就此解决了，但通过对比发现，右侧两个出风口明显比左侧两个出风口温度低，温差较大。此时，控制单元内无故障码，风门伺服电机实际值在正常范围内。进入激活功能激活右侧伺服电机，可在 0～100%之间正常变化。怀疑风门电机存在卡滞，准备拆掉风门电机进行检查，当对风门电机进行断电后，再次试车，暖风系统恢复正常，故障排除。

案例 8

奔驰 C200 空调不正常

1．故障现象

一辆奔驰 C200，底盘号为 LE4205142，装配 274 发动机，7 速自动变速箱，自动空调系统，客户反映空调出风不正常。

2．故障分析及排除

接车后启动着车，打开空调，发现左侧出风口出热风，把温度调到最低也没反应，而右侧出风口调节正常。

连接诊断电脑进行快速测试，读取到空调控制单元中的故障码，如图 3-19 所示。

N22/1 - Air conditioning (AAC) —F—

MB object number for hardware	205 901 20 04	MB object number for software	222 902 55 09
Diagnosis identifier	008218	Hardware version	12/25 000
Software version	14/19 000	Boot software version	13/04 000
Hardware supplier	Hella	Software supplier	Hella
Control unit variant	HVAC222_HVAC_Rel_23_0		

Fault	Text			Status
B10A207	The actuator motor for the left blend air flap has a malfunction. There is a mechanical fault			A+S
	Name	First occurrence	Last occurrence	
	Frequency counter	—	255.00	
	Main odometer reading	19984.00km	28528.00km	
	Number of ignition cycles since the last occurrence of the fault	—	0.00	

A+S=CURRENT and STORED

图 3-19 读取的故障码

故障码显示的含义为“左侧混合空气风门伺服电机存在故障，存在一个机械故障”。接着检测左侧混合空气风门电机的调整范围，发现风门调节行程处于标准范围之外，并且在调节时实际值不会变化，如图 3-20 所示。

M2/8 （左侧混合空气风门促动电机）

实际值

编号		名称	实际值	标准值
254	i	当前的风门调节行程	8000	[1020 .. 1420]
061	i	已存储的风门调节行程	1259	[1020 .. 1420]
672		伺服电机的实际位置	0	
338		伺服电机的标准位置	0	
341	i	伺服电机的当前位置	0%	
296		由控制单元规定的伺服电机位置	0%	

图 3-20 不正常的实际值

混合空气风门电机是用两个螺栓固定在蒸发箱壳体上的，在工作台里面，位置比较隐蔽，只好把左侧脚坑饰板拆掉，检查左侧混合空气风门电机，最终发现风门翻板的轴折断了，如图 3-21 所示，更换蒸发箱壳体后，故障排除。

图 3-21　故障点位置

案例 9

奔驰 ML350 空调不出风

1．故障现象

一辆奔驰 ML350，底盘号为 WDC166057，装配 276 自然吸气发动机，7 速自动变速箱，行驶里程 96078km，客户反映空调不出风。

2．故障分析及排除

接车后和客户一起验证故障现象，打开空调，发现空调面板上的按键都能正常操作，但是鼓风机不能转动。连接诊断电脑进行快速测试，在空调控制单元中存在两个故障码：912F49——前部鼓风机调节器存在故障，存在一个内部电气故障；912F87——前部鼓风机调节器存在故障，信息缺失。

根据故障码判断，鼓风机和调节器损坏的可能性比较大，由于当时是晚上，客户要求先处理一下，等有时间再来检查。于是从其他同款车上调换了 1 个鼓风机调节器，装上试车，鼓风机工作正常，谁知再把原车的鼓风机调节器装上，鼓风机工作也正常了。由于客户急着回家，于是就和客户沟通，先把车开走，观察使用。

谁知第二天客户再次进厂维修，依然反映鼓风机不会转。于是拆掉鼓风机下方饰板，并根据电路图对调节器进行测量。从电路图（图 3-22）上可以看出，鼓风机调节器插头上共有四根线，两根线到鼓风机，一根线是来自 N22/7（空调控制与操作单元）的 LIN 总线，另一根线是来自熔丝盒 F33 的供电。实际测量 LIN 总线电压为 10.2V，正常，一般用万用表测量 LIN 总线电压为 7～11V。但测量供电为 4V，正常应为 12V，显然不正常。

F33 熔丝盒位于右前座椅下方，蓄电池的侧面，于是把座椅拆掉，检查 F33 熔丝盒，无进水腐蚀痕迹，检查 f32 熔丝也正常。用万用表测量熔丝到鼓风机调节器之间的阻值，发现存在断路。电路图上显示，该线束经过了一个插头 X18，该插头位于右前地毯下方，于是把地毯拆掉，检查该插头发现已烧蚀，如图 3-23 所示。把插头更换掉，再次试车一切正常（一般插头出现烧蚀都是由于用电设备电流过大引起的，已建议客户更换鼓风机及调节器）。

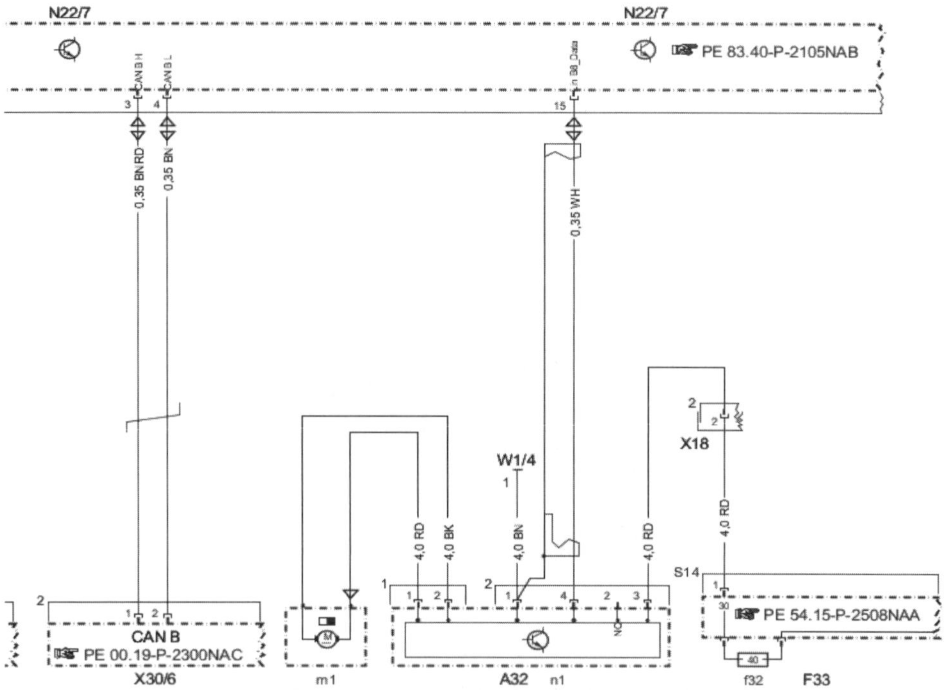

图 3-22　鼓风机电路图

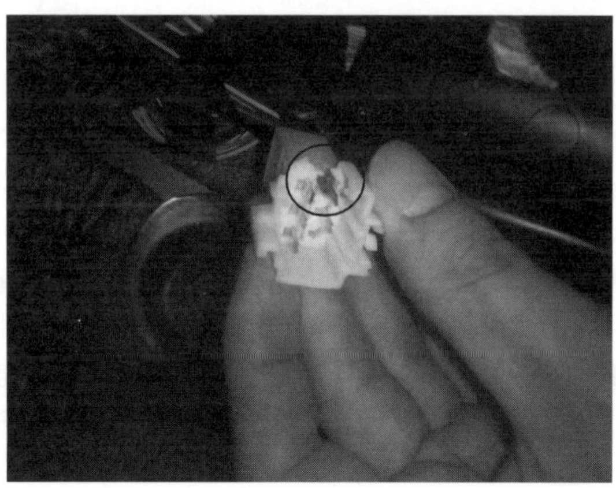

图 3-23　烧蚀的插头

案例 10

奔驰 E200 环境照明灯不亮

1. 故障现象

一辆奔驰 E200，底盘号为 LE4213142，装配 274 发动机，9 速自动变速箱，行驶里程 9901km，客户反映仪表台左侧的环境照明灯不亮。

2．故障分析及排除

接车后和客户一起验证故障现象，启动着车，发现仪表台左侧的环境（氛围灯）照明灯不亮，尝试调节颜色和亮度都没有反应，而车内其他环境照明灯都正常，故障点如图 3-24 所示。该车装配的是 64 色环境照明灯，任一车门打开后，环境照明灯控制单元就会以 100% 的亮度促动环境照明灯，当锁止车辆 3s 后停用环境照明灯。

图 3-24　故障点位置

连接诊断电脑进行快速测试，读取的故障码如图 3-25 所示。

U112887　与局域互联网（LIN）总线7上的一个或多个彩色生成和接合模块的通信存在功能故障。信息缺失　　已存储

依次出现的辅助信息

名称	首次出现	最后一次出现
频率计数器	—	255.00
总行驶里程	2048.00km	9888.00km
运行周期计数器	—	1.00

图 3-25　读取的故障码

首先根据故障码做引导性检测，故障引导提示控制单元 N162（环境照明灯系统控制单元）未损坏，不允许更换。如果至少有一个局域互联网（LIN）总线用户没有接收到信息，则设置该故障码。故障引导并不能提供可靠、有效的解决方案，于是只能根据系统原理进行检查。

该车的环境照明灯共分为 7 条 LIN 总线，如图 3-26 所示。而此处有故障的环境照明灯位于 LIN 总线 7 上，LIN 总线 7 上共有 10 个用户，查看实际值都是准备就绪，正常。根据维修经验及系统原理，只有某个环境照明灯不亮，说明是该处环境照明灯损坏，于是更换环境照明灯后（环境照明灯不能单个更换，和线束一起提供）试车，正常，故障排除。

选择
总线系统
局域互联网（LIN）总线 1 ：左侧前车门
局域互联网（LIN）总线 2 ：右侧前车门
局域互联网（LIN）总线 3 ：左侧后车门
局域互联网（LIN）总线 4 ：右侧后车门
局域互联网（LIN）总线 5 ：仪表盘，中央控制台
局域互联网（LIN）总线 6 ：中音扬声器
局域互联网（LIN）总线 7 ：仪表板，脚坑，中央控制台中的杯座

局域互联网（LIN）总线 7 ：仪表板，脚坑，中央控制台中的杯座

实际值

编号	名称	实际值
724	局域互联网（LIN）总线用户数量	10
257	局域互联网（LIN）总线用户 1	准备就绪
080	局域互联网（LIN）总线用户 2	准备就绪
760	局域互联网（LIN）总线用户 3	准备就绪
495	局域互联网（LIN）总线用户 4	准备就绪
533	局域互联网（LIN）总线用户 5	准备就绪
303	局域互联网（LIN）总线用户 6	准备就绪
205	局域互联网（LIN）总线用户 7	准备就绪
241	局域互联网（LIN）总线用户 8	准备就绪
772	局域互联网（LIN）总线用户 9	准备就绪

信息

图 3-26　环境照明灯的 7 条总线系统

奔驰 E213 环境照明灯总结

舒适的驾驶环境是安全驾驶的必备条件之一，那么如何营造出一个舒适的驾驶环境呢？从车型 W221 开始，环境照明灯便开始使用。从最初的 3 色，到“彩虹”7 色，再到当下最新的 213 车型中的 64 色。

新的功能就会带来新的故障可能，而这个系统最让人头痛的地方在于所有的发光变色单元（环境照明灯）都是没有插头的，也就是说，没法通过对调零件的方法来确定一个发光变色单元的好坏。

在 213 车型上，梅赛德斯-奔驰除了给客户带来更多可选的颜色外，还使车上环境灯照明区域丰富了很多，由此引发的一个结果是：以往由 SAM 指挥的环境灯需要一个新的控制单元——N162 环境照明控制单元。

N162 对车上的发光变色单元使用 LIN 网络控制。以这一辆故障车为例，如图 3-26 所示，实际值中显示，N162 旗下有 7 条 LIN 总线控制着不同区域的发光变色单元。当然，不同的车型配置会影响这些 LIN 总线的数量。

既然使用 LIN 总线控制，那么也必然拥有着一些 LIN 总线的共性。我们都知道，绝大部分 LIN 结构中的用户是使用串联的形式连接的，在 N162 控制单元上也不例外。以 7 条 LIN 总线中最长的一条——“局域互联网（LIN）总线 7：仪表板，脚坑，中央控制台中的杯座”为例。从实际值中可以看到，此 LIN 总线有 10 个用户。

如果在第 3 个和第 4 个用户之间发生了 LIN 总线断路，Xentry 报故障码“U112887：与局域互联网（LIN）总线 7 的一个或多个彩色生成和接合模块的通信存在功能故障，信息缺失”。实际值中，前 3 个用户会显示“准备就绪”，而剩下的都变成了“不存在”。

这时候前 3 个用户的工作是正常的，既有亮度，亦可调节；而后面的 7 个用户都不亮了。断路的情况比较好处理，因为通过实际值就能很好地判断断路的位置。例如实际值里能读到 3 个用户，那断路就发生在第 3 个用户和第 4 个用户之间 LIN 总线连接上。

如果在同样的位置，即第 3 个和第 4 个用户之间发生了 LIN 总线对地短路，Xentry 报故障码“U110788：局域互联网（LIN）总线 7 存在功能故障，总线关闭”，实际值中，所有用户均显示“不存在”

如果 10 个用户均不亮，这种情况会麻烦一点，因为实际值不能直接帮助判断断路的位置，这时候可以用测电阻的方法。每一个 LIN 用户的内阻大概在 1.2Ω 左右，通过测量点对地的电阻值，就可以判断大概距离测量点多少个用户的位置发生短路。例如，在 N162 的插头上测对地电阻，测得 4.8Ω，则可以判断应该在第 4 个用户之后发生了对地的短路。N162 的 LIN 总线工作原理与空调系统的 LIN 总线相类似。

下面再来看看发光变色单元的工作原理。

发光变色电源的光来自 LED 光源体，64 种颜色均由光源体发出。光源体的内部有 3 个 LED，分别显示红色、蓝色和绿色。

将光源体放大，光源体内有 3 个发光区域，分别发出蓝色、红色和绿色。另外有 6 个引脚，其中 1 号、3 号和 4 号引脚是公共引脚，它们是互通的；而 2 号、5 号和 6 号为颜色促动引脚。其中 2 号负责促动蓝色，5 号负责促动红色，6 号负责促动绿色。

那该如何进行促动呢？

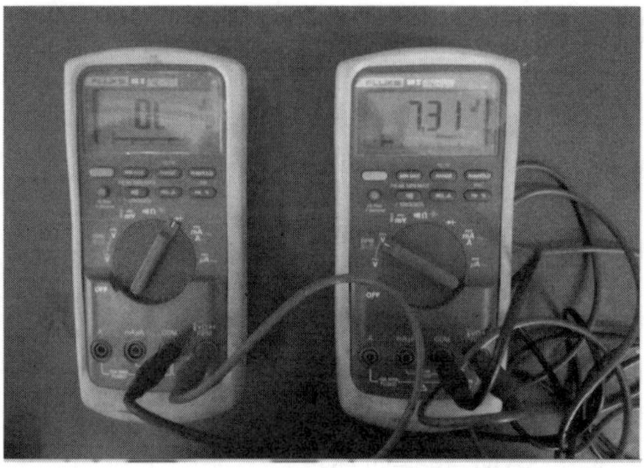

图 3-27　二极管挡的测试电压

首先应该将 N162 的插头拔下，这样可以避免促动时对 N162 造成损坏。然后使用万用表上的二极管测量挡对相应的二极管进行促动。因为在二极管挡时，万用表输出的电压足够促动 LED 了，有人认为万用表二极管挡会发出 3.7V 左右的电压，但笔者实际测量为 7.3V，如图 3-27 所示。

当促动时，必须将“+”表笔连接颜色促动引脚，“–”表笔则可连接公共引脚或别的颜色促动引脚。例如想让蓝色亮起来，则连接方法如图 3-28 和图 3-29 所示。

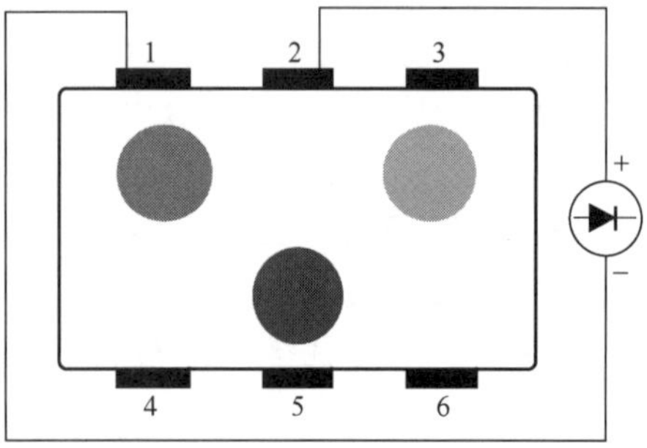

图 3-28　促动蓝色接线图

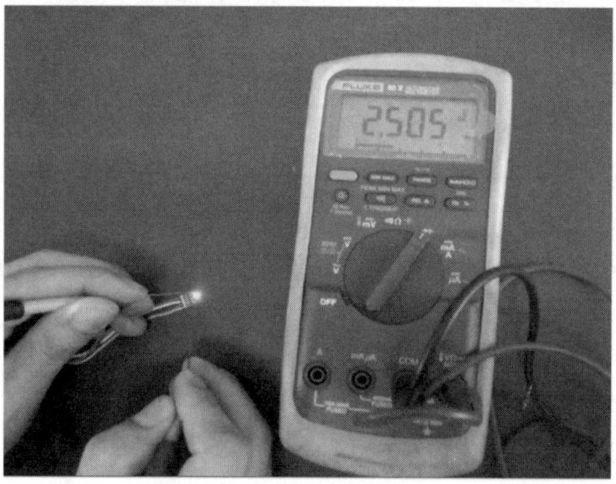

图 3-29　用万用表促动蓝色

“–”表笔接公共引脚和别的颜色促动引脚的区别在于，接公共引脚会促动高亮度，接别的颜色促动引脚会促动低亮度。但只要“+”引脚选定了，颜色就定了。想促动红色，接线方法如图 3-30 和图 3-31 所示。

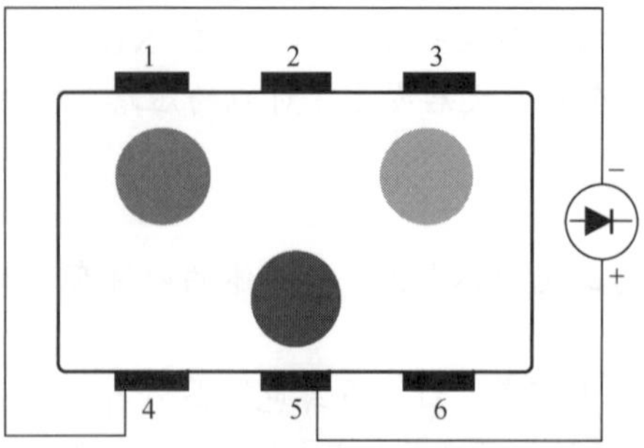

图 3-30　促动红色接线图

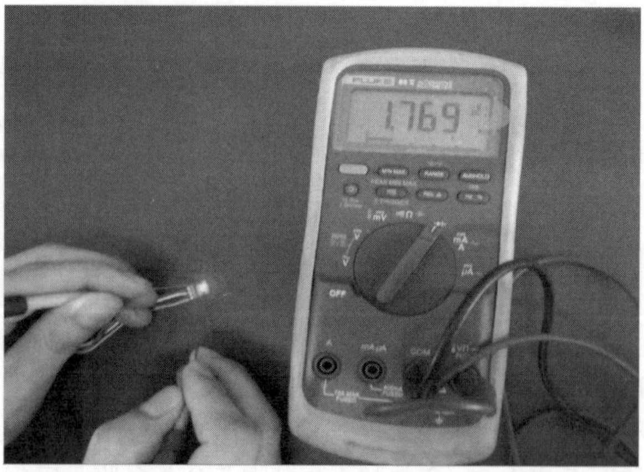

图 3-31　用万用表促动红色

想要促动绿色，连接方法如图 3-32 和图 3-33 所示。

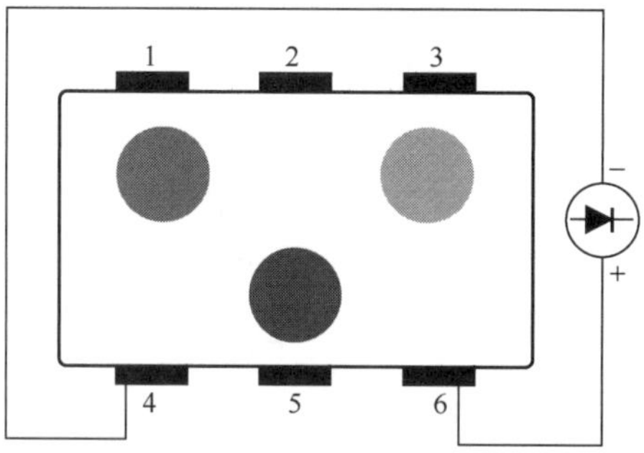

图 3-32　促动绿色接线图

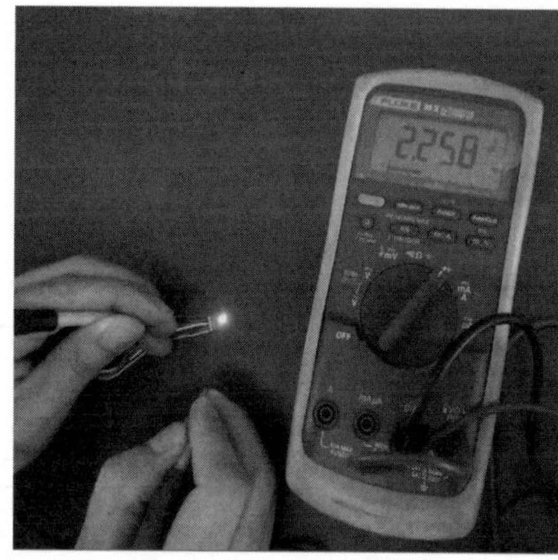

图 3-33　用万用表促动绿色

原件虽然小，但带给车内绚丽的色彩，结构虽然简单，但在不清楚原理的情况下，也会给测量带来不少麻烦。希望此处的介绍，使大家对环境照明灯有初步的了解。有什么不对的地方，欢迎大家批评指出，不吝赐教。

案例 11

奔驰 E300 环境照明灯不亮

1．故障现象

一辆奔驰 E300，底盘号为 LE4213183，装配 264 发动机，9 速自动变速箱，行驶里程 31975km，客户反映仪表台上的环境照明灯不亮。

2．故障分析及排除

接车后和客户一起试车，发现车内环境照明灯都正常，经详细询问客户得知，车辆刚启动前几分钟环境照明灯都正常，但大约 5min 后，仪表台上的环境照明灯就会熄灭。如果熄火再重新启动，那么环境照明灯就又亮起，过几分钟还会熄火。故障点位置如图 3-34 所示。

图 3-34　故障点位置

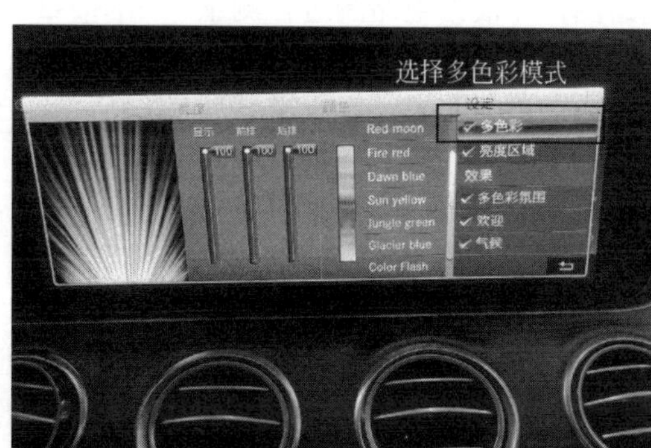

图 3-35　选择多色彩模式

正说话间，故障现象再次出现了，此时仪表台上的环境照明灯不亮，左前及右前脚坑照明灯不亮，左前座椅及右前座椅轮廓照明灯不亮。经过多次试车发现，如果在娱乐系统显示屏上选择多色彩模式后，如图 3-35 所示，那么环境照明灯每隔 10s 左右就会改变色彩，那么环境照明灯就会一直亮。但如果采用单色彩模式，环境照明灯一会就会熄灭。

连接诊断电脑进行快速测试，读取的故障码如图 3-36 所示。

N162 - 环境照明灯（AML） -F-

型号	零件号	供货商	版本
硬件	222 901 41 03	Delphi	16/02 000
软件	222 902 66 17	Delphi	17/43 000
引导程序软件	—	—	15/28 000
诊断标识	020305	控制单元型号	ALC213_ALC213_020305

故障	文本	状态
U112887	与局域互联网（LIN）总线7上的一个或多个彩色生成和接合模块的通信存在功能故障。 信息缺失	A+S

A+S=当前并且已存储

图 3-36　读取的故障码

此时查看 10 个环境照明灯的实际值状态，都是“准备就绪”，如图 3-37 所示。但奇怪的是为什么一个都不亮呢？

编号	名称	实际值
724	局域互联网（LIN）总线用户数量	10
257	局域互联网（LIN）总线用户 1	准备就绪
680	局域互联网（LIN）总线用户 2	准备就绪
760	局域互联网（LIN）总线用户 3	准备就绪
495	局域互联网（LIN）总线用户 4	准备就绪
533	局域互联网（LIN）总线用户 5	准备就绪
303	局域互联网（LIN）总线用户 6	准备就绪
205	局域互联网（LIN）总线用户 7	准备就绪
241	局域互联网（LIN）总线用户 8	准备就绪
772	局域互联网（LIN）总线用户 9	准备就绪
717	局域互联网（LIN）总线用户 10	准备就绪

图 3-37　环境照明灯的实际值

由于只有 LIN 总线 7 上的照明灯不亮，首先尝试对环境照明灯控制单元（N162）进行升级，但升级后故障依旧。又尝试和正常车调换 N162 后，故障现象依然存在。由此判断故障点还是出在线路上，或者某个环境照明灯损坏造成整条线路都出现故障。查找环境照明灯的电路图，并根据电路图进行测量，如图 3-38 所示。

拆掉仪表台上的饰板，逐个测量环境照明灯的线路，每个环境照明灯上都有四根线，分别为供电、搭铁、LIN 总线进、LIN 总线出。经测量发现每个照明灯的供电搭铁都正常，LIN 总线的进、出线上都有 8V 左右的电压，也正常。后经用 HMS990 测试 LIN 总线波形，LIN 总线波形都正常。那么问题来了，对于环境照明灯来说，这些条件都满足了，但为什么不亮呢？

根据电路图，并结合实车，对 LIN 总线 7 上的 10 个环境照明灯进行整理排序，LIN 总线从 N162 出来后，依次经过副驾外侧环境照明灯、右前脚坑环境照明灯、副驾内侧环境照明灯、左前脚坑环境照明灯、主驾驶侧环境照明灯、左后脚坑环境照明灯、主驾驶座椅轮廓环境照明灯、中控杯架环境照明灯、右后脚坑照明灯、最后结束于副驾座椅轮廓照明灯，如图 3-39 所示。

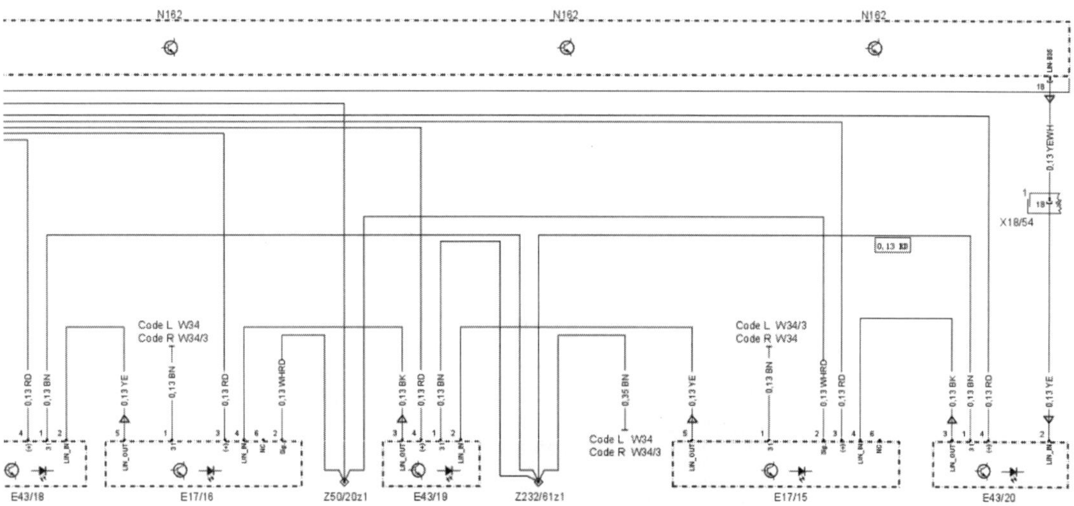

图 3-38　环境照明灯的电路图

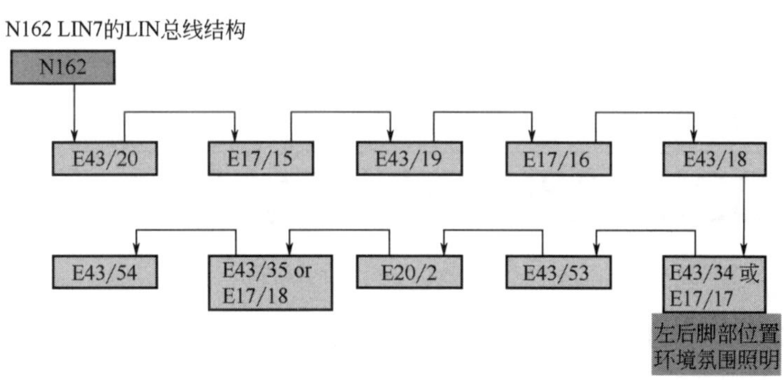

图 3-39　LIN 总线 7 上的部件结构图

由于部件较多，无法准确判断故障点出在哪个位置，测量线路也没有发现异常，但重新装复所有插头后，环境照明灯一直亮，故障又不出现了。后来客户来车间查看维修进度时告知，行驶在路上时故障更容易出现。征得客户同意后，在颠簸路段上路试了 3h，故障也没用再出现。

检查至此，基本可以判断这 10 个环境照明灯没有损坏，故障点还是在线路上，但一时也不能找出故障点。由于天色已晚，客户要回家，于是初步想出一个办法，一共 10 个环境照明灯，那么就从中间位置，也就是把第 5 个和第 6 个照明灯之间的插头拔掉，让客户把车开走观察几天，如果环境照明灯一直点亮，那么就说明前 5 个环境照明灯及线路正常，故障点就出现后 5 个环境照明灯及线路上面。

经客户使用 3 天后，打来电话反映情况，前 5 个环境照明灯一直正常点亮。说明故障点位于后 5 个上面。为了准确排除故障，就采用一截线，把后 5 个照明灯的插头逐个拔掉，再把 LIN 总线短接。看故障点位于哪个照明灯上，经过排查发现，当把左前座椅下面的插头拔掉并短接后，客户使用 10 天，环境照明灯都没有熄灭，看来故障点在左前座椅上面。于是对左前座椅的线路进行拆检，发现座椅靠背的骨架处有一处线束挤压磨损，造成搭铁，如图 3-40 所示。原来客户在买车后，去加装店加装了座椅加热，推断是装靠背时不小心挤压到线束，时间长了造成磨损搭铁。包扎受损线束后，装复座椅反复试车，环境照明灯没有再熄灭，故障至此排除。

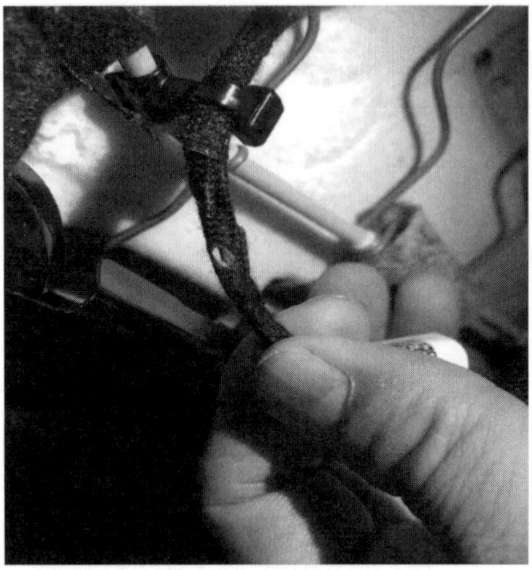

图 3-40　磨损的线束

案例 12

奔驰 C200 智能互联不能用

1. 故障现象

一辆奔驰 C200，底盘号为 LE4205142，装配 274 发动机，车载智能互联系统，行驶里程 17790km，客户反映智能互联系统不能用。

2. 故障分析及排除

接车后启动着车，仪表上无任何报警。智能互联的三个按钮指示灯正常（如有故障，会出现红色指示灯闪烁）。询问客户得知，在使用智能互联通话时，可以听到对方（服务中心客服）的声音，但对方听不到车内人说话。同客户一起试车验证故障，发现该现象确实存在。

连接诊断电脑进行快速测试，读取的故障码如图 3-41 所示。

N123/4 - mbrace　　F

MB object number for hardware	217 901 24 00	MB object number for software	217 902 20 00
MB object number for software	217 902 21 00	MB object number for software	000 000 00 00
MB object number for software	242 902 53 00	MB object number for software	000 000 00 00
MB object number for software	242 902 54 00	Diagnosis identifier	000302
Hardware version	44/13 000	Software version	14/08 000
Software version	14/08 000	Software version	00/00 000
Software version	13/36 000	Software version	00/00 000
Software version	13/08 000	Boot software version	13/49 000
Hardware supplier	Continental	Software supplier	Continental
Software supplier	Continental	Software supplier	Continental
Software supplier	Continental	Software supplier	Continental
Software supplier	After Market Supplier	Control unit variant	PASS166_PASS_NTG4_5_5_China_V3

Fault	Text	Status
B143A13	Microphone 1 has a malfunction. There is an open circuit	A+S

A+S=CURRENT and STORED

图 3-41　读取的故障码

故障码显示的含义为“话筒 1 存在故障，存在断路”。首先根据故障引导，检测两个话筒的实际值，在车内正常说话时，发现实际值不会变化，一直是 0，如图 3-42 所示，显然不正常。

相应的实际值状态

名称	实际值	标准值
免提装置的话筒 1	0	[0 .. 3000]
免提装置的话筒 2	0	[0 .. 3000]

图 3-42　不正常的实际值

本着由简到繁的原则，和正常车辆互换了车内后视镜，再次试车，依然不能正常通话。接着根据电路图并结合故障引导的提示拆下 A26/17（Audio 20 主机）及 N123/4（紧急呼叫系统控制单元），以测量两者之间的导线是否断路。从电路图（图 3-43）上可以看出，两个话筒（位于车内后视镜上）的信号经过一个插头 X1，直接通往了 A26/17。进而通过 A26/17 把数据传输至 N123/4。

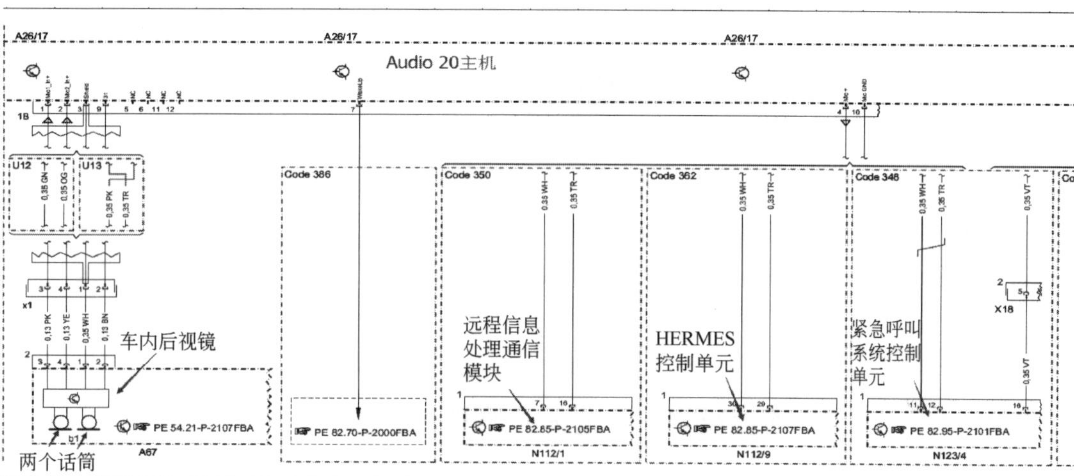

图 3-43　智能互联系统电路图

当把 A26/17 拆掉后，发现了问题所在，原来此车加装过倒车影像，Audio 20 主机上并不是原车的插头，于是把原车的 A26/17 插头装复后，再次试车，智能互联系统的通话已恢复正常。

梅赛德斯-奔驰智能互联功能介绍

梅赛德斯-奔驰智能互联是梅赛德斯-奔驰为中国消费者量身打造的车载智能信息系统的品牌名称。梅赛德斯-奔驰智能互联包含便捷服务、信息娱乐、安全服务三大服务，为客户提供便利的旅程咨询服务、最新的咨询信息以及额外的安全保障。全新的梅赛德斯-奔驰车载应用程序随时为您提供最新、最全的在线资讯信息。

轻轻一按，世界与您相连。

按下咨询服务按钮，梅赛德斯-奔驰智能互联客服专员会协助您预订航班、酒店和餐厅，让您的旅途更省心。

按下道路救援呼叫按钮，道路救援协调专员会帮助您协调解决车辆故障，让您的旅途更放心。

按下 SOS 按钮，梅赛德斯-奔驰紧急情况应答专员会迅速协调救援机构，紧急救援会及时到达您的身边，让您的旅途更安心。

识别可装配梅赛德斯-奔驰智能互联服务车辆有两种方法：第一，在车辆配置单中包含代码为 348 的配置项；第二，可通过在车内天窗控制单元上的三个按钮（资讯服务按钮、道路救援按钮及紧急救援/SOS 按钮）来识别，如图 3-44 所示。

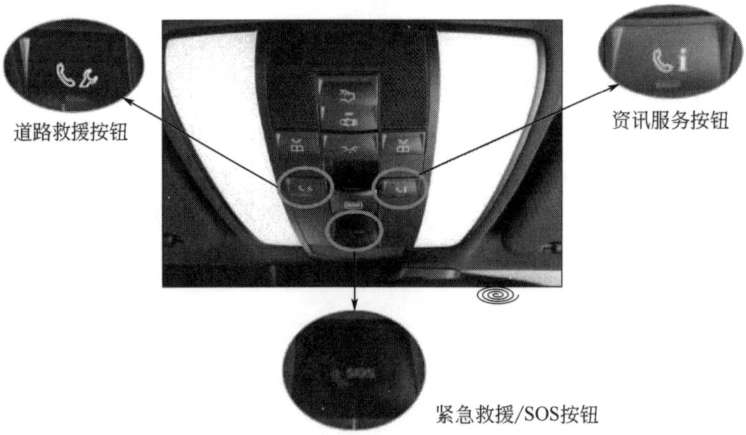

图 3-44　智能互联系统的三个按钮

在使用您的手机时：通过 iPhone 或者 Android 手机登录梅赛德斯-奔驰智能互联手机应用客户端，您可以远程控制您的座驾，例如远程车门锁止/解锁，随时随地与您的座驾相连。下载梅赛德斯-奔驰智能互联手机应用客户端后，输入用户名及密码登录后即可使用手机应用。

梅赛德斯-奔驰紧急呼叫系统概述

梅赛德斯-奔驰紧急呼叫系统有助于显著缩短事故发生至紧急救援人员抵达事故现场的时间，还可以帮助确定难以接近的事故现场的位置。

在紧急呼叫启用期间，SOS 信息出现在显示屏上，以下数据传输至梅赛德斯-奔驰紧急呼叫中心。

① 车辆的全球定位系统（GPS）位置数据。

② 线上最近的全球定位系统（GPS）位置数据（事故前几百米）。

③ 行驶方向。

④ 车辆识别号。

⑤ 车辆的驱动方式。

⑥ 预计乘坐人数。

⑦ “Mercedes me” 互联是否可用。

⑧ 手动还是自动进行紧急呼叫。

⑨ 事故发生的时间。

⑩ 多媒体系统中的语言设定。

在某些车型（例如 213 车型）上，车辆启动后，SOS 是否准备就绪，在 COMAND 显示屏上会有相关显示，如图 3-45 所示。

进行紧急呼叫后：

① 与梅赛德斯-奔驰紧急呼叫中心建立语音连接；

② 带事故数据的信息传输至梅赛德斯-奔驰紧急呼叫中心，梅赛德斯-奔驰紧急呼叫中心可将车辆位置数据传输至其中一个公共应急服务呼叫中心；

③ 在某些情况下，附加数据传输至梅赛德斯-奔驰紧急呼叫中心，这允许快速开展救援，恢复或牵引至梅赛德斯-奔驰授权服务中心的措施。

图 3-45 SOS 准备就绪

案例 13

奔驰 CLA260 SOS 功能不能用

1. 故障现象

一辆奔驰 CLA260，底盘号为 WDD117346，装配 270 发动机，7 速双离合自动变速箱，智能互联系统，客户反映仪表上 SOS 系统报警。

2. 故障分析及排除

接车后启动着车，仪表上立即出现“SOS 停止运作”的报警提示，同时发现智能互联的三个按钮红灯闪烁，按下按钮也没有反应。

连接诊断电脑进行快速测试，读取的故障码如图 3-46 所示。

N123/4 - mbrace (TELEDIAGNOSIS) (mbrace) -F-

MB object number for hardware	253 901 24 00	MB object number for software	253 902 15 00
MB object number for software	253 902 17 00	MB object number for software	000 000 00 00
MB object number for software	242 902 53 00	MB object number for software	000 000 00 00
MB object number for software	242 902 54 00	Diagnosis identifier	000302
Hardware version	14/31 00	软件状态	14/31 00
软件状态	14/31 00	软件状态	00/00 00
软件状态	13/36 00	软件状态	00/00 00
软件状态	13/08 00	Boot software version	14/31 00
Hardware supplier	Continental	Software supplier	Continental
Software supplier	Continental	Software supplier	Continental
Software supplier	Continental	Software supplier	Continental
Software supplier	After Market Supplier	Control unit variant	PASS_NTG4_5_5_China_V3

Fault	Text	Status
B129C00	The control unit for telematics services has a malfunction	A+S

A+S=CURRENT and STORED

图 3-46 读取的故障码

故障码显示车载智能信息服务控制单元存在功能故障。首先根据故障引导对控制单元 N123/4（紧急呼叫系统控制单元）进行复位，要求拆掉 F34f103 熔丝并等待至少 30s 后重新装复，然后检测与 N123/4 的通信，结果是通信正常。

查找 WIS，根据电路图做进一步检测，如图 3-47 所示，测量供电及搭铁、CAN D 都正常。根据维修经验，控制单元报功能故障，怀疑是控制单元自身损坏，于是把紧急呼叫控制单元更换掉，并按照标准流程做试运行后，系统恢复正常。

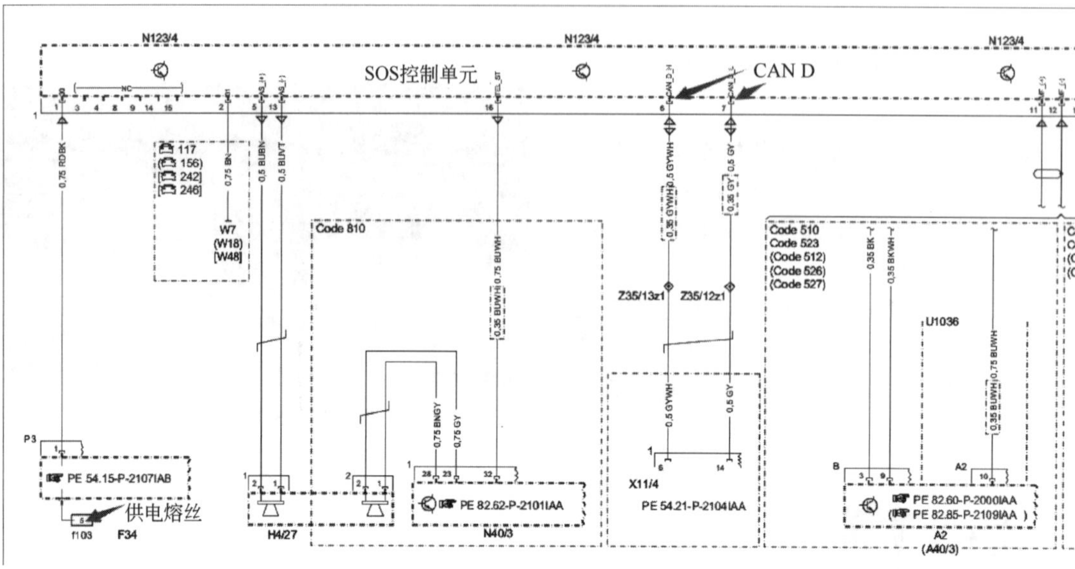

图 3-47　紧急呼叫控制单元电路图

案例 14

奔驰 GLA200 娱乐系统显示屏黑屏

1．故障现象

一辆奔驰 GLA200，底盘号为 LE4156943，装配 270 发动机，7 速双离合自动变速箱，客户反映早上凉车启动后娱乐系统显示屏黑屏。

2．故障分析及排除

接车后启动着车，发现显示屏能够正常显示，连接诊断电脑进行快速测试，未发现相关故障码。经询问客户得知，早上启动后，娱乐系统显示屏黑屏，大概行驶 20min 后，或者原地着车冷却液温度达到 80℃以上时，显示屏自动恢复正常。由于车辆到店时正常，于是和客户沟通把车放一夜后再试车。

第二天凉车启动时，发现显示屏确实黑屏，按 ON 按钮也没有反应。连接诊断电脑进行快速测试，未发现相关故障码。于是首先对 Audio 20 主机进行升级，升级后显示屏显示正常（升级需要一个多小时），于是把车交于客户观察使用。

图 3-48　对主机复位后不能正常显示

谁知第二天客户再次反映显示屏打不开，这时连接诊断电脑进行快速测试，却发现 Audio 20 主机检测不到，尝试按住 ON 按钮 10s 钟对主机进行复位，复位后主机会重新启动，此时显示屏上出现 Mercedes-Benz 字样，但不会转到正常界面，如图 3-48 所示。尝试对主机断电 10min 后重新装复，故障现象依然存在。

拆掉主机，找出相关电路图进行测量，如图 3-49 所示。该电路图显示有错误，X30/35 应该为 CAN A 分配器。拔掉主机的插头，测量 1A2 插头上的 12 号和 15 号针脚之间的电压（供电），为 12.2V，正常。连接 HMS990 专用工具测试 CAN B 和 CAN A 波形，也正常，如图 3-50 和图 3-51 所示。根据维修经验和工作原理，供电搭铁及 CAN 线都正常，基本可以判断主机故障，为了验证客户所说的现象，原地着车到冷却液温度到达 90℃左右时，显示屏自动恢复正常。于是把 Audio 20 主机更换掉，第二天再次试车故障消失。

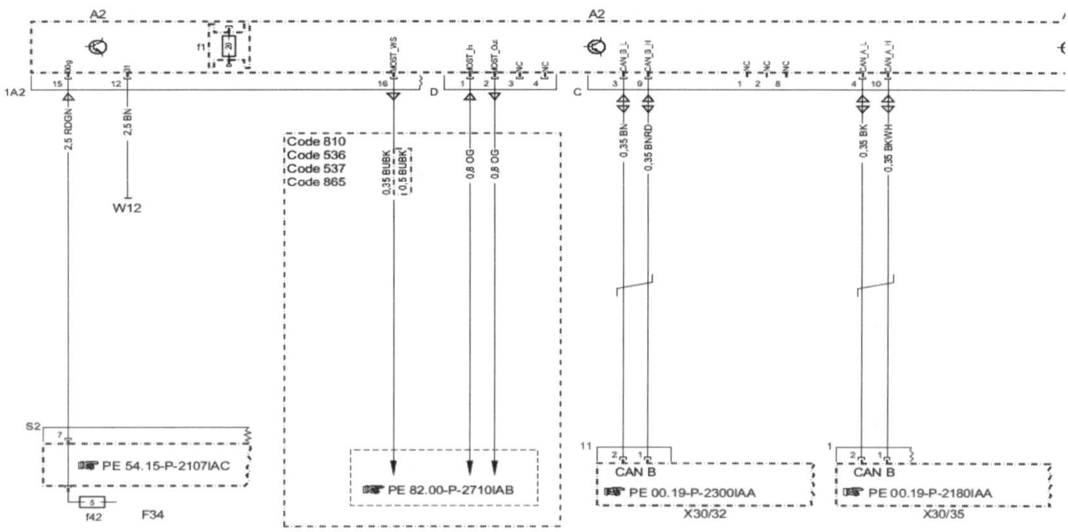

图 3-49　主机电路图

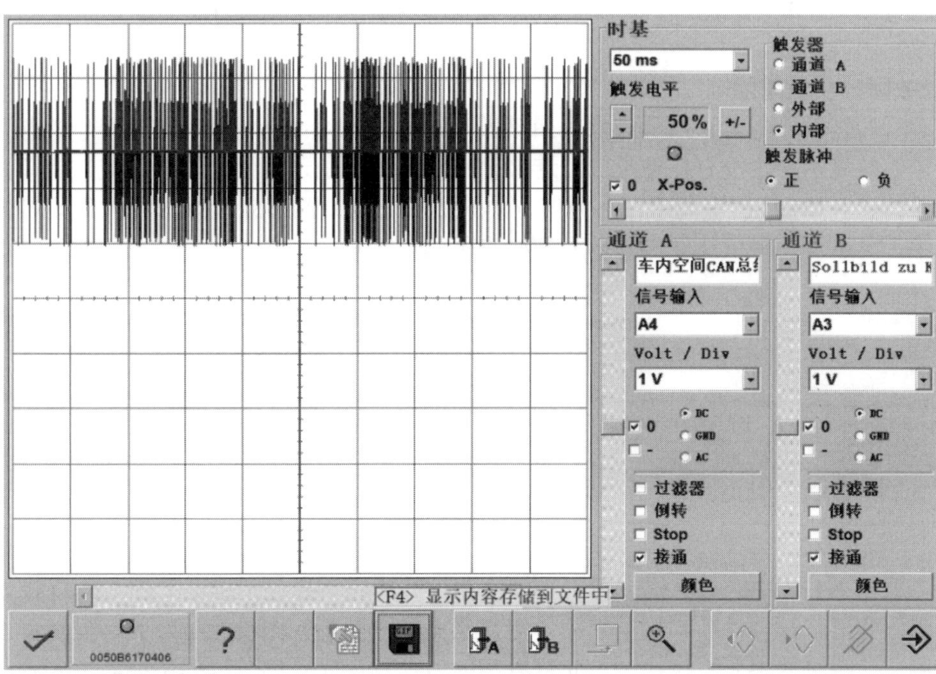

图 3-50　CAN B 波形

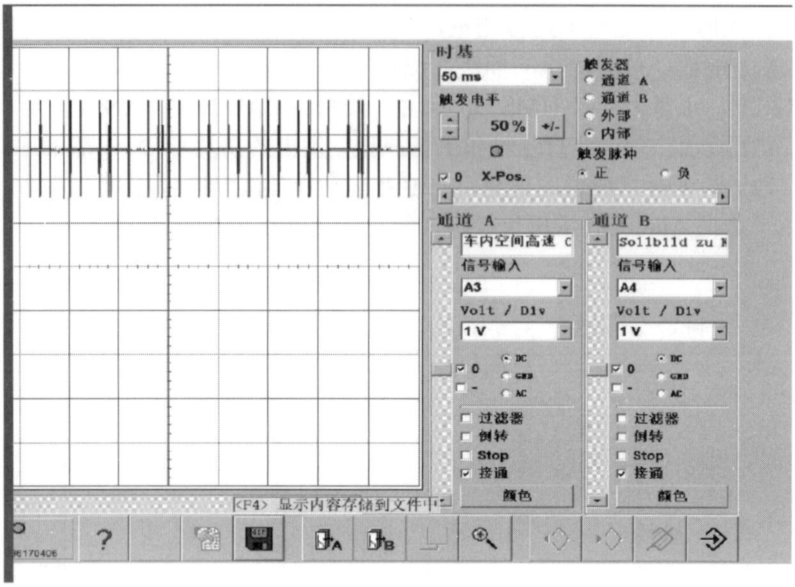

图 3-51　CAN A 波形

案例 15

奔驰 C200 娱乐系统显示屏黑屏

1．故障现象

一辆奔驰 C200，底盘号为 LE4205142，装配 274 发动机，行驶里程 18415km，客户反映娱乐系统显示屏黑屏。

2．故障分析及排除

接车后和客户一起验证故障现象，启动着车，娱乐系统显示屏没有任何显示，按下 ON 按钮娱乐系统显示屏也没有任何反应。连接诊断电脑进行快速测试，娱乐系统控制单元内没有故障码，在 N127 控制单元中存在通信方面的故障码，如图 3-52 所示。同时发现在快速测试列表中，显示屏、触摸垫及操作单元都检测不到。

N127 – “传动系统”控制单元（PTCU）			-F-
梅赛德斯－奔驰硬件号	000 901 64 02	梅赛德斯－奔驰软件号	000 902 98 43
梅赛德斯－奔驰软件号	000 903 00 19	软件的梅赛德斯－奔驰件号（引导程序）	000 904 17 00
诊断标识	022F23	硬件版本	12/27 000
软件状态	17/32 001	软件状态	17/39 000
引导程序软件版本	12/48 005	引导程序软件版本	11/39 005
硬件供应商	Delphi	软件供应商	Delphi
软件供应商	Delphi	引导程序软件供应商	Delphi
控制单元型号	CEPC_VC13_0_Star2		

故障	文本	状态
U014787	与“主机”控制单元的通信存在功能故障。 信息缺失	A+S

A+S=当前并且已存储

图 3-52　读取的故障码

首先根据 N127 中的故障码进行引导性检测，故障码引导提示读取 COMAND 控制单元中的故障码并进行故障诊断，检测结束。但娱乐系统控制单元中没有故障码，显然不适合该引导检测。此时进入娱乐系统控制单元查看实际值，发现显示屏、触摸垫都显示未安装，如图 3-53 所示。

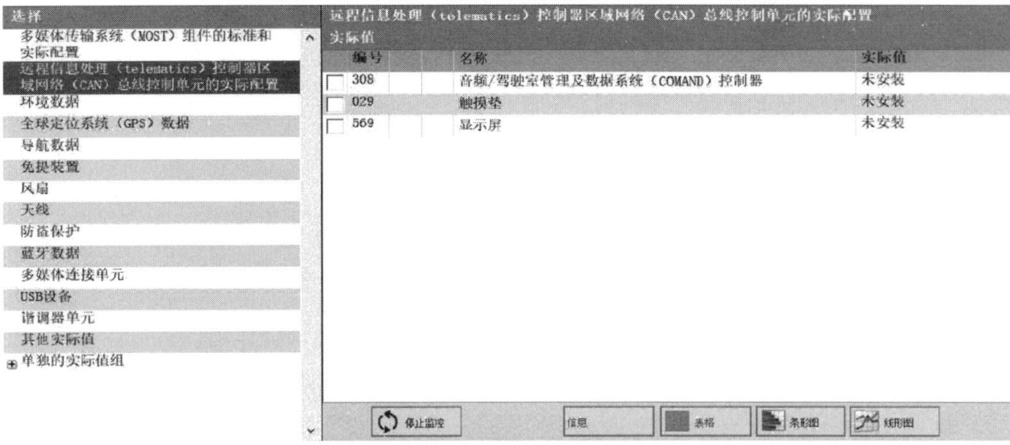

图 3-53　不正常的实际值

根据维修经验判断，几个控制单元同时损坏的可能性是非常小的，娱乐系统控制单元是一个非常重要的网关，通过查找电路图发现娱乐系统控制单元上相连接的 CAN 线有 CAN HMI 和 CAN A。并且娱乐系统控制单元是靠 CAN HMI 检测的，娱乐系统控制单元能够正常检测到并且可以正常显示实际值，说明娱乐系统控制单元的供电、搭铁及 CAN 线都是正常的。娱乐系统控制单元通过 CAN A 分配器和其他三个检测不到的部件相连。

连接 HMS990 示波器，检测 CAN A 及 CAN HMI 波形，发现 CAN HMI 波形正常，但是 CAN A 波形只有 0.8V，并且是一条直线，如图 3-54 和图 3-55 所示。说明是 CAN A 信号异常造成其他三个部件检测不到。但是多测量几次发现，CAN A 有时又变为 1.4V，由此怀疑是某个地方接触不良引起的故障，于是就对线路进行重点检查，在电路图（图 3-56）中可以看到，四个控制单元都连接到了 CAN A 分配器 X30/35 上，该分配器位于左前地毯下方，于是拆掉左前地毯，找出该分配器检查 CAN A 线路，发现通过触摸垫的线路挤压在盖板下面，藕断丝连，用手轻轻一拉就断了，如图 3-57 所示，把虚接线路接好后，再次试车，一切正常。

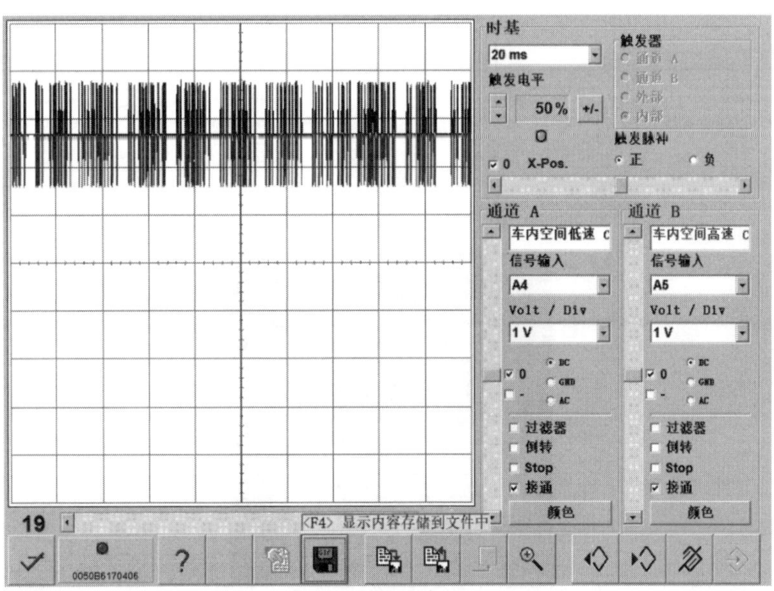

图 3-54　正常的 CAN HMI 波形

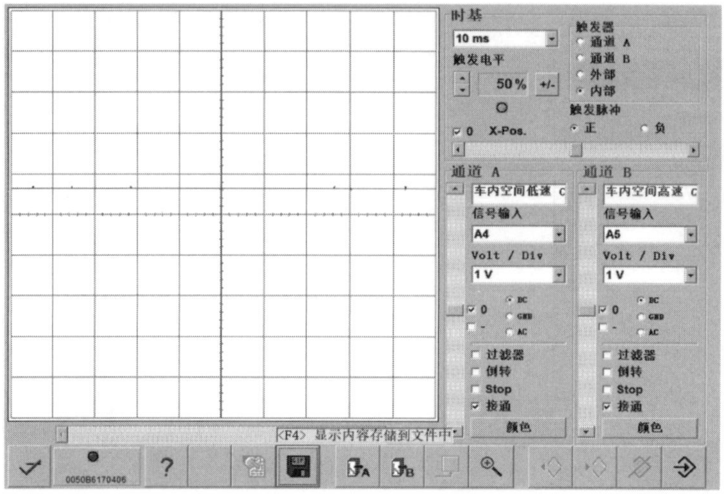

图 3-55　不正常的 CAN A 波形

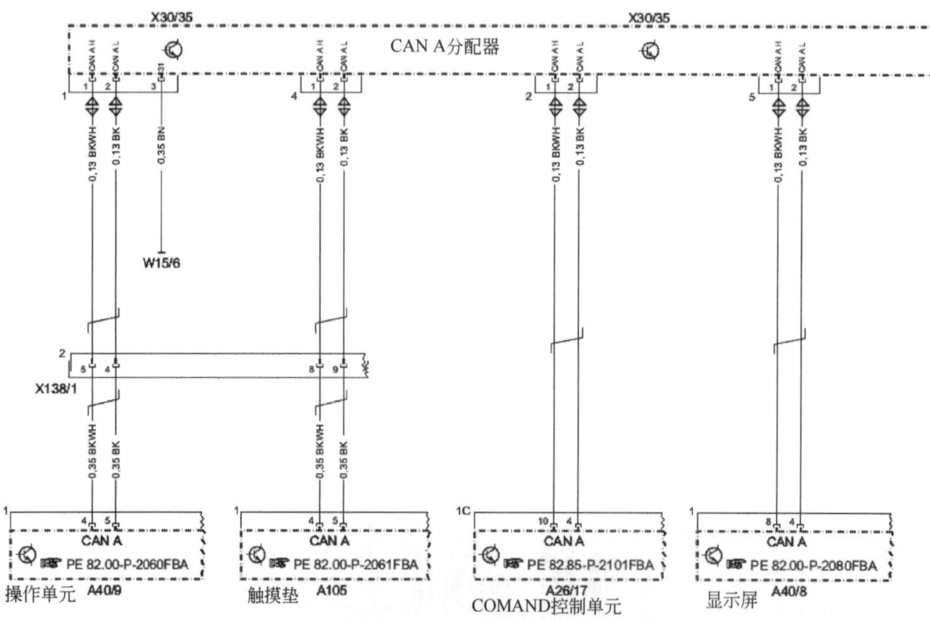

图 3-56　CAN A 电路图

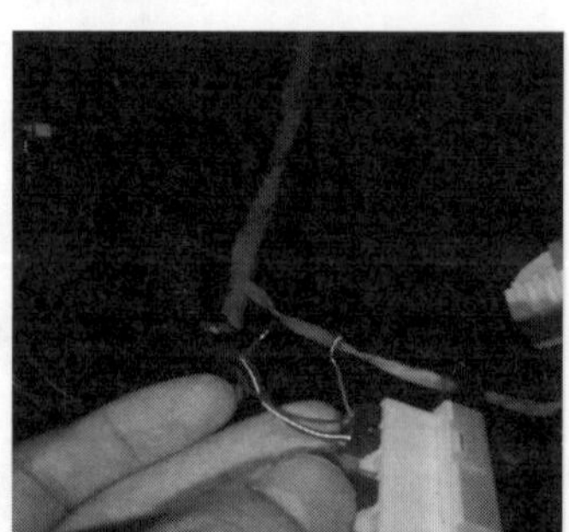

图 3-57　挤断的线束

案例 16

奔驰 E300 手机不能无线充电

1. 故障现象

一辆奔驰 E300，底盘号为 LE4213148，装配 274 发动机，9 速自动变速箱，行驶里程约 30km，客户反映手机不能无线充电。

2. 故障分析及排除

新款 E300 配备了移动电话无线充电功能，通过查询资料，有对此功能的基本介绍。

① 移动电话必须适合无线充电（Qi 兼容移动电话，仅适用于前排中央控制台上的充电模块），根据车辆设备的不同，移动电话通过充电模块连接至车辆外置天线。

② 仅当点火开关开启时，充电功能和至车辆外置天线的无线连接才可用。

③ 为确保更为有效的充电和至外置天线的连接，请从移动电话上取下护盖。

④ 小型移动电话可能无法在储物箱的各个位置充电。无法装入储物箱的大型移动电话可能无法充电或与外置天线连接。

⑤ 尽可能将移动电话靠近垫子的中间放置，使显示屏朝上。从移动电话的反应方式和多媒体系统显示屏上的充电符号明显可知移动电话自动充电。

⑥ 在充电过程中，尤其是在同时使用数据服务时，移动电话可能升温（仅适用于前排中央控制台上的充电模块），可根据空调系统操作状态的不同冷却移动电话，冷却效果因手套箱制冷系统控制器位置而异（当控制器关闭时，冷却效果更好）。

当把手机放置在充电位置时，如图 3-58 所示，手机上显示开始充电，同时 COMAND 显示屏上也有充电连接的提示，但 2s 后充电就断开了，随后就不能充电。连接诊断电脑进行快速测试，控制单元内都没有相关故障码。进入移动电话托架控制单元查看实际值，发现实际值为充电功能“已激活”，正常，如图 3-59 所示。尝试对移动电话托架控制单元进行升级后，手机可以正常充电。

图 3-58 手机充电位置

充电功能

实际值

编号	名称	实际值	标准值
998	充电功能	已激活	已激活
098	当前充电电压	42%	[0 .. 100]

图 3-59 充电功能实际值

案例 17

奔驰 C300 后备厢打不开

1．故障现象

一辆奔驰 C300，底盘号为 LE4205148，装配 274 发动机，9 速自动变速箱，行驶里程 45690km，客户反映后备厢打不开。

2．故障分析及排除

接车后同客户一起试车发现，操作后备厢上的外部开关，后备厢没有反应，听不到解锁的声音。但是用左前门上的后备厢开关及遥控钥匙，都可以打开后备厢，这就说明了后备厢锁是正常的，故障点在后备厢外部开关及其线路上。

在操作后备厢开关时查看实际值，实际值没有变化，说明后 SAM 控制单元没有接收到后备厢外部开关的信号，首先怀疑后备厢开关损坏，但是调换一个正常的后备厢开关后，故障依旧。于是找出后备厢开关的电路图，如图 3-60 所示，对线路进行测量。实际测量 S88/8 的 2 号针脚到后 SAM 控制单元上 HD 插头的 37 号针脚之间的阻值为 0.3Ω，正常。但是测量 S88/8 插头的 1 号针脚和搭铁之间的阻值，不导通，说明搭铁线存在断路。拆开后备厢里右侧内衬，顺着线束走向查找，果然发现一处线束已磨损，如图 3-61 所示，将磨损线束包扎好，并重新固定后再次试车，后备厢开启正常。

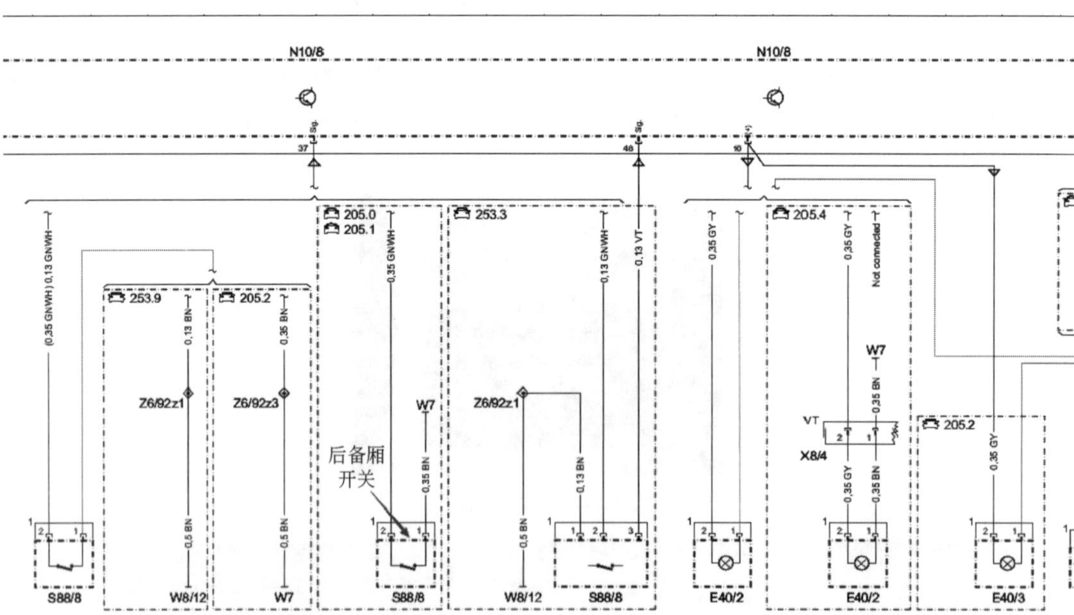

图 3-60　后备厢外部开关的电路图

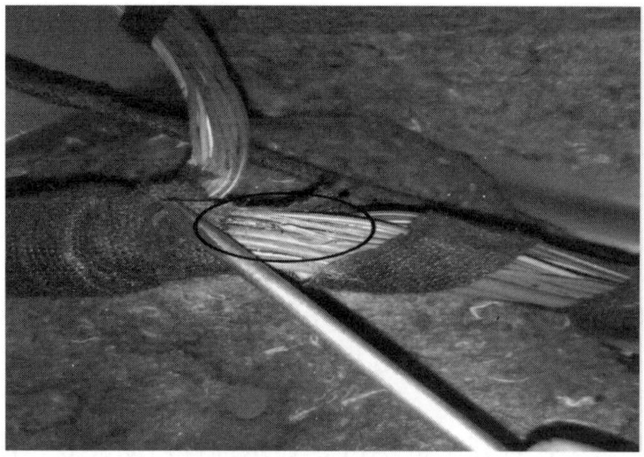

图 3-61　磨损的线束

案例 18

奔驰 GLA200 加油跳枪

1．故障现象

一辆奔驰 GLA200，底盘号为 LE4156943，装配 270 发动机，7 速双离合自动变速箱，行驶里程仅 24km，客户反映加油跳枪。

2．故障分析及排除

接车后打开钥匙开关，发现仪表上油位在 1/8 左右，经询问客户得知，这是一辆刚提的新车，一般新车都是加注少量的汽油，由于仪表上的燃油表指示灯亮了，就去加油站加油，但是发现加油时频繁跳枪，于是就把车开回店里。和客户一起加油试车，发现加 5 块钱的汽油就会出现跳枪。继续加油就会出现频繁跳枪，于是就和客户沟通把车放店里检查。

首先举升车辆，拆掉车身下方的护板，检查加油管道，未发现变形。拆掉炭罐，检查相连接的管路，也未发现异常。对于此款车型，之前有厂家针对加油跳枪的服务措施，就是通过更换炭罐来解决的。检查该车炭罐的配件号，为改进后的炭罐，但是为了保险起见，还是更换了一个新的炭罐，然后加油试车，故障依旧。尝试把炭罐上的两个管子都拔掉，加油试车依然是频繁跳枪。

图 3-62　损坏的燃油泵

由于是新车，客户不同意拆下燃油箱检查，于是就此问题向技术部门反馈，后经协商，油箱生产厂家技术人员来店协助检查，征得客户同意后，把油箱拆掉检查，但是发现油箱内是满箱油，把汽油泵拆掉后，发现是问题所在，汽油泵有两处已经损坏开裂，汽油泵在油箱内并不是处于正常位置，而是严重倾斜导致油浮子卡住，造成油表不准，如图 3-62 所示。更换油箱及油泵后，加油试车，一切正常。

案例 19

奔驰 GLC300 远程启动不能用

1．故障现象

一辆奔驰 GLC300，底盘号为 LE4253184，装配 264 发动机，9 速自动变速箱，行驶里程 3686km，客户反映在手机上无法操作远程启动。

2．故障分析及排除

接车后和客户一起试车，打开手机 APP，显示远程启动失败。但使用手机进行上锁、解锁的操作都正常。连接诊断电脑进行快速测试，无任何故障码，查看实际值也都正常，如图 3-63 所示。

编号	名称	实际值
386	授权状态 - 紧急呼叫 自动	已授权
859	授权状态 - 紧急呼叫 手动	已授权
406	授权状态 - 梅赛德斯－奔驰（MB）信息	已授权
464	授权状态　故障救援	已授权
748	授权状态 - 车辆遥控锁止	已授权
289	授权状态 - 车辆遥控解锁	已授权
948	授权状态 - 防盗跟踪	已授权
618	授权状态 - 防盗报警系统	未授权
313	授权状态 - 地理位置车辆监控	未授权
428	授权状态 - 车速报警	已授权
700	授权状态 - 车辆查找	未授权
191	授权状态 - 在线COMAND	已授权
626	授权状态 - Search & Send	已授权
257	授权状态 - 远程诊断	已授权
775	授权状态 - 紧急警报	未授权
768	授权状态 - 发动机启动	已授权
529	授权状态 - 充电状态	已授权
505	授权状态 - 远程驻车引导	未授权
727	运行状态	使用中
880	注册状态	成功

图 3-63　远程启动实际值

根据系统原理判断，远程启动功能是通过 N112/9 来与车辆实现连接的，于是对 N112/9 进行升级后，再次试车，远程启动功能恢复正常。

远程车载智能信息服务功能介绍

借助于远程车载智能信息服务，用户可以将信息和操作请求发送给车辆并接收车辆数据。为此，用户可以使用其装置（例如手机、平板电脑或个人计算机），通过服务中心与车载智能信息服务控制单元交换数据。车载智能信息服务控制单元通过与服务中心的移动无线电连接来控制这些服务。用户可以进行以下选择。

（1）车辆设定

① 远程锁止和远程解锁。用户可以在线远程锁止和解锁其车辆，即使是在钥匙已插入车辆的情况下，此功能仍然可以使用。如果车门或掀开式尾门打开，则车辆处于非锁止状态。

② 远程车辆信息。用户可以在线检索车辆数据的当前状态信息，例如里程数、油箱液位和续航里程或轮胎压力。

③ 辅助暖气系统/通风装置。用户可以通过其智能手机操作驻车加热器（通过装置），并在智能手机上查看当前状态。

④ 远程配置。用户可以通过梅赛德斯-奔驰客户门户网站选择、启动和停用梅赛德斯-奔驰应用程序，例如本地搜索、天气及听写功能。

（2）车辆监控

① 停车位置提示和追踪。用户可使用其智能手机在大约1.5km的半径范围内定位车辆，这使在大型停车场找到车辆变得更容易。

② 车辆定位。用户可通过发送的地理坐标来在线查看车辆的当前位置，当用户启用此功能时，车辆的多媒体显示屏上会出现一个标识。车辆驾驶员及乘客可通过多媒体系统关闭和重新开启此功能，也可通过呼叫中心关闭此功能。

③ 视觉和声讯车辆识别。用户可以通过其智能手机来使车辆闪烁车灯并鸣响喇叭几秒钟，这样可以更容易找到车辆。

（3）其他远程车载智能信息服务

① 远程控制驻车。用户可站在车旁边并使用智能手机启动、监控车辆，使车辆自行驻车和解除驻车。

② 盗窃通知。如果防盗警报系统被触发或车辆检测到碰撞，服务中心通过应用程序来通知用户。当点火开关打开或发动机启动时，多媒体显示屏上也会出现指示信息提醒驾驶员注意发生损坏的可能性。

③ 远程启动功能。用户可通过移动无线电连接车辆，并将进入车辆前智能气候控制的触发信号发送给服务中心。在已驻车且锁止的车辆中，发动机将启动并在一段规定的时间后重新自行关闭，此功能也可用于对长期存放的车辆进行充电。

案例 20

奔驰 E300 仪表报警

1. 故障现象

一辆奔驰E300，底盘号为LE4212154，装配272发动机，7速自动变速箱，行驶里程78830km，客户反映仪表上有多个系统报警。

2. 故障分析及排除

接车后尝试启动车辆，能够顺利着车，着车后仪表上立即依次出现“左前侧故障，请去特许服务中心”“右前侧故障，请去特许服务中心”“预防性安全系统停止运作，参见用户手册”“驻车引导功能停止运作”等一系列报警，如图3-64所示。

图3-64　仪表上多个系统报警

经过对车辆功能检查后发现，娱乐系统显

示屏黑屏，两前座椅不会移动，天窗打不开，杂物箱灯不亮，后备厢可以打开，但照明灯不亮。连接诊断电脑进行快速测试，读取的故障码如图 3-65～图 3-67 所示。

N2/10 - 辅助防护装置［辅助防护系统（SRS）］ F

梅赛德斯－奔驰硬件号	212 901 44 04	诊断标识	2/1
硬件版本	10/10	软件状态	09/03 00
供应商ID	158	供货商	Continental
控制单元型号	Release_3B_0201	梅赛德斯－奔驰软件号	212 903 21 00
系统信息	否	初始化	已完成

故障	文本	状态
9C1A	“前排乘客”碰撞响应式颈部保护头枕（NECK-PRO）断路	A+S
9C14	“驾驶员”碰撞响应式颈部保护头枕（NECK-PRO）断路	A+S

图 3-65　读取的故障码（一）

N10/2 - 后部信号采集及促动控制模组［后部信号采集及促动控制模组（SAM）］ F

梅赛德斯－奔驰硬件号	212 901 51 01	梅赛德斯－奔驰软件号	212 902 43 01
诊断标识	000204	硬件版本	10/09 00
软件状态	10/12 04	引导程序软件版本	10/12 00
硬件供应商	Hella	软件供应商	Hella
控制单元型号	Diag_0204		

故障	文本	状态
B1ED813	“右侧尾灯”背景照明输出端存在故障。 存在断路	A+S
B1ED713	“左侧尾灯”背景照明输出端存在故障。 存在断路	A+S
B10D011	右前座椅通风模拟输出端存在故障。 存在对地短路	A+S
B170B15	右侧倒车灯输出端存在故障。 存在对正极短路或断路	A+S
B170715	左侧倒车灯输出端存在故障。 存在对正极短路或断路	A+S
B16B715	第3制动灯输出端存在故障。 存在对正极短路或断路	A+S
B280315	右内侧制动灯和尾灯存在故障。 存在对正极短路或断路	A+S
B280115	左内侧制动灯和尾灯存在故障。 存在对正极短路或断路	A+S
B164215	左后转向信号灯输出端存在故障。 存在对正极短路或断路	A+S
B219600	接头30g的供电电压< 7.5 V	A+S
B219700	接头30g的供电电压< 8.5 V	A+S
B219116	接头30g的供电电压处于有效范围之外。 低于电压极限值	A+S
B214B72	“休眠电流接通”开关输出端存在故障。 促动器不关闭	A+S
B210C16	供电处于有效范围之外。 低于电压 极限值	S

S=已存储，A+S=当前并且已存储

图 3-66　读取的故障码（二）

N30/4 - 电控车辆稳定行驶系统（ESP®） i

梅赛德斯－奔驰硬件号	212 901 00 00	梅赛德斯－奔驰软件号	212 902 70 02
梅赛德斯－奔驰软件号	212 902 71 02	诊断标识	020022
硬件版本	09/15 00	软件状态	10/10 00
软件状态	10/10 00	引导程序软件版本	09/03 00
硬件供应商	Bosch	软件供应商	Bosch
软件供应商	Bosch	控制单元型号	020022

事件	文本	状态
720800	与发动机控制系统的控制器区域网络（CAN）通信存在故障	S

S=已存储

图 3-67　读取的故障码（三）

除此之外，还有许多控制单元报了电压过低的故障码。根据故障码及维修经验判断，这些控制单元同时损坏的可能性是非常小的，通过查找电路图发现，这些部件都采用 30g 供电。同时在后 SAM 控制单元中也报了 30g 的故障码。查看 30g 的电压实际值，发现为 0.00V，显然不正常，如图 3-68 所示。

接着根据故障引导进行检测，首先关闭点火开关，将插 1V 插头从后 SAM 控制单元上拔下，然后测量此插头和搭铁之间的电压，实际测量为 0V，不正常。接着测量 1V 插头到 F32 之间的线路阻值，为 0.3Ω，正常，如图 3-69 和图 3-70 所示。

相应的实际值状态 供电

⚠ 接头“30g”电压	0.00V	[11.00 .. 15.50]

相应的故障代码的状态

F	B219116“接头30g的供电电压处于有效范围之外。 低于电压极限值”	当前并且已存储
F	B219600“接头30g的供电电压< 7.5 V”	当前并且已存储
F	B219700“接头30g的供电电压< 8.5 V”	当前并且已存储
✓	B219117“接头30g的供电电压处于有效范围之外。 超出电压极限值”	不存在

图 3-68　后 SAM 中不正常的实际值

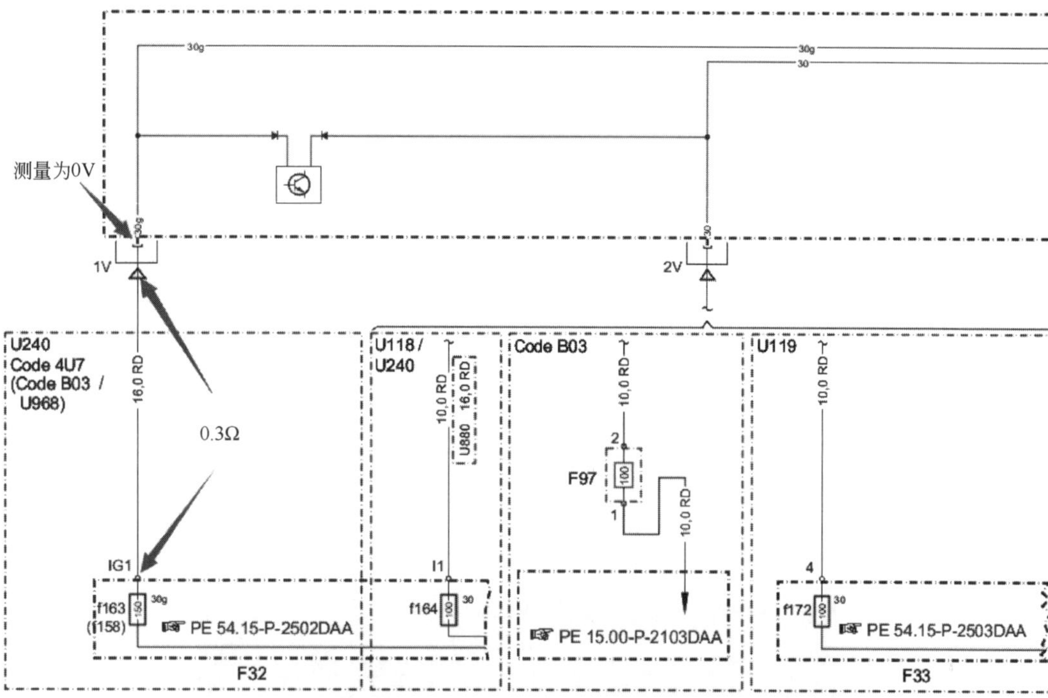

图 3-69　F32 到后 SAM 的电路图

图 3-70　后 SAM 中 30g 供电位置图

从电路图上可以看出，插头 1V 为 30g 供电，2V 为 30 供电。30g 供电来自 F32 熔丝盒，并且受 30g 继电器的控制。故障排查的重点锁定在 F32 熔丝盒，找到 F32 熔丝盒的电路图，如图 3-71 所示，30g 继电器的上游为 30 供电，经过 K2 继电器后变为 30g 供电，30g 继电器受后 SAM 控制，对比该电路图发现，该电路图标识错误，2V 插头应为 1V 插头。实际测量

30 供电为 12.3V，正常，但是测量 30g 为 0V，说明 F32 熔丝盒没有输出 30g 供电，位置如图 3-72 所示。经询问客户得知，车辆经过长时间停放后蓄电池亏电，无法启动，自己找了一个 24V 的蓄电池帮电启动，之后就出现了此现象。

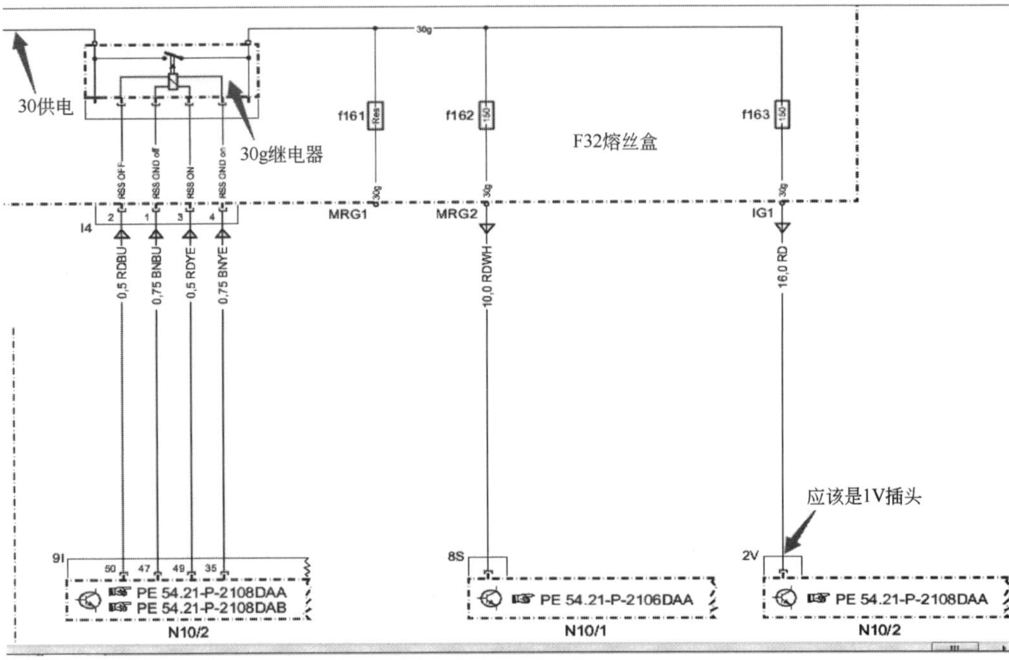

图 3-71　30g 继电器电路图

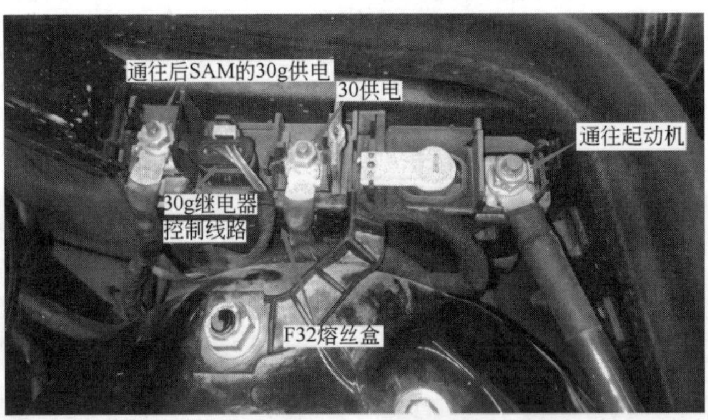

图 3-72　F32 部件位置图

尝试把 F32 熔丝盒更换后，各个系统都恢复正常。

案例 21

奔驰 E400 盲点辅助系统报警

1. 故障现象

一辆奔驰 E400，底盘号为 LE4212167，装配 276 发动机，7 速自动变速箱，行驶里程 5590km，客户反映仪表上盲点辅助系统报警。

2．故障分析及排除

接车后同客户一起验证故障现象，启动着车，仪表上立即出现“主动式盲点辅助系统停止运作”的报警，如图 3-73 所示。

图 3-73　仪表上的报警

主动式盲点辅助系统利用近距离雷达传感器检测两侧驾驶员视野范围以外，并且无法在车外后视镜中看到的区域（盲点），主动式盲点辅助系统还会综合考虑本车周围的环境，在变道操作期间即将发生侧面碰撞之前进行路线校正制动干预，除了车外后视镜中的警告指示以外，仪表盘中也会显示警告。制动系统的主动干预通过对各个车轮采取相应措施来发挥作用，并利用系统对车辆进行路线校正，可以避免出现事故或降低事故损害程度。

连接诊断电脑进行快速测试，读取的故障码如图 3-74 和图 3-75 所示。

N69/1 - Left front door (DCU-LF)

MB object number for hardware	212 901 16 05	MB object number for software	212 902 50 05
Diagnosis identifier	000221	Hardware version	11/27 00
软件状态	12/40 00	Boot software version	12/41 00
Hardware supplier	Temic	Software supplier	Temic
Control unit variant	DM_V212_MOPF2013_0221		

Fault	Text			Status
A80811	The output for the warning lamp 'Blind Spot Assist' has a malfunction. There is a short circuit to ground			S
	Name	First occurrence	Last occurrence	
	Frequency counter	—	1.00	
	Main odometer reading	3008.00km	3008.00km	
	Number of ignition cycles since the last occurrence of the fault	—	154.00	

S=STORED

图 3-74　读取的故障码（一）

N69/2 - Right front door (DCU-RF)

MB object number for hardware	212 901 17 05	MB object number for software	212 902 51 05
Diagnosis identifier	000221	Hardware version	11/27 00
软件状态	12/40 00	Boot software version	12/41 00
Hardware supplier	Temic	Software supplier	Temic
Control unit variant	DM_V212_MOPF2013_0221		

Fault	Text			Status
A80811	The output for the warning lamp 'Blind Spot Assist' has a malfunction. There is a short circuit to ground			S
	Name	First occurrence	Last occurrence	
	Frequency counter	—	1.00	
	Main odometer reading	3008.00km	3008.00km	
	Number of ignition cycles since the last occurrence of the fault	—	155.00	

S=STORED

图 3-75　读取的故障码（二）

故障码的含义为盲点辅助系统指示灯的输出端存在对地短路。对于这个故障码，厂家有相关的维修指导，需要对两前门控制单元进行升级，于是首先按照指导对两前门控制单元进行升级，之后系统恢复正常，进行试车也正常，于是把车交于客户使用。本以为故障就此解决了，谁知第二天客户再次进厂维修，依然反映盲点辅助系统停止运作。

再次连接诊断电脑进行快速测试，两前门控制单元内没有故障码，读取到其他控制单元的故障码如图 3-76 和图 3-77 所示。

N62/1 - 雷达传感器控制单元 (SGR)

梅赛德斯－奔驰硬件号	099 901 21 00	梅赛德斯－奔驰软件号	000 902 48 25
诊断标识	023015	硬件版本	13/07 00
软件状态	14/15 00	引导程序软件版本	13/06 00
硬件供应商	ADC	软件供应商	ADC
控制单元型号	RDU_212FR_023015		

事件	文本	状态
U0420EF	控制单元“N68［电子动力转向（ES）］”的控制器区域网络（CAN）信号“方向盘角度”不可信	S

S=已存储

图 3-76　读取的故障码（三）

N68 - 电动动力转向 (ES)

梅赛德斯－奔驰硬件号	204 901 01 04	梅赛德斯－奔驰软件号	218 902 75 01
梅赛德斯－奔驰软件号	218 903 24 00	诊断标识	000105
硬件版本	11/28 03	软件状态	13/14 00
软件状态	13/14 00	引导程序软件版本	10/26 00
硬件供应商	ZF Lenksysteme	软件供应商	ZF Lenksysteme
软件供应商	ZF Lenksysteme	控制单元型号	EPS218_0105

故障	文本		状态
C128300	电子动力转向中转向角传感器的信号值相互之间不可信		A+S
	名称	首次出现	最后一次出现
	Liste der KFC-Nummern	—	5B 04 FF FF FF FF FF FF FF FF

A+S=当前并且已存储

图 3-77　读取的故障码（四）

首先对雷达传感器控制单元（N62/1）中的故障码进行引导检测，引导提示控制单元N68（电动动力转向控制单元）故障存储器中存在与该系统相关的故障码。于是进入电动动力转向控制单元读取故障码，并对故障码进行引导检测，引导提示控制单元N80（转向柱控制模块）的控制器区域网络（CAN）信号缺失或不可信，接着要对转向柱模块中的部件N49（转向角传感器）进行检测，经检测与转向角传感器的通信是正常的，而转向柱模块内也没有任何故障码，在转向柱模块内查看转向角传感器的实际值都正常，如图3-78和图3-79所示。尝试对电动转向机进行升级及断电处理后，故障依旧。

相应的实际值状态

名称	实际值	标准值
转向角	6.1°	[-720.0 .. 720.0]
转向角传感器存在内部故障	否	否
转向角传感器的状态	已初始化	已初始化

图 3-78　转向柱模块内的实际值

实际值

编号	名称	实际值	标准值
746	供电电压	13.20V	[11.00 .. 15.50]
669	转向角	1.20°	[-560.00 .. 560.00]
334	方向盘中间位置偏移值	-1.50°	
182	内燃机的状态	接通	
008	初始车辆识别号		
687	当前车辆识别号		
994	转向机序列号	2124609800021422705649	
053	左侧转向极限位置状态	已学习	已学习
735	右侧转向极限位置状态	已学习	已学习

图 3-79　电动转向机内的转向角实际值

根据功能原理分析认为，电动转向机内一直存在当前故障码，而转向柱模块内的转向角传感器又正常，那就是电动转向机自身存在故障，误认为转向角度存在错误。尝试更换电动转向机后，故障码消失，进行试车，一切正常，故障排除。

案例22

奔驰 G550 盲点辅助系统报警

1．故障现象

一辆奔驰 G550，底盘号为 WDC463239，装配 176 发动机，行驶里程 14230km，客户反映仪表上盲点辅助系统报警。

图 3-80　仪表上的报警

2．故障分析及排除

接车后启动着车，仪表上立即出现“盲点辅助系统停止运作”的报警提示，车辆启动及行驶都正常，如图 3-80 所示。

连接诊断电脑进行快速测试，在仪表控制单元中存在与雷达传感器控制单元通信方面的故障码，如图 3-81 所示，同时发现两个盲点辅助系统控制单元检测不到。

A1 － 仪表盘（KI）

型号	零件号	供货商	版本
Hardware	166 901 37 05	Bosch	11/46 00
软件	463 902 74 01	Bosch	16/17 00
软件	463 902 24 01	Bosch	15/05 00
软件	463 902 76 01	Bosch	16/17 00
软件	463 902 26 01	Bosch	15/05 00
软件	463 902 27 01	Bosch	15/05 00
软件	463 902 79 01	Bosch	16/17 00
引导程序软件	—	—	14/31 00
诊断标识	002E03	控制单元型号	IC463_AeJ14

事件	文本	状态
U11A687	与“雷达传感器”控制单元的通信存在故障。 信息缺失	A+S

A+S=当前并且已存储

图 3-81　读取的故障码

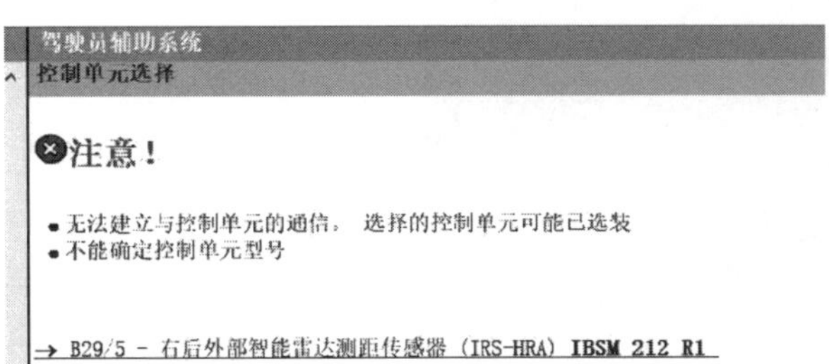

图 3-82　无法建立通信

首先根据故障引导进行检测，利用诊断电脑尝试与右后测距雷达传感器建立通信，但是诊断电脑提示无法建立与控制单元的通信，选择的控制单元可能已选装，如图 3-82 所示。

由于引导性检测并不能提供可靠、有效的解决方案，于是只好查找 WIS，并根据电路图进行测量。从电路图（图 3-83）中可以看出，两个雷达传感器的供电都来自 F4 熔丝盒（位于后备厢左侧）中的 f116 熔丝，并通过节点 Z36/35 连接，搭铁和 CAN 线也通过相应 Z 节点连接。首先检查了 f116 熔丝，正常。但在两个雷达传感器插头处测量供电，都为 0V，不正常。拔掉插头 X35/28（位于保险杠右侧），检查插头无腐蚀、进水痕迹。测量 f116 熔丝到 X35/28 中 7 号针脚之间的阻值为 0.3Ω，正常。但是测量 X35/28

中的 7 号针脚到两个雷达传感器插头之间的线路都为 OL，说明之间的线路存在断路。于是继续在后保险杠中排查线束，发现有一处已经磨损，如图 3-84 所示。修复受损线束后，清除故障码，仪表上的报警消失，试车正常。

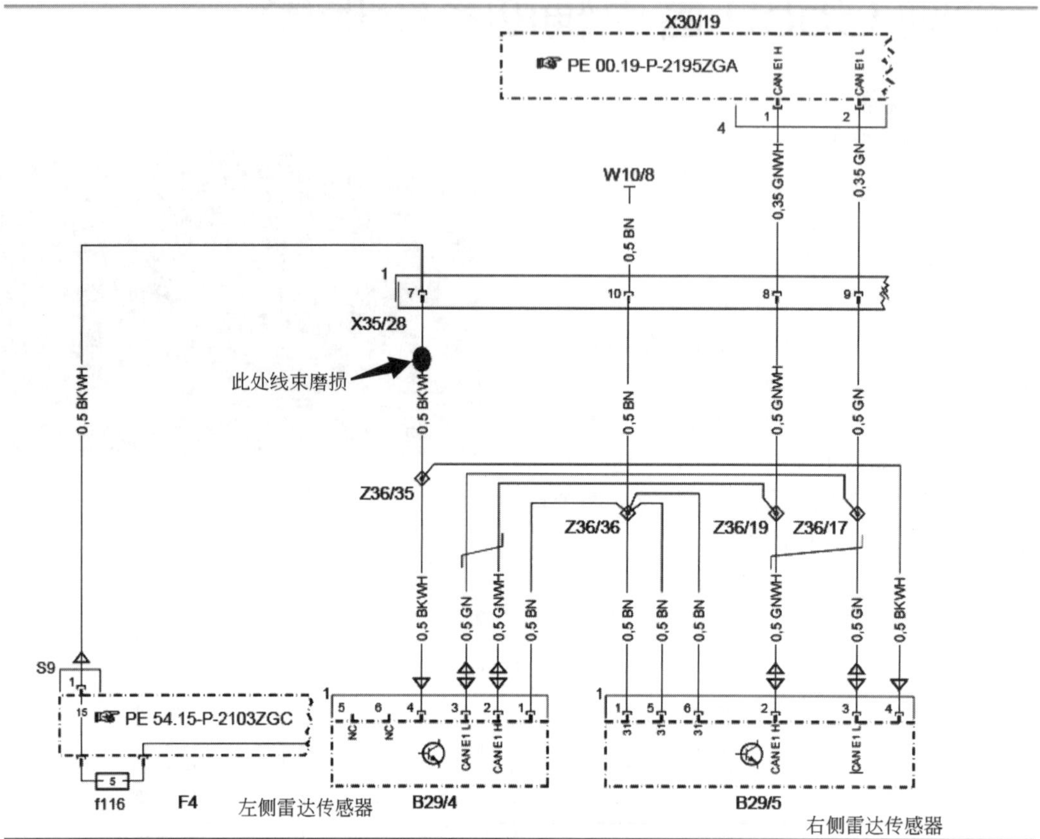

图 3-83　两个雷达传感器电路图

图 3-84　磨损的线束

盲点辅助系统功能介绍

盲点辅助系统利用近距离雷达传感器监测车辆后部及侧面区域，并在必要时告知驾驶员不建议在该时间段主动变道（转向信号启用）。从广义上讲，盲点辅助系统起着扩展外部后视镜的作用，但并不代表驾驶员在进行安全变道时没有责任。

视觉指示器指示盲点辅助系统的状态，并对变道过程中的危险状况发出警告（即有车辆处于盲点中）。通过相应外部后视镜中的盲点辅助系统就绪和警告指示灯发出视觉警告，还会通过仪表盘中的警告蜂鸣器发出警告声。

后保险杠雷达传感器根据“主从”原则工作，主功能或从功能可通过连接器编码确定。右后保险杠雷达传感器执行主功能。也就是说左后保险杠雷达传感器将其信息通过底盘控制器区域网络（CAN）发送至右后保险杠雷达传感器。后者对雷达传感器的相应信息进行评估，并将其相应的请求或数据通过底盘控制器区域网络（CAN）发送至相应的控制单元。

盲点辅助系统包含以下子功能。

（1）测量过程的功能顺序

利用雷达测量程序检测物体（盲点内的车辆），后保险杠雷达传感器发射成束的所谓“初级信号”电磁波，如果这些电磁波遇到物体，则会被其反射并作为“次级信号”被相应的后保险杠雷达传感器再次接收。可以利用这些信号计算物体距车辆的距离和运动速度及其相对于车辆的角度。

由于存在关于24GHz雷达系统的法规要求，在无线电天文设施的周围区域，雷达传感器系统会自动关闭，因此盲点辅助系统在这些受保护的区域中不会运行。天文台周围的限制区域存储于各后保险杠雷达传感器中，驾驶室管理及数据系统（COMAND）控制单元将当前全球定位系统（GPS）坐标通过车内控制器区域网络（CAN）和电子点火开关控制单元传送至后保险杠雷达传感器。后保险杠雷达传感器随后在受保护区域内关闭雷达传感器系统，仪表盘多功能显示屏中会显示信息“雷达传感器系统自动关闭，见用户手册”。盲点辅助系统就绪和警告指示灯呈黄色亮起。

如果车辆离开限制区域，则雷达传感器系统再次自动打开，并且黄色盲点辅助系统就绪和警告指示灯熄灭。

（2）系统和警告信息的功能顺序

当电路15接通时，盲点辅助系统就绪和警告指示灯开启，先呈红色亮起1.5s，然后变为黄色。车速在30km/h以上时，盲点辅助系统就绪和警告指示灯熄灭，然后盲点辅助系统准备好发出警告。

如果检测到系统故障，仪表盘的多功能显示屏中会显示相应的信息，并且盲点辅助系统就绪和警告指示灯呈黄色亮起。右后保险杠雷达传感器将功能就绪状态或输出故障信息的请求通过底盘控制器区域网络（CAN）和电子点火开关控制单元传送至仪表盘（故障信息输出），并且还会传送至两前车门控制单元，然后车门控制单元促动相应的盲点辅助系统就绪和警告指示灯。

在车速大于30km/h时，如果有车辆位于雷达传感器系统的探测区域中，则外部后视镜中的盲点辅助系统就绪和警告指示灯变为红色，提示驾驶员有车辆处于该侧的盲点中。无论其与装配盲点辅助系统车辆的相对速度如何，系统都会识别到经过的车辆并发出警告。如果驾驶员仍试图变道并通过操作组合开关（操作转向信号灯）发出信息，则仪表盘的警告蜂鸣器还会发出两声警告声，盲点辅助系统就绪和警告指示灯闪烁。如果外部车辆离开雷达传感器系统的监测区域，则呈红色闪烁的盲点辅助系统就绪和警告指示灯熄灭。

案例 23
奔驰 S400 启停功能不能用

1．故障现象

一辆奔驰 S400，底盘号为 WDD222165，装配 276 双涡轮增压发动机，7 速自动变速箱，行驶里程约 75400km，客户反映车辆启停功能不能用。

2．故障分析及排除

接车后启动着车，仪表上无报警，连接诊断电脑进行快速测试，各个控制单元都没有故障码。和客户一起路试以验证故障现象，发现仪表上的 ECO 指示灯一直为黄色，行驶很长时间也不会变为绿色。

利用诊断电脑进入发动机控制单元（ME）里的 ECO 状态实际值，发现实际值都正常，如图 3-85 所示。

ECO启动/停止功能的故障状态

实际值

编号	名称	实际值	标准值
475	变矩器锁止离合器	正常	正常
522	车载电网	正常	正常
361	制动辅助系统	正常	正常
095	与部件“ESP®”的控制器区域网络（CAN）通信	正常	正常
447	与部件“N51/2（主动车身控制控制单元）”的控制器区域网络（CAN）通信	正常	正常
406	驾驶员就位	正常	正常
750	油门踏板	正常	正常
808	自动变速箱	正常	正常
428	变速箱	正常	正常
262	与部件“直接选挡（DIRECT SELECT）换挡杆”的控制器区域网络（CAN）通信	正常	正常
106	与部件“转向系统”的控制器区域网络（CAN）通信	正常	正常
004	与部件“电动驻车制动器”的控制器区域网络（CAN）通信	正常	正常
289	ECO启动/停止功能激活的监控	正常	正常
309	内燃机	正常	正常
662	发动机罩	正常	正常
269	启动电机	正常	正常

图 3-85　启停功能的实际值

由于实际值都显示正常，也不能确定故障范围，尝试对发动机控制单元、变速箱控制单元、ESP 控制单元、前 SAM 控制单元及后 SAM 控制单元都升级后，故障依旧。接着对节气门清洗及对车辆断电 10min 后，故障依然没有改善。

在试车过程中，由于客户把空调温度调到最低，出风较冷，于是把温度调高一些，接着行驶不到 1km，ECO 指示灯就变为了绿色，踩住刹车停稳后，发动机自动熄火。经过反复试车发现，空调温度在 20℃以上时（只是一个大概的温度范围，并不是临界值），ECO 功能很快就准备就绪（ECO 指示灯显示绿色），当空调温度在 20℃以下时，经常出现 ECO 不能用的情况，但是空调系统的实际值也显示正常，如图 3-86 所示。

发动机停止预防 ：空调

实际值

缩写	编号	名称	实际值	标准值
KLA	464	发动机自动停止许可所需的通风口中温度传感器的实际温度和标准温度之间的允许偏差	未激活	未激活
KLA	645	车外温度过高	未激活	未激活
KLA	968	ECO启动/停止功能停用	未激活	未激活
KLA	388	风挡风玻璃和侧窗突然蒙上雾气会导致危险状况	未激活	未激活
KLA	950	未初始化	未激活	未激活
KLA	423	汽车内部空间的冷却装置	未激活	未激活
KLA	911	诊断	未激活	未激活
KLA	182	编码“ECO启动/停止功能”已在控制单元“N22/1（恒温控制控制单元）”中关闭	未激活	未激活
KLA	110	数据传输有错误	未激活	未激活
KLA	859	部件“蒸发器”上测得的温度过高	未激活	未激活

图 3-86　空调系统实际值

后经多次试车发现，在 E 级车和 B 级车上等都会出现类似情况，分析认为，ECO 功能就绪的条件中有“车内温度已调节”，但并没有一个车内温度准确值，当把温度调到最低时，如果发动机熄火，那么空调就不能满足车内温度调节，当温度调高时，车内对制冷的要求不那么高，就可以实现短时间的熄火了。

ECO 启动/停止功能的功能原理

车辆静止时，ECO 启动/停止功能自动关闭发动机，并在驾驶员希望起步时立即启动发动机，车辆静止时切断发动机可以降低燃油消耗量，从而减少废气排放。发动机控制单元不断地进行系统诊断，并评估 ECO 启动/停止功能的系统状态。ECO 启动/停止功能涉及的所有系统持续检查其状态并将此状态发送至动力传动系统控制单元（N127），再通过 CAN C1（传动系统控制器区域网络）发送至 ME 控制单元。如果满足功能要求，则仪表盘中的“ECO”符号呈绿色以通知驾驶员 ECO 启动/停止功能准备就绪。

如果满足以下功能要求，ME 控制单元就会关闭发动机。

① ECO 启动/停止功能按钮的指示灯亮起（表示系统无故障且 ECO 启动/停止功能启用）。

② 车速为 0km/h；冷却液温度介于 60～115℃之间；变速箱油温介于 10～120℃之间。

③ 发动机转速处于规定值范围之内。

④ 挡位范围位于“D”或“N”。

⑤ 油门踏板未操作。

⑥ 行车制动器已促动，直至车辆停止。

⑦ 制动助力器内具有充足的真空。

⑧ 空气悬挂系统、辅助制动器系统和距离调控系统未执行操作干预功能。

⑨ 发动机罩关闭。

⑩ 无碰撞信号。

⑪ 方向盘角速度处于规定值范围内。

⑫ 车载电气系统的状况正常。

⑬ 驾驶员车门关闭，已使用驾驶员座椅安全带。

⑭ 已调节车内温度。

发动机自动停止后，在不超过 8km/h 的情况下，最多允许自动停止 3 次，第 4 次发动机启动之后，车速必须超过 8km/h，以再次停止发动机。发动机自动停止的情况下，一旦打开发动机罩，ECO 启动/停止功能会关闭，且仪表盘中的所有指示符号亮起，必须使用遥控钥匙或者无钥匙启动按钮重新启动发动机。

发动机自动启动的功能顺序为：一旦踩下油门踏板或者松开制动器，发动机会立即启动，ME 控制单元通过接地信号促动起动机电路 50 继电器，继电器上的电源触点闭合，电路 50 利用来自电路 30 的电压为起动机电磁开关（M1）供电。燃油系统控制单元（FSCU）通过 CAN C 接收来自 ME 控制单元“规定燃油压力”控制器区域网络（CAN）信号，然后通过脉冲宽度调制（PWM）信号相应地促动燃油泵。

发动机强制启动作为一个保护功能，如果满足以下功能要求之一，则 ME 控制单元会自动启动发动机（驾驶员无须执行任何操作）。

① 车载网络的状况要求发动机运转。

② 冷却液温度高于 115℃。

③ 超出最长 3min 的发动机停机时间。

④ 空调系统要求发动机运转（例如挡风玻璃起雾）。

⑤ 制动助力器中的真空不在正常范围内（制动助力器中的剩余压力不低于-200mbar）。

⑥ 驾驶员座椅占用识别（驾驶员座椅安全带松开或者驾驶员车门打开）。

⑦ 改变方向盘转角 8° 以上。

⑧ 向前行驶的车速大于 2km/h 以及检测到溜车的片刻。

如果打开驾驶员车门或通过 ECO 启动/停止按钮关闭 ECO 启动/停止功能时，发动机也会启动。当结合挡位 R 时，会检测到挪车过程，且 ECO 启动/停止功能停用，如果发动机停止，系统会强制其启动，然后，结合挡位 D 且车速超过 15km/h 时，会重新启用 ECO 启动/停止功能。

案例 24

奔驰 E260 启动/停止功能不能用

1. 故障现象

一辆奔驰 E260，底盘号为 LE4212136，装配 274 发动机，行驶里程 13740km，客户反映车辆的启动/停止功能不能用。

2. 故障分析及排除

接车后启动车辆，仪表上无任何报警。和客户一起路试，发现启动/停止功能确实不能用，仪表上 ECO 指示灯始终显示为黄色。连接诊断电脑进行快速测试，各个控制单元都没有故障码。

利用诊断电脑进入 ECO 启动/停止功能的实际值，发现 ECO 启动/停止功能的故障状态实际值中，空调的实际值不正常，如图 3-87 所示。但是进入空调控制单元查看实际值，都在正常范围内，如图 3-88 所示。尝试调高空调出风温度及关闭空调，ECO 启动/停止功能依然不能用，对空调控制单元进行升级，但没有新软件，尝试对空调控制单元做试运行，并重新设码后，如图 3-89 所示，ECO 启动/停止功能恢复正常，故障排除。

实际值

编号	名称	实际值	标准值
655	按钮“ECO启动/停止功能”	正常	正常
657	车载电网	正常	正常
836	制动真空	正常	正常
384	车外温度	正常	正常
771	气压悬挂装置	正常	正常
661	系统	正常	正常
475	内燃机	正常	正常
870	启动电机	正常	正常
075	驾驶员就位	不正常	正常
304	空调	不正常	正常
373	越野技术组件	正常	正常
095	紧急任务用车	正常	正常
301	坡度	正常	正常
833	发动机罩	正常	正常

图 3-87　ECO 中空调系统实际值不正常

气候控制系统

实际值

编号	名称	实际值	标准值
416	制冷剂压力	15.80bar	[0.00 .. 35.00]
882	B10/6 （蒸发器温度传感器）	4.50°C	[-40.00 .. 90.00]
285	部件“A9（制冷剂压缩机）”的耗电量	0.93A	[0.00 .. 1.00]
447	B14（外部温度传感器）	55.00°C	[-40.00 .. 80.00]
439	车外温度	33.50°C	
188	B10/4 （车内温度传感器）	30.10°C	[-40.00 .. 90.00]
557	N70b1 （带集成式风扇的车内温度传感器）	28.60°C	[-40.00 .. 90.00]
043	冷却液温度	83.00°C	[-40.00 .. 125.00]
194	发动机转速	701 1/min	

图 3-88　空调系统实际值

编号	名称	值
000	国家规格	欧洲经济委员会（ECE）
001	当冷却液温度较高时关闭另一个冷却液泵	否
002	沙漠国家	否
003	B82 （车内湿度/温度传感器）	未激活
004	正温度变化系数（PTC）暖气增强系统	未安装
005	露点传感器	存在
006	B10/38 （后排脚坑出风口的出风口温度传感器）	已安装
007	采用智能空调温控系统（Thermotronic）时，新鲜空气/空气内循环风门和冲压空气风门的驱动机构相连接	否
008	在空调运行期间对蒸发器进行干燥	否
009	车顶控制板内的车内温度传感器数值是通过控制器区域网络（CAN）总线发射的	否
010	特种防护车辆	否
011	发动机自动停止时的鼓风机功率	100%
012	ECO启动/停止功能	未激活
013	A 9/5（电动制冷剂压缩机）	未安装
014	在发动机自动停止时根据车外温度激活空气内循环模式	否
015	发动机停止过程中的空调运行类型	舒适
016	散热器百叶片	不存在
017	延迟切换点，以增大冷却功率	是
018	阳光照射对车内空间温度调节的影响	100%
019	可以在空气内循环模式下进行便捷关闭	是
020	“空气内循环模式下的便捷关闭”模式	自动
021	A32n1（鼓风机调节器）	模拟输出端
022	在节能模式下运行空调	未激活

图 3-89　试运行结束后重新设码

案例 25

奔驰 S320 启动/停止功能不能用

1．故障现象

一辆奔驰 S320，底盘号为 WDD222162，装配 276 发动机，行驶里程 11680km，客户反映发动机启动/停止功能不能用。

图 3-90　仪表上 ECO 指示灯一直为黄色

2．故障分析及排除

接车后同客户一起试车发现，仪表上的 ECO 指示灯一直为黄色（系统正常为绿色），如图 3-90 所示，踩住刹车停稳后，发动机也不会自动熄火。

连接诊断电脑进行快速测试，读取的故障码如图 3-91 所示。

N10/6 - 前部信号采集及促动控制模组［前部信号采集及促动控制模组(SAM)］ -f-

梅赛德斯－奔驰硬件号	222 901 14 03	梅赛德斯－奔驰软件号	222 902 11 12
诊断标识	020018	硬件版本	13/08 002
软件状态	15/29 000	引导程序软件版本	12/06 005
硬件供应商	Hella	软件供应商	Hella
控制单元型号	BC_F222_E19_2		

故障	文本	状态
B21DF71	“启动电机用蓄电池退耦”继电器存在故障。促动器已拖死	S

S=已存储

图 3-91　读取的故障码

由于是存储的故障码，尝试清除故障码后进行试车。在试车过程中，进入发动机控制单元查看 ECO 的实际值，发现实际值都正常，如图 3-92 所示。但是经过试车发现 ECO 依然不能用，回店后再次进行快速测试，发现依然是报了原来的故障码。

发动机停止阻碍原因（内燃机）

实际值

编号	名称	实际值	标准值
805	燃油箱的加注液位	正常	正常
233	冷却液温度	正常	正常
377	发动机启动时的冷却液温度	正常	正常
075	热量管理	正常	正常
935	油轨压力	正常	正常
709	燃油温度	正常	正常
536	机油温度	正常	正常
041	环境压力	正常	正常
477	氮氧化合物存储式催化转换器	正常	正常
488	发动机控制系统	正常	正常
326	发动机启动	正常	正常
311	发动机诊断	正常	正常
523	控制单元的内部温度	正常	正常
336	预热阶段	正常	正常

图 3-92　ECO 系统的实际值

对前 SAM 控制单元进行升级后试车，故障依旧。查找 WIS，找出退耦继电器的电路图，如图 3-93 所示。根据电路图可以看出，退耦继电器集成在 F33 熔丝盒内，并且是由前 SAM 控制单元控制的，于是拆掉后备厢内衬，找到退耦继电器，测量退耦继电器到前 SAM 之间的线束阻值为 0.8Ω，正常。尝试把 F33 熔丝盒更换掉，再次试车，ECO 功能已恢复正常。

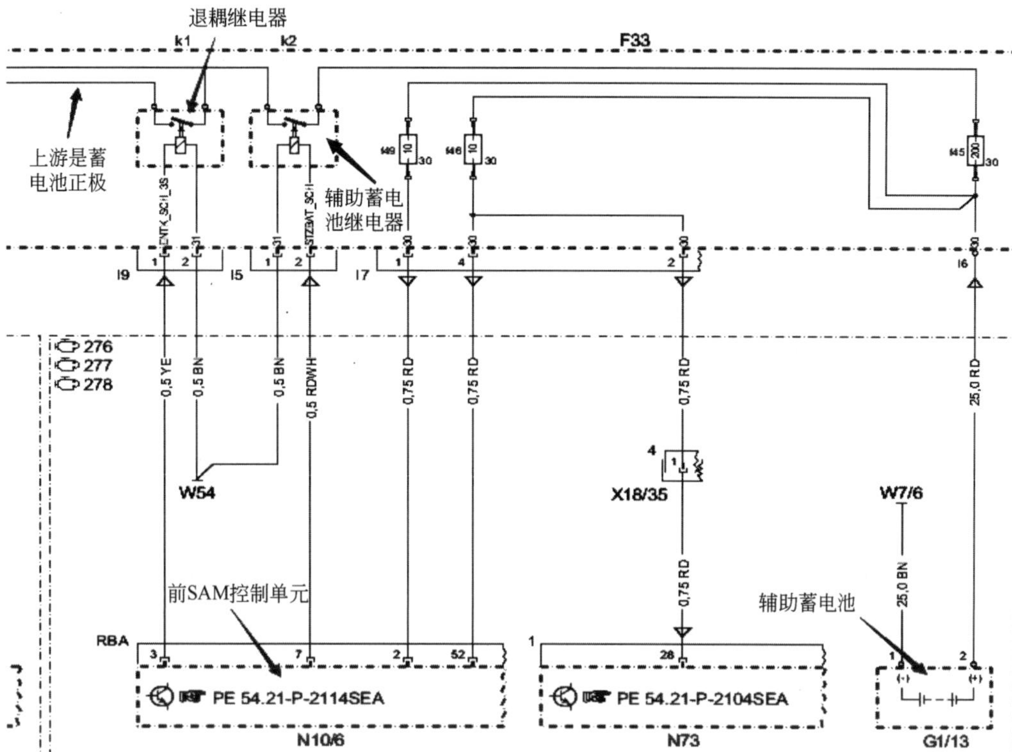

图 3-93　退耦继电器的电路图

案例 26
奔驰 S320 左后座椅靠背不能调节

1．故障现象

一辆奔驰 S320，底盘号为 WDD222162，装配 276 发动机，后排电动调节座椅，行驶里程 45640km，客户反映左后座椅的靠背不会动。

2．故障分析及排除

接车后首先验证故障现象，操作左后电动座椅的调节开关，发现只有靠背不会动，坐垫及头枕调节都正常。连接诊断电脑进行快速测试，读取到左后电动座椅控制单元的故障码，如图 3-94 所示。

故障引导提示，必须对左后座椅控制单元进行试运行，检测结束。于是首先按照引导提示进行试运行，试运行结束后会自动对左后座椅进行标准化学习，但标准化不能成功进行，标准化中断原因为：控制单元 N32/6（左后座椅控制单元）的供电电压过低。

接着按照提示利用诊断电脑通过促动检测部件 M27/11（左后座椅靠背倾斜调节电机），但促动时依然不会动。由于标准化学习中断的原因为控制单元的电压过低，所以准备检查测量一下左后座椅控制单元的线路。

N32/6 － 左后电动座椅调节［左后电动座椅调节（ESE）］ -F-

梅赛德斯－奔驰硬件号	222 901 89 02	梅赛德斯－奔驰软件号	222 903 51 00
梅赛德斯－奔驰软件号	222 902 83 03	诊断标识	00A00B
硬件版本	11/19 003	软件状态	14/15 000
软件状态	14/15 000	引导程序软件版本	12/41 000
硬件供应商	Conti Temic	软件供应商	Conti Temic
软件供应商	Conti Temic	控制单元型号	SEAT_RL222_BR222_Fond_A00B

故障	文本	状态
B228678	控制单元校准丢失或未进行。调校或调节不正确	A+S
事件	文本	状态
B1DAC54	靠背调节的标准化未进行。校准缺失	S
B1E0454	坐垫倾斜度的标准化未进行。校准缺失	A+S
B1E6F16	座椅控制系统的供电存在功能故障。低于电压极限值	S
B1F7D54	头枕高度调节装置的标准化未进行。校准缺失	S
B1F7E54	头枕倾斜度调节装置的标准化未进行。校准缺失	S

S=已存储，A+S=当前并且已存储

图 3-94 读取的故障码

从电路图（图 3-95）中可以看出，座椅控制单元的控制线路通过一个插头 X54/41，直接连接到了靠背调节电机。座椅控制单元位于后备厢的左侧，检查时需要把后备厢左侧内衬拆开，然后拔掉控制单元上的插头 1，在操作座椅靠背开关时，测量 1 号针脚和 7 号针脚之间的电压。正常工作时，座椅控制单元通过控制靠背电机的正反转，从而调节靠背的前后移动。此电压理论上为 12V，但在具体测量时其电压与座椅的移动方向和实际位置有关，并不一定为 12V 电压，实际测量控制单元发出的控制电压为 4.9V，此时靠背不会移动，这样的电压属于正常范围。

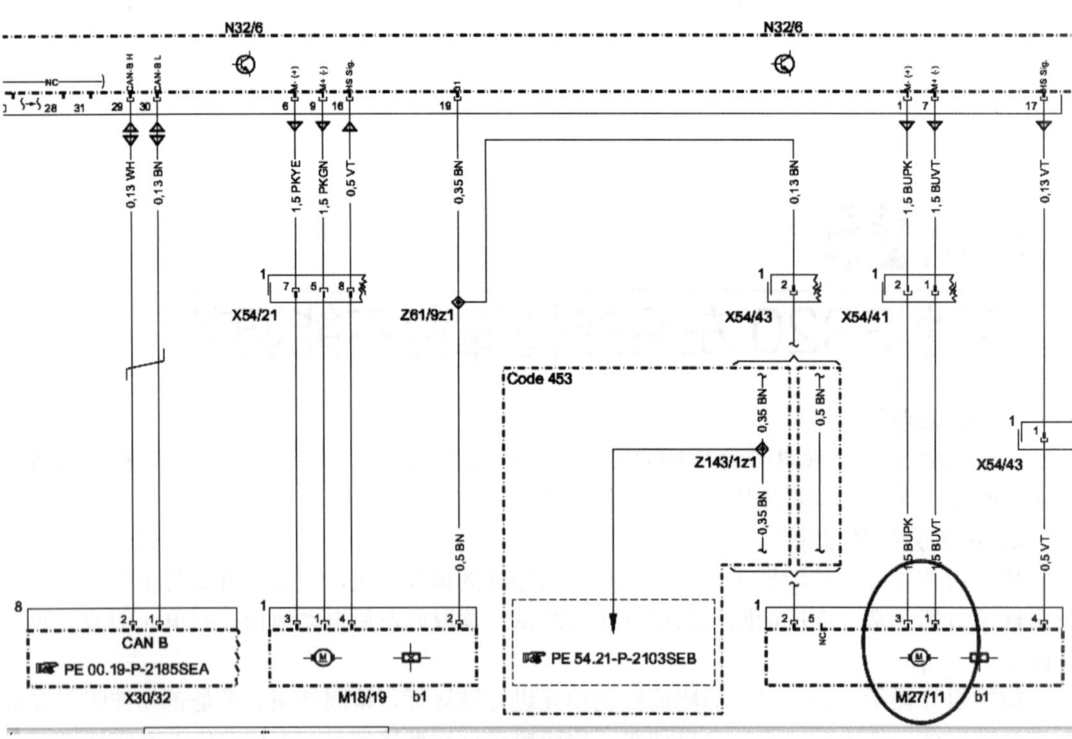

图 3-95 靠背调节电机电路图

根据检查结果，基本判定是靠背电机故障引起的，于是拆掉左后座椅准备检查电机。当把座椅拆掉时，发现了问题所在，在靠背后面卡着一个玻璃瓶子，如图 3-96 所示。把瓶子拿出来后，电机可以移动，把座椅装好，重新进行标准化学习后，座椅调节恢复正常。

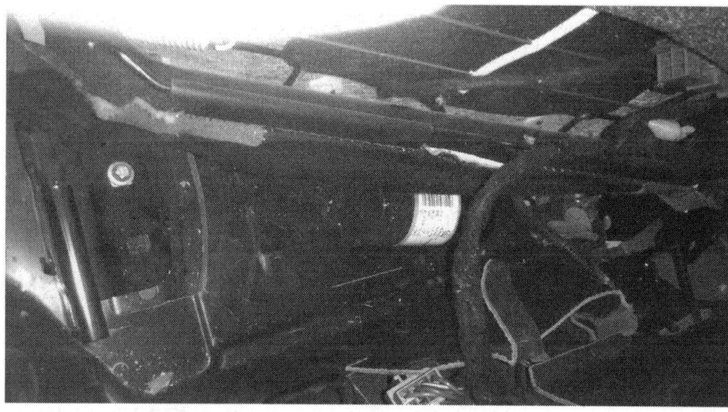

图 3-96　故障点位置

案例 27

奔驰 GLC260 两前座椅调节不正常

1. 故障现象

一辆奔驰进口车型 GLC260 Coupe，底盘号为 WDC253346，装配 274 发动机，9 速自动变速箱，行驶里程 12058km，客户反映两前座椅不能正常调节。

2. 故障分析及排除

接车后同客户一起试车，发现两前座椅调节正常，经询问客户得知，在日常使用中经常出现调节左前座椅时，右前座椅会向相反的方向移动。有时一两天出现一次，有时好几天也不出现，故障现象的出现没有规律性。经初步检查该车的配置情况是，装配两前电动调节座椅，有座椅加热功能，未配备座椅通风和座椅记忆功能，左前座椅开关未装配调节右前座椅的按钮。由于没有故障现象，于是建议客户把车留店观察并进一步检查。

经过反复试车后，故障现象终于出现了，当调节左前座椅向前移动时，右前座椅会向后移动，调节左前座椅向后移动时，右前座椅向前移动。但如果调节左前座椅的靠背，那么右前座椅靠背会和左前座椅的靠背同向移动。此时按下两前车门上的座椅加热按钮后，1s 后加热指示灯就熄灭了（座椅加热不能用）。

连接诊断电脑进行快速测试，读取的故障码如图 3-97 所示。

N10/8 － 后部信号采集及促动控制模组［后部信号采集及促动控制模组（SAM）］

梅赛德斯－奔驰硬件号	222 901 12 03	梅赛德斯－奔驰软件号	222 902 48 13
诊断标识	020017	硬件版本	13/09 001
软件状态	16/06 001	引导程序软件版本	12/06 005
硬件供应商	Hella	软件供应商	Hella
控制单元型号	BC_R222_E19_1		

事件	文本			状态
U11BC87	与“驾驶员”座椅加热器的通信存在功能故障。信息缺失			S
	名称	首次出现	最后一次出现	
	频率计数器	—	95	
	总行驶里程	12048km	12048km	
	自上次出现故障以来的点火周期数	—	1	
U11BD87	与“前排乘客”座椅加热器的通信存在功能故障。信息缺失			A+S
	名称	首次出现	最后一次出现	
	频率计数器	—	1	

图 3-97　读取的故障码

首先根据故障引导进行检测，故障引导提示，关闭 点火开关，将插头 1 从控制单元 N25/5（驾驶员座椅加热器控制单元）上拔下，然后接通点火开关并测量 2 号和 8 号针脚之间的电压，但是经过查阅车辆配置得知，该车装配的应该为 N32/1（驾驶员座椅控制单元），而 N25/5 为驾驶员座椅加热器控制单元，未装配座椅记忆组件，并且未装配电动调节式驾驶员座椅，说明故障引导存在错误。

故障现象短时间出现后就又消失了，只好本着先易后难的原则进行检查，先对左前车门控制单元、右前车门控制单元、后 SAM 控制单元进行了升级，但是故障现象依然存在。从网络图（图 3-98）上看出，左前车门或右前车门上的座椅调节开关信号通过 LIN 总线传送到相对应的车门控制单元，然后通过 CAN B 传送到后 SAM 控制单元，后 SAM 控制单元又通过 LIN 总线将信号传送到两前座椅控制单元，座椅控制单元通过促动相应的电机实现座椅的调节。后 SAM 控制单元是信号的采集者，并且是座椅调节信号的主控单元，怀疑是后 SAM 控制单元内部程序紊乱，发送了错误信号，造成两前座椅向相反的方向移动。于是就更换了后 SAM 控制单元，之后多次试车一切正常，本以为故障就此解决了，谁知第二天再次试车时，故障现象再次出现了。

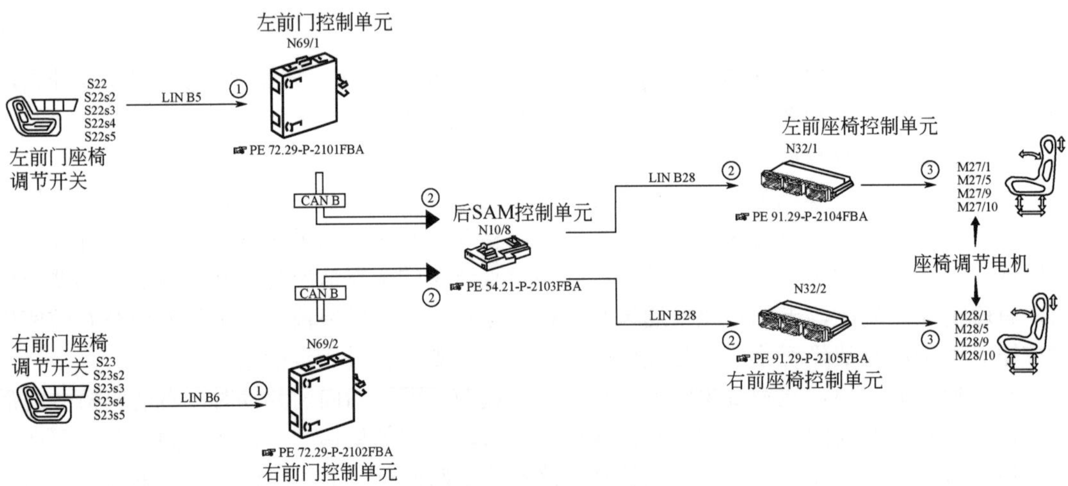

图 3-98　座椅调节网络图

为了彻底排除故障，就对整个信号传输线路进行仔细排查。当故障出现时，进入左前车门控制单元查看实际值，操作左前座椅开关时，实际值能够正常变化，而此时进入右前车门控制单元查看右前座椅的实际值，实际值没有变化，说明座椅开关调节信号是正确的。根据维修经验判断，两前车门控制单元损坏的可能性是比较小的，但为了保险起见，还是和正常车调换了两前车门控制单元，但试车故障依然存在。接着找出后 SAM 控制单元的电路图进行测量，如图 3-99 所示，首先检查了 K40/5 熔丝盒内的 f466 及 f465 熔丝，都正常。测量 PWR-1 和 PWR-2 插头的电压，都为 12.3V，正常。测量 HR 插头的 16 号针脚（后 SAM 的 15 供电）的电压为 12.3V，也正常。使用 HMS990 测量 CAN B 波形，在故障出现时，波形没有异常变化，这基本可以说明座椅调节信号从开关发出，到左前车门控制单元，再到后 SAM 控制单元这一路是正常的。

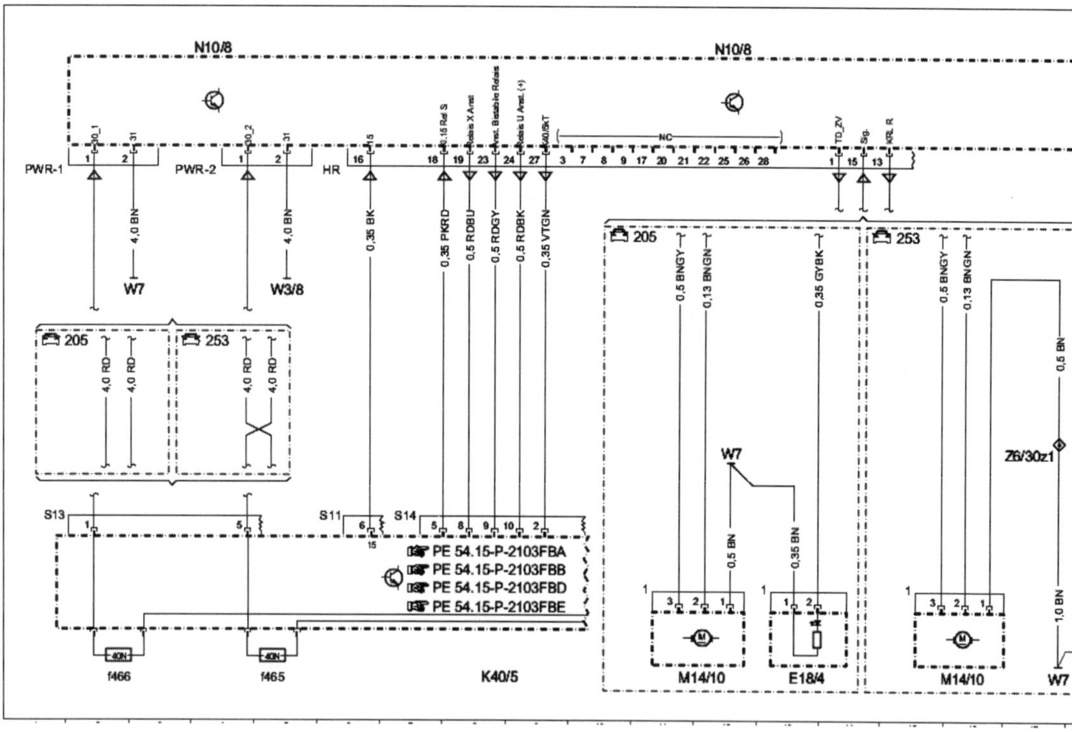

图 3-99　后 SAM 控制单元的电路图

后 SAM 控制单元的 LIN 总线信号自 34 号针脚发出，通过 Z 节点 Z137/1z1 将 LIN 总线信号传送至 N32/1（驾驶员座椅控制单元）、N32/2（前排乘客座椅控制单元）、N25/4（前排乘客座椅加热控制单元）、N25/5（驾驶员座椅加热控制单元）、N25/17（前部座椅加热器控制单元），根据车辆的实际配置，该车只有 N32/1 和 N32/2，如图 3-100 所示。实际测量后 SAM 控制单元到两前座椅控制单元之间的 LIN 总线阻值，为 1Ω 左右，也正常，检查插头及插针，都无松旷现象。

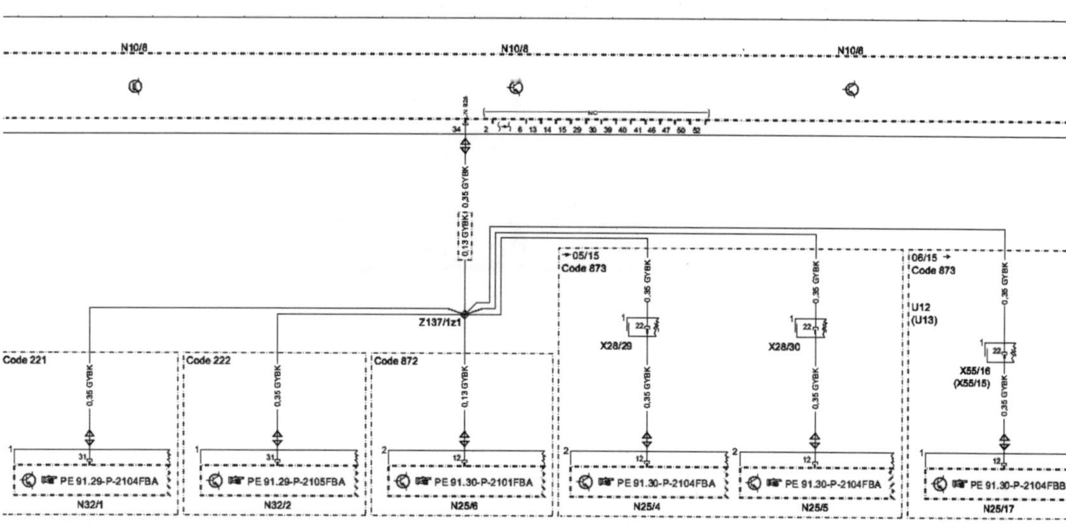

图 3-100　LIN 总线电路图

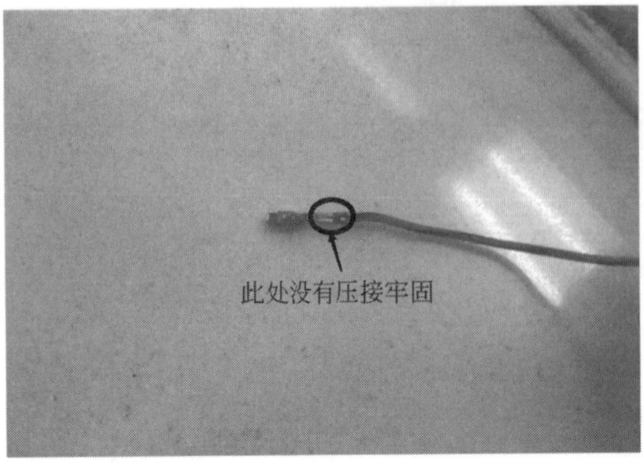

图 3-101　故障点位置

难道是座椅控制单元坏了？又和正常车调换了两个座椅控制单元，遗憾的是故障现象依然存在。就检查的结果来看，调换了所有的相关控制单元，测量了相关联的线路，没有任何问题。排查至此，故障陷入僵局。在思路没有方向的情况下，拔下右前座椅控制单元上的插头，准备对线束进行一根一根的排查，当轻轻拽动控制线（LIN 总线）时，LIN 总线从插针上脱开了，经仔细检查发现，线束出厂时没有压接牢固，存在虚接现象，故障点位置如图 3-101 所示。更换插针后重新装复，多次试车，故障没有再出现。

案例 28

奔驰 E300 无钥匙启动不能用

1．故障现象

一辆奔驰 E300，底盘号为 LE4212154，装配 272 发动机，7 速自动变速箱，行驶里程 30990km，客户反映无钥匙功能不能用。

2．故障分析及排除

接车后尝试启动车辆，当按下 KG（无钥匙启动）按钮时，仪表上出现“拔下启动按钮，插入钥匙”的提示，如图 3-102 所示。当拔下按钮插入钥匙着车时，车辆能够顺利启动，启动后仪表上无任何报警。

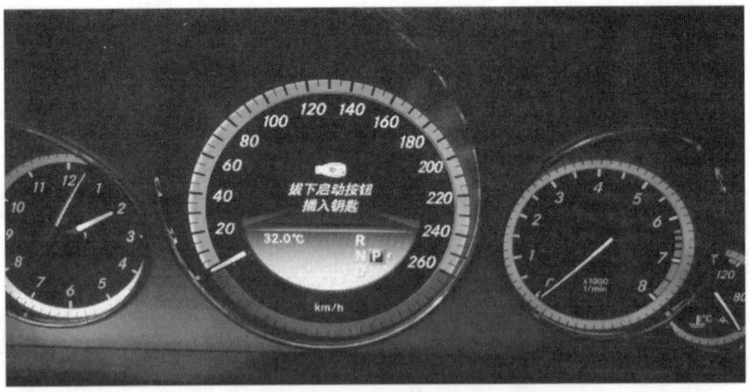

图 3-102　仪表提示插入钥匙启动

连接诊断电脑进行快速测试，发现 KG 控制单元检测不到。查找 WIS，找出 KG 控制单元的电路图，如图 3-103 所示，拆开后备厢右侧内衬，拔掉 KG 控制单元插头，测量 KG 控制单元的插头上供电为 0V，进一步检查发现后 SAM 控制单元中 f92 供电熔丝烧断。

在熔丝处测量对搭铁的阻值为 0Ω，说明线路中存在搭铁的地方，顺着供电的线路查找，果然发现有一处线束磨损，如图 3-104 所示，把线束包好后，并更换熔丝，KG 功能恢复正常。

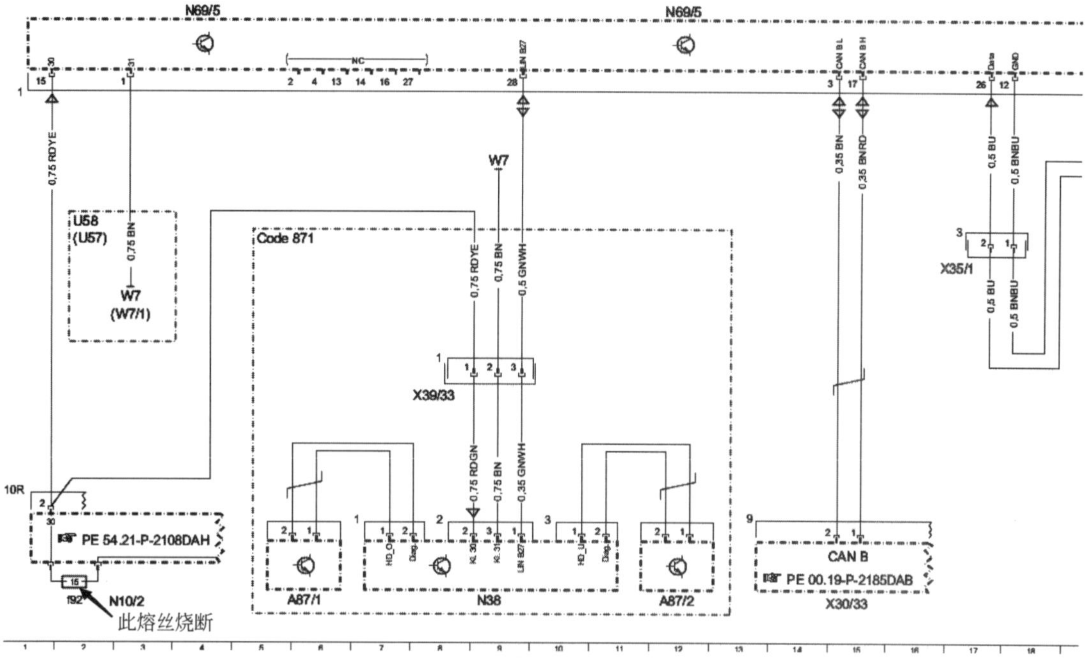

图 3-103　无钥匙启动电路图

图 3-104　磨损的线束

案例 29

奔驰 GLS400 仪表报警

1．故障现象

一辆奔驰 GLS400，底盘号为 WDC166856，装配 276 双涡轮增压发动机，9 速自动变速箱，行驶里程 1040km，客户反映行驶中仪表上出现多个系统报警。

2．故障分析及排除

接车后启动着车，发现仪表上无任何报警，发动机运转平稳。询问客户得知，买新车后回家途中，大概行驶了 200km，仪表上突然出现了多个系统报警，仪表灯全亮，靠路边熄火后再次启动，报警又都消失了，在高速时又出现过几次，低速时不会出现。

连接诊断电脑进行快速测试，读取到许多通信方面的故障码，如图 3-105～图 3-107 所示。

N3/10-内燃机“M276 涡轮增压器”的发动机电子设备“MED177V6LA”[ME（发动机电子设备）] - f -

梅赛德斯－奔驰硬件号	276 901 61 00	梅赛德斯－奔驰软件号	000 904 10 00
梅赛德斯－奔驰软件号	276 902 73 00	梅赛德斯－奔驰软件号	276 903 19 02
诊断标识	022451	硬件版本	12/14 00
软件状态	12/26 00	软件状态	15/39 00
软件状态	15/40 00	引导程序软件版本	12/26 00
硬件供应商	Bosch	软件供应商	Bosch
软件供应商	Bosch	软件供应商	Bosch
控制单元型号	M276LA_VC16		

故障	文本	状态
U015187	与辅助防护装置（SRS）的通信存在功能故障。信息缺失	S
U11A687	与“雷达传感器”控制单元的通信存在故障。信息缺失	S
U012287	与“牵引系统”控制单元的通信存在功能故障。信息缺失	S
事件	文本	状态
U014687	与中央网关的通信存在故障。信息缺失	S
U012887	与电动驻车制动器的通信存在故障。信息缺失	S
U015587	与仪表盘的通信存在故障。信息缺失	S
U011187	与“蓄电池”控制单元的通信存在故障。信息缺失	S
U015987	与驻车定位系统（PARKTRONIC）的通信存在故障。信息缺失	S
U021287	与转向柱模块的通信存在故障。信息缺失	S

图 3-105　读取的故障码（一）

N15/7 - 分动箱 (VG) - i -

梅赛德斯－奔驰硬件号	166 545 01 16	诊断标识	0/16
硬件版本	14/18	软件状态	14/41 02
供应商ID	3	供货商	Bosch
控制单元型号	Serienvariante_0010	软件梅赛德斯－奔驰件号（代码）	166 448 04 10

事件	文本	状态
290C	由控制单元“Y3/8n4（全集成化变速箱控制的控制单元）”通过控制器区域网络（CAN）总线发送的一个或若干个信号不可信	S
2909	未收到控制单元“N73（电子点火开关控制单元）”的控制器区域网络（CAN）信息	S
2908	未收到控制单元“N80（转向柱管模块控制单元）”的控制器区域网络（CAN）信息	S
2905	未收到控制单元“N97（后轴电子水平高度调节控制单元）”的控制器区域网络（CAN）信息	S
2907	未收到控制单元“N30/7（高级版本电控车辆稳定行驶系统控制单元）”的控制器区域网络（CAN）信息	S
2906	未收到控制单元“N51/3[空气悬架（AIRMATIC）控制单元]”的控制器区域网络（CAN）信息	S
2901	未收到控制单元“N93（中央网关控制单元）”的控制器区域网络（CAN）信息	S
291C	由控制单元“N47-5[电控行车稳定系统（ESP）、车速感应转向系统（PML）和制动辅助系统（BAS）控制单元]”通过控制器区域网络（CAN）总线发送的一个或若干个信号不可信	S
2912	由控制单元“N47-5[电控行车稳定系统（ESP）、车速感应转向系统（PML）和制动辅助系统（BAS）控制单元]”通过控制器区域网络（CAN）总线发送的一个或若干个信号不可信	S

S=已存储

图 3-106　读取的故障码（二）

Y3/8n4 - 9挡变速箱的变速箱控制系统[启动离合器油压传感器（VGS）] - i -

梅赛德斯－奔驰硬件号	000 901 49 00	梅赛德斯－奔驰软件号	000 000 00 00
梅赛德斯－奔驰软件号	000 902 86 30	梅赛德斯－奔驰软件号	000 000 00 00
诊断标识	000905	硬件版本	15/42 00
软件状态	13/17 00	软件状态	15/38 00
软件状态	15/38 00	引导程序软件版本	13/17 00
硬件供应商	Bosch	软件供应商	Bosch
软件供应商	MB	软件供应商	MB
控制单元型号	VGSNAG3_000905		

事件	文本	状态
U016800	与电子点火开关的通信存在故障	S
U012100	与电控车辆稳定行驶系统（ESP）的通信存在故障	S
U014600	与中央网关的通信存在故障	S
U016400	与空调的通信存在故障	S
U012600	与转向柱模块的通信存在故障	S
U015531	与仪表盘的通信存在故障。信号不存在	S

S=已存储

图 3-107　读取的故障码（三）

故障码太多，况且故障现象又不出现，一时不能确定故障范围。首先拆掉右前侧地毯，检查了与故障码相关控制单元的 CAN 线分配器，未发现异常，检查蓄电池两个极柱，未发现松动，故障排除一时没有了方向。从故障码内容并结合网络框图，如图 3-108 所示，分析发现只有底盘 CAN（CAN E）报了总线关闭的故障码，其他控制单元都是报通信存在故障，于是准备从底盘 CAN 上入手检查。

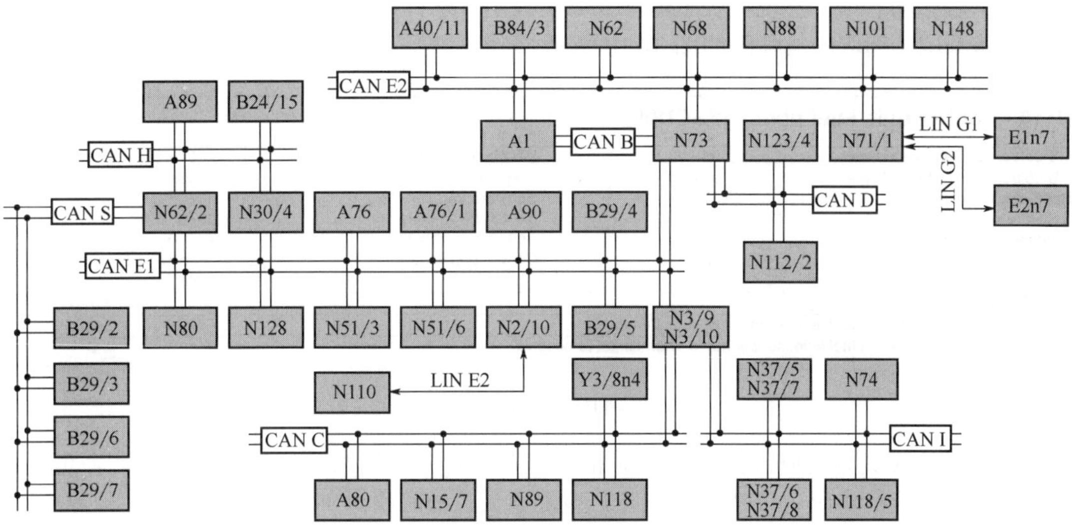

图 3-108　网络框图

由于 CAN 分配器已经检查过，于是准备检查 CAN E 上相连的控制单元，当检查底盘上的部件时，发现了问题所在，发现右侧智能雷达传感器的线束处于排气管口，由于尾气温度较高，把线束外面的绝缘侧都烧化并连在一起，如图 3-109 所示。本来雷达传感器线束是在保险杠里面固定的，估计是新车出厂时装配不到位，造成线束脱落。把线束重新包扎后，清除故障码，试车，一切正常。

图 3-109　故障点位置

案例 30

奔驰 E300 燃油表不显示

1．故障现象

一辆奔驰 E300，底盘号为 LE4213148，装配 274 发动机，9 速自动变速箱，行驶里程

11120km，客户反映燃油表不显示。

2．故障分析及排除

接车后启动着车，发现仪表上燃油表不能显示，除此之外，无任何报警。连接诊断电脑进行快速测试，读取的故障码如图 3-110 所示。

N118 - Control unit 'Fuel pump' (FSCU08) -F-

MB object number for hardware	000 901 72 02	MB object number for software	000 902 56 33
MB object number for software	000 903 26 10	Diagnosis identifier	00330B
Hardware version	13/43 000	Software version	15/47 000
Software version	16/19 000	Boot software version	11/20 000
Hardware supplier	Continental	Software supplier	Continental
Software supplier	Continental	Control unit variant	FSCM_GEN4_Programmstand_x30B

Fault	Text	Status
P206600	The left fuel level sensor has a malfunction	S
P206800	The left fuel level sensor has a short circuit to positive	A+S

S=STORED, A+S=CURRENT and STORED

图 3-110　读取的故障码

故障码的含义为左侧油位传感器对正极短路。首先根据故障码进行引导检测，但是故障引导提示，该故障码可以忽略和删除，检测结束。故障引导并没有提供可信的检测步骤。尝试对燃油泵控制单元进行升级后，仪表上油位可以正常显示，于是交于客户观察使用，但是半个月后，客户再次进店，依然反映燃油表不能显示。详细询问客户得知，故障都是出现在刚加过油后，平时都一切正常。进入燃油泵控制单元查看实际值，发现左侧油位不能显示，但是燃油泵的占空比及电流都是正常的，如图 3-111 所示，所以车辆启动及行驶没有受到影响。

燃油系统控制单元（FSCU）08	947	通过控制器区域网络（CAN）信息发送的燃油要求	是
燃油系统控制单元（FSCU）08	351	燃油泵电流	2.73A
燃油系统控制单元（FSCU）08	867	燃油泵电压	5.00V
燃油系统控制单元（FSCU）08	995	燃油泵转速	2567 1/min
燃油系统控制单元（FSCU）08	074	燃油泵当前的占空比	36%
燃油系统控制单元（FSCU）08	809	燃油压力	5.4bar
燃油系统控制单元（FSCU）08	461	燃油量	25.20L
燃油系统控制单元（FSCU）08	009	B4/1（燃油箱燃油液位指示器液位传感器，左侧）	0.00L
燃油系统控制单元（FSCU）08	247	B4/2（燃油箱燃油液位读数液位传感器，右侧）	25.60L

图 3-111　燃油泵控制单元的实际值

拆掉后排坐垫，拔掉插头 X18/3，测量左右两个油位传感器的阻值，即 X18/3 的 2 号及 3 号针脚，1 号和 4 号针脚，但是都显示 OL，说明不导通。对比测量正常车两个油位传感器也是处于不导通的状态，说明电路图标示是错误的，燃油泵电路图如图 3-112 所示。

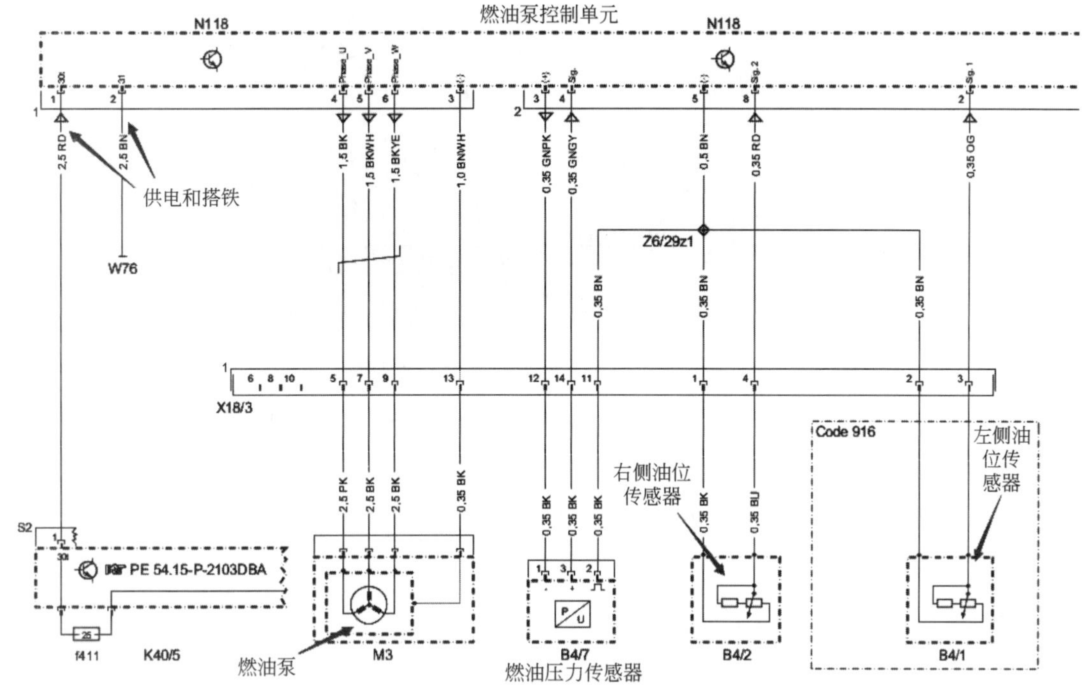

图 3-112　燃油泵电路图

在燃油泵控制单元中有三个燃油液位的实际值，B4/1 和 B4/2 的实际值因为有故障或者拔下插头的情况下，都会显示为 0L，实际值“燃油量”是由 B4/1 和 B4/2 相加得来的，但是只要 B4/1 或 B4/2 有一个因为故障显示为 0，那么仪表上的燃油量便不能正常显示。在实际值中可以看到，右侧油位实际值和燃油量实际值都可以显示，说明燃油泵控制单元自身可以计算出油量，怀疑是燃油泵控制单元发送了错误信号，造成仪表上的燃油表不能显示。于是和正常车互换了燃油泵控制单元后，交于客户观察使用，谁知一个星期后，故障再次出现，于是发报告取得技术部门同意后，把燃油箱更换掉，试车，故障现象一直没有再出现，故障排除。

案例 31 奔驰 GLA200 燃油表不显示

1. 故障现象

一辆奔驰 GLA200，底盘号为 LE4156943，装配 270 发动机，7 速双离合自动变速箱，行驶里程 1881km，客户反映仪表上的燃油表不显示。

2. 故障分析及排除

接车后尝试启动车辆，发动机能够正常启动，启动后仪表上发动机故障灯常亮。仪表上的燃油表处于最低位置，可行驶距离不能显示，但燃油液位指示灯没有点亮，如图 3-113 所示。经询问客户得知，车辆一直使用正常，加油后就出现了此情况。

图 3-113 仪表上的燃油表不显示

连接诊断电脑进行快速测试，读取的故障码如图 3-114 和图 3-115 所示，但是燃油泵控制单元内却没有存储故障码。

N3/10 - 内燃机“M270”的发动机电子设备“MED40”[ME（发动机电子设备）] —F—

型号	零件号	供货商	版本
Hardware	270 901 19 00	Bosch	13/09 00
软件	270 904 07 00	Bosch	12/11 00
软件	270 902 14 01	Bosch	19/15 00
软件	270 903 27 02	Bosch	19/15 00
引导程序软件	—	—	12/11 00
诊断标识	02288B	控制单元型号	VC11_A

故障	文本	状态
P046312	左侧油位传感器对正极短路。存在对正极短路	A+S
U145700	后部信号采集及促动控制模组的“燃油液位”信号未被仪表盘接收	S

S=已存储，A+S=当前并且已存储

图 3-114 读取的故障码（一）

A1 - 仪表盘（KI） —i—

型号	零件号	供货商	版本
Hardware	117 901 87 01	Bosch	15/29 00
软件	172 902 73 08	Bosch	18/02 00
软件	172 902 39 07	Bosch	17/26 00
软件	172 902 74 08	Bosch	18/02 00
软件	156 902 73 01	Bosch	18/02 00
软件	172 902 42 07	Bosch	17/26 00
软件	172 902 76 08	Bosch	18/02 00
引导程序软件	—	—	14/31 00
诊断标识	00240C	控制单元型号	IC_MFA_AeJ18

事件	文本	状态
U140329	收到一个不可信的“燃油液位”信号。存在一个无效的信号	A+S

A+S=当前并且已存储

图 3-115 读取的故障码（二）

从故障码中可以看出，仪表上的燃油表不能显示以及发动机故障灯亮都是由于左侧油位传感器存在故障而引起的。于是对故障码 P046312 进行引导检测，故障引导提示：读取控制单元 N10 的故障存储器并处理故障码，检测结束。但 N10（信号采集及促动模组 SAM 控制单元）中无任何故障码，显然不适合故障引导。

由于故障引导并不能提供有效的解决方案，于是只好根据系统原理进行检测。进入发动机控制单元，查看燃油箱的实际值，发现燃油箱的加注液位为 100L（燃油箱实际容积 50L），显然不正常，如图 3-116 所示。拆下油箱，然后拆掉燃油泵并对油位传感器进行测量，发现油位传感器处于最下端和最上端附近时，阻值都显示 OL，处于中间位置时阻值能够正常显示，说明油位传感器存在断路。于是把油位传感器更换掉（和燃油泵一起提供），加油试车，燃油表恢复正常。

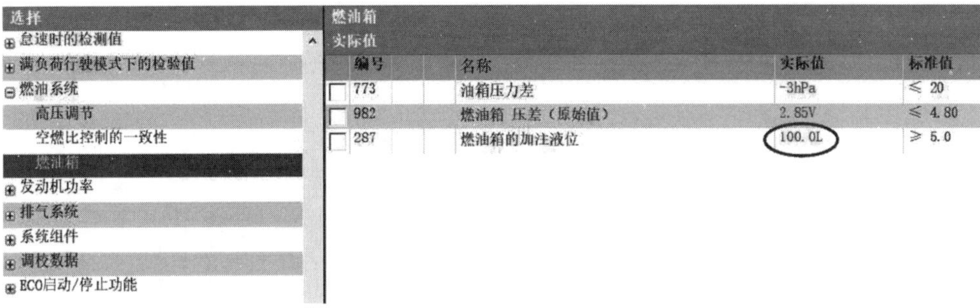

编号	名称	实际值	标准值
773	油箱压力差	-3hPa	≤ 20
982	燃油箱 压差（原始值）	2.85V	≤ 4.80
287	燃油箱的加注液位	100.0L	≥ 5.0

图 3-116　不正常的实际值

案例 32

奔驰 GLS400 蓝牙电话不能用

1．故障现象

一辆奔驰 GLS400，底盘号为 WDC166856，装配 276 发动机，行驶里程 87240km，客户反映连接蓝牙打电话时，可以听到对方说话，但对方听不到自己说话。

2．故障分析及排除

接车后首先验证故障现象，连接蓝牙后，给一位同事打电话，发现对方的确听不到车内的人说话，和客户描述现象的一致。

连接诊断电脑进行快速测试，读取的故障码如图 3-117 所示。

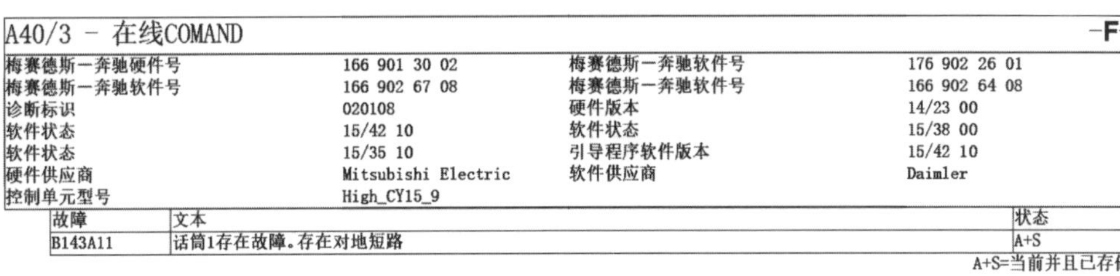

A40/3 - 在线COMAND　　-F-

梅赛德斯－奔驰硬件号	166 901 30 02	梅赛德斯－奔驰软件号	176 902 26 01
梅赛德斯－奔驰软件号	166 902 67 08	梅赛德斯－奔驰软件号	166 902 64 08
诊断标识	020108	硬件版本	14/23 00
软件状态	15/42 10	软件状态	15/38 00
软件状态	15/35 10	引导程序软件版本	15/42 10
硬件供应商	Mitsubishi Electric	软件供应商	Daimler
控制单元型号	High_CY15_9		

故障	文本	状态
B143A11	话筒1存在故障。存在对地短路	A+S

A+S=当前并且已存储

图 3-117　读取的故障码

首先根据故障码进行引导性检测，故障引导提示，在车内用正常的音量对着话筒讲话，实际值会在 200～700 之间变化。话筒位于车内后视镜上，有两个话筒，但观察该车实际值发现，话筒 1 的实际值为 0，并且不会变化，如图 3-118 所示。

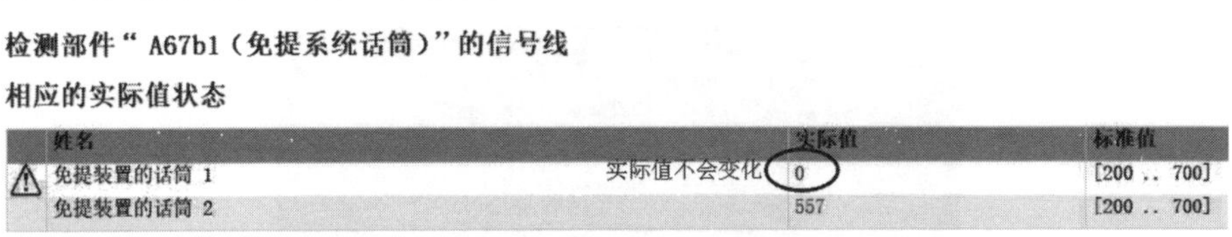

检测部件“ A67b1（免提系统话筒）”的信号线

相应的实际值状态

姓名	实际值	标准值
免提装置的话筒 1　　实际值不会变化	0	[200 .. 700]
免提装置的话筒 2	557	[200 .. 700]

图 3-118　不正常的实际值

从电路图（图 3-119）中可以看出，两个话筒的线束通过一个插头 X1 后，连接到了 COMAND 控制单元上，找到插头 X1，测量 X1 到 COMAND 控制单元插头之间的线束阻值，为 0.4Ω，正常，尝试更换一个车内后视镜后试车，正常，故障排除。

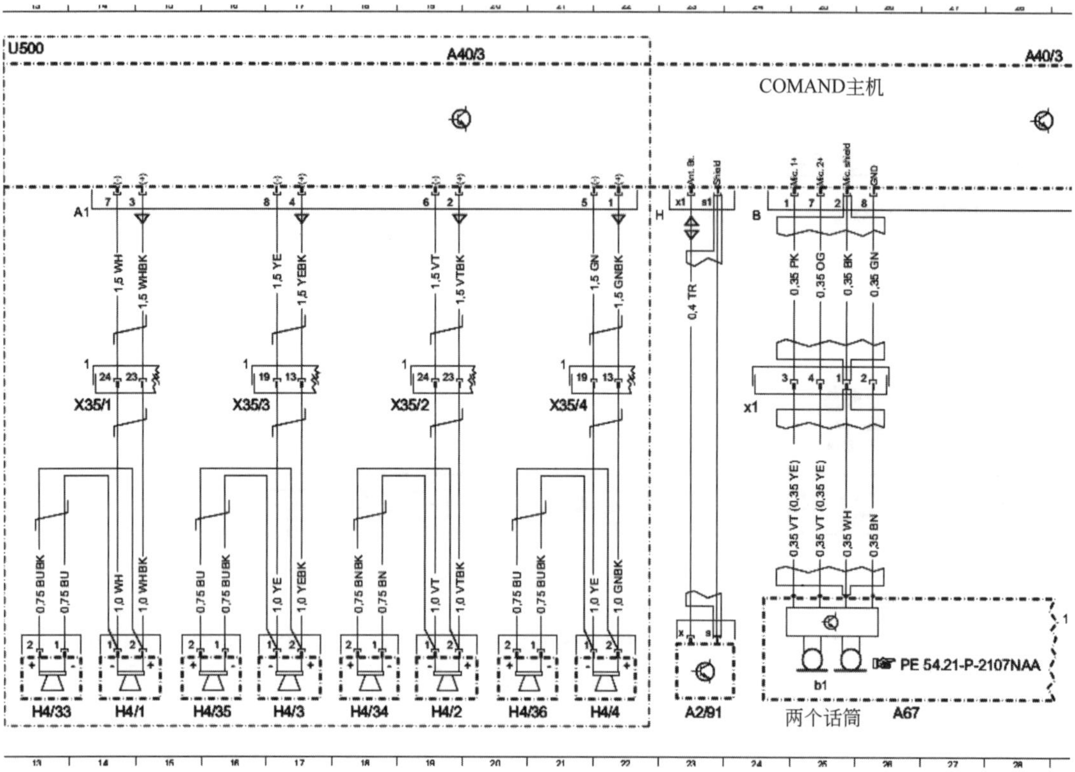

图 3-119　话筒相关电路图

案例 33

奔驰 C180 预防性安全系统报警

1．故障现象

一辆奔驰 C180，底盘号为 LE4205140，装配 274 发动机，9 速自动变速箱，客户反映仪表上预防性安全系统报警。

2．故障分析及排除

接车后启动着车，仪表上立即出现“PRE-SAFE”的报警提示，如图 3-120 所示，车辆启动及行驶都没有受到影响。

图 3-120　仪表上的报警

连接诊断电脑进行快速测试，读取的故障码如图 3-121 所示，同时发现快速测试控制单元列表中没有右前安全带拉紧器。

A1 – 仪表盘（KI）

梅赛德斯一奔驰硬件号	205 901 85 08	梅赛德斯一奔驰软件号	205 902 83 11
梅赛德斯一奔驰软件号	205 902 84 11	梅赛德斯一奔驰软件号	205 902 64 08
梅赛德斯一奔驰软件号	205 902 85 08	梅赛德斯一奔驰软件号	205 902 34 03
梅赛德斯一奔驰软件号	205 902 35 03	梅赛德斯一奔驰软件号	205 902 90 11
软件的梅赛德斯一奔驰件号（引导程序）	205 904 50 00	诊断标识	002C03
硬件版本	14/32 000	软件状态	15/46 000
软件状态	15/46 000	软件状态	15/27 000
软件状态	15/42 000	软件状态	14/41 000
软件状态	14/41 000	软件状态	15/46 000
引导程序软件版本	15/46 000	引导程序软件版本	15/46 000
硬件供应商	Continental	软件供应商	Continental
软件供应商	Continental	软件供应商	Continental
软件供应商	Continental	软件供应商	Continental
软件供应商	Continental	软件供应商	Continental
引导程序软件供应商	Continental	控制单元型号	IC222_IC205_E016_Muster

事件	文本	状态
U116887	与右前可逆安全带拉紧器的通信存在故障。信息缺失	A+S

A+S=当前并且已存储

图 3-121 读取的故障码

首先检查右前安全带的两个供电熔丝，都正常。于是拆掉右侧 B 柱饰板，并根据电路图（图 3-122）对线路进行测量，实际测量供电为 12.3V，正常。与安全带相连的是 CAN HMI（用户界面控制器区域网络），CAN L 为 2.36V，CAN H 为 2.60V，也正常。诊断至此，可以判断安全带损坏。

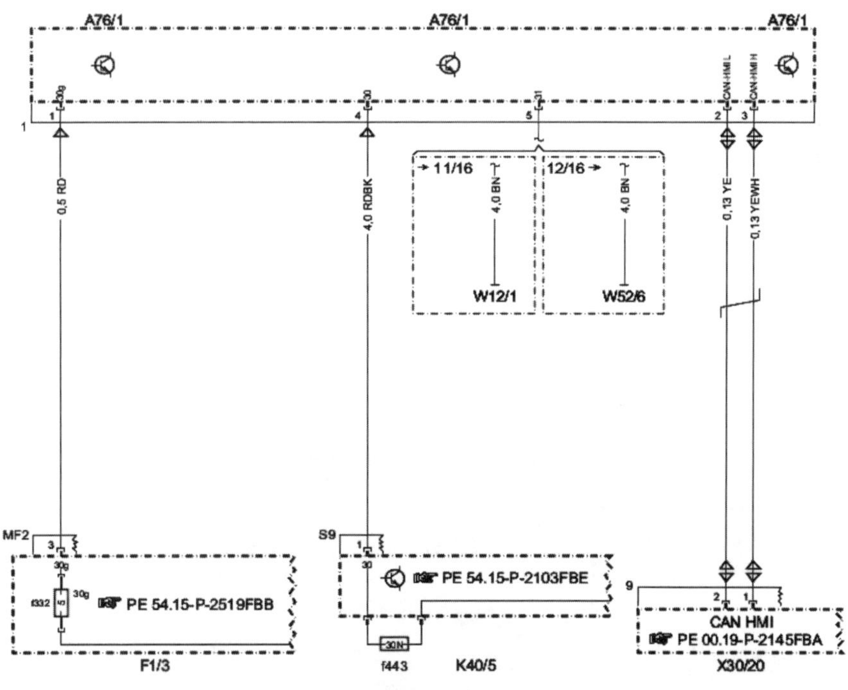

图 3-122 右前安全带电路图

于是更换右前安全带后试车，报警消失。

案例 34

奔驰 C180 行驶中仪表上安全带报警

1. 故障现象

一辆奔驰 C180，底盘号为 LE4205140，装配 274 发动机，行驶里程约 20370km，客户反映行驶时副驾驶没坐人，但是仪表上一直提示副驾驶未系安全带。

2. 故障分析及排除

接车后同客户一起试车，发现故障现象确实一直存在，连接诊断电脑进行快速测试，未发现相关故障码。进入 SRS 控制单元查看副驾驶座椅占用的实际值，发现在副驾驶未坐人的情况下，实际值显示已占用，如图 3-123 所示，显然不正常，说明是传感器自身错误造成误报警。于是把座椅占用传感器更换掉，再次试车，系统恢复正常。

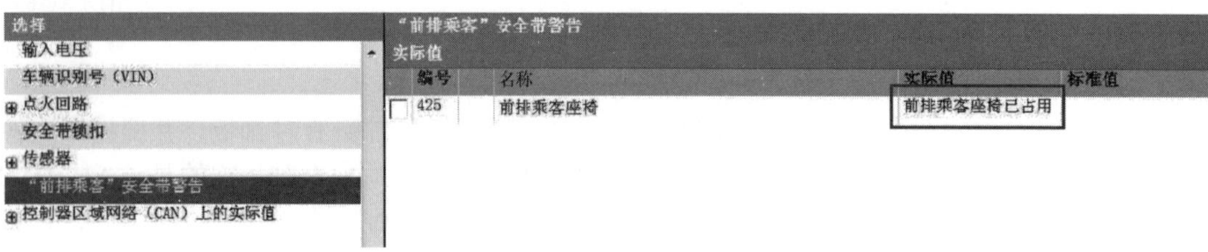

图 3-123 不正常的实际值

副驾驶座椅承载识别由副驾驶座椅承载识别系统传感器记录，仅可检测“座椅承载”或“座椅非承载”状态，辅助防护系统控制单元读取副驾驶座椅承载识别系统的相关信号。通过施加在座椅上的重量确定副驾驶座椅承载状态，为此，重量传感系统（装配副驾驶气囊自动关闭功能的车辆）控制单元测量施加在充有硅胶的坐垫上的压力，并将座椅承载识别系统的状态发送至辅助防护装置控制单元，如图 3-124 所示。如果副驾驶座椅已承载（占用），那么副驾驶侧气囊将会启用。前排乘客座椅的承载状态不会影响到辅助防护装置的触发行为，仪表盘需要承载状态，用于确定是否启动安全带警告功能。

图 3-124 座椅占用传感器

案例 35

奔驰 C260 仪表上发动机罩报警

1. 故障现象

一辆奔驰 C260，底盘号为 LE4205177，装配新款 264 发动机，9 速自动变速箱，行驶里程 5820km，客户反映仪表上发动机罩报警。

2. 故障分析及排除

接车后启动着车，仪表上立即出现发动机罩的报警提示，如图 3-125 所示。

图 3-125　仪表上的报警

连接诊断电脑进行快速测试，读取的故障码如图 3-126 所示。

N2/10 - 辅助防护装置［辅助防护系统（SRS）］			-F-
梅赛德斯－奔驰硬件号	205 901 26 14	梅赛德斯－奔驰软件号	205 902 30 19
梅赛德斯－奔驰软件号	205 903 03 01	梅赛德斯－奔驰软件号	205 903 87 00
诊断标识	020004	硬件版本	16/03 000
软件状态	17/46 000	软件状态	17/04 000
软件状态	16/27 000	引导程序软件版本	15/19 000
硬件供应商	Continental	软件供应商	Continentai
软件供应商	Continental	软件供应商	Continental
控制单元型号	ORC213_R18_KM1717_0x20004		

故障	文本	状态
B273113	右后发动机罩升降器的引爆装置存在功能故障。存在断路	A+S
B273013	左后发动机罩升降器的引爆装置存在功能故障。存在断路	A+S
B005213	“前排乘客”安全带锁扣存在功能故障。存在断路	S
B275113	“前排乘客”侧部气囊的引爆装置存在功能故障。存在断路	S

图 3-126　读取的故障码

根据故障引导查看发动机罩引爆装置的实际值为 255.00Ω，标准值为 1.90～6.10Ω，如图 3-127 所示。检查发动机罩引爆装置时，发现引爆装置已触发。询问客户得知，在行驶中无意中撞到一条狗，然后就出现了该报警。于是更换两个发动机罩引爆装置后试车，报警消失，发动机罩引爆装置安装位置如图 3-128 所示。

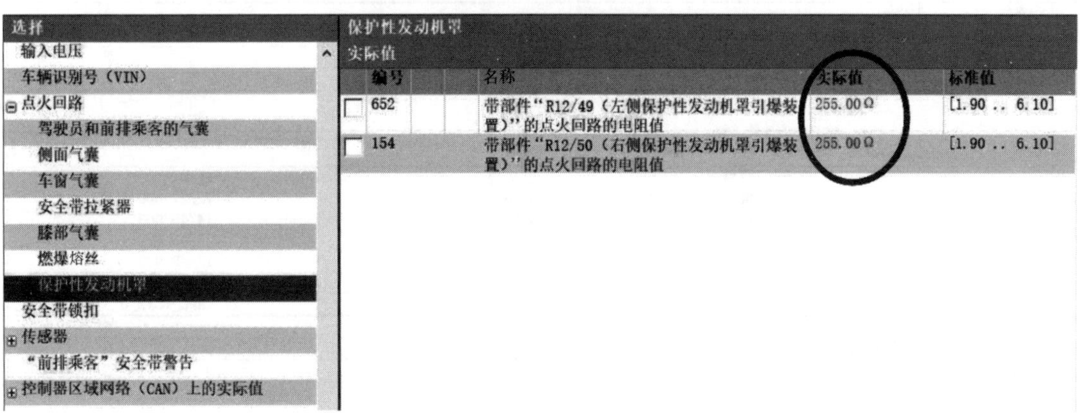

图 3-127　保护性发动机罩的实际值

该车装配有主动式发动机罩，其目的是如果与行人或骑行人发生正面碰撞，发动机罩则会升起。发动机罩与发动机舱内主要总成件之间的空间会增大，以提供额外的变形空间，也就是可以更早地吸收对人体上半身的撞击，从而降低重伤风险。该系统使用前保险杠中的传感器，当传感器监测到碰撞时，会通过两个触发压缩气体腔来升起发动机罩约 80mm。

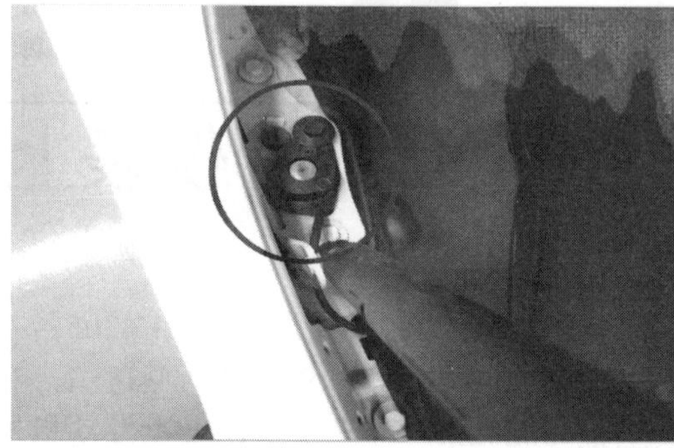

图 3-128 发动机罩引爆装置安装位置

案例 36

奔驰 C180 停放一天后全车没电

1．故障现象

一辆奔驰 C180，底盘号为 LE4205140，装配 274 发动机，9 速自动变速箱，行驶里程 41109km，客户反映车辆停放一天后就会出现全车没电的情况。

2．故障分析及排除

接车后启动车辆，发动机能够顺利启动，启动后仪表上无任何报警。询问客户得知，最近一段时间总是出现停放一天后，就会出现全车没电。搭电启动后，使用车辆又一切正常。故障现象频繁出现，给用车造成很大麻烦。刚开始以为是蓄电池使用时间长了，存电能力下降造成的，更换一块新的蓄电池后，故障现象依然出现。

连接诊断电脑进行快速测试，读取到很多故障码，如图 3-129～图 3-131 所示。

N73 - 电子点火开关［电子点火开关（EZS）］

型号	零件号	供货商	版本
Hardware	205 901 66 10	Marquardt	13/29 001
软件	222 902 16 11	Marquardt	15/33 001
引导程序软件	—	—	14/40 001
诊断标识	020511	控制单元型号	EIS222_EIS222_0511

事件	文本	状态
B210D00	供电过低	S
U012208	与“牵引系统”控制单元的通信存在功能故障。存在一个信号故障或信息有错误	S
U116000	识别到一个总线恒醒源	A+S

S=已存储，A+S=当前并且已存储

N127 - “传动系统”控制单元（PTCU）

型号	零件号	供货商	版本
Hardware	000 901 64 02	Delphi	12/27 000
软件	000 902 09 29	Delphi	14/45 003
软件	000 903 98 05	Delphi	15/05 020
引导程序软件	000 904 17 00	Delphi	12/48 005
诊断标识	022F1C	控制单元型号	CEPC_VC12_0_Star2

故障	文本	状态
P056200	车载电网电压过低	S
P065800	促动器供电对地短路	S

S=已存储

图 3-129 读取的故障码（一）

N3/10－内燃机“M274”的发动机电子设备“MED40”[ME（发动机电子设备）]			-f-
型号	零件号	供货商	版本
Hardware	274 901 12 00	Bosch	12/12 000
软件	274 902 99 00	Bosch	16/03 000
软件	274 903 63 03	Bosch	16/33 000
引导程序软件	270 904 07 00	Bosch	12/11 000
诊断标识	02394F	控制单元型号	MED40_VC15

故障	文本	状态
U301100	“电路15断开”输入信号不可信	S

S=已存储

图 3-130　读取的故障码（二）

N10/6 - 前部信号采集及促动控制模组 [前部信号采集及促动控制模组(SAM)]			-F-
型号	零件号	供货商	版本
Hardware	205 901 39 04	Hella	13/08 002
软件	222 902 11 12	Hella	15/29 000
引导程序软件	—	—	12/06 005
诊断标识	020018	控制单元型号	BC_F222_E19_2

故障	文本	状态
B1F4500	起动机蓄电池电阻过高	S
B212173	“接头15”继电器1存在故障。促动器不打开	A+S
B214F15	“休眠电流关闭”开关输出端存在故障。存在对正极短路或断路	A+S
B214F73	“休眠电流关闭”开关输出端存在故障。促动器不打开	A+S
B21F516	接头30.1的供电电压处于有效范围之外。低于电压极限值	S
B21F616	接头30.2的供电电压处于有效范围之外。低于电压极限值	S
事件	文本	状态
B210A00	系统内的供电过低	S
B23267B	“清洗液液位”液位传感器存在功能故障。液位过低	S
U016864	与电子点火开关的通信存在故障。存在一个不可信的信号	S

S=已存储，A+S=当前并且已存储

图 3-131　读取的故障码（三）

根据客户描述的故障现象判断，车辆存在漏电情况。检查发现该车加装有 360° 摄像头系统，根据以往的经验，加装的电气部件存在不稳定性，已出现过多例漏电的情况。于是和客户沟通先把 360° 摄像头系统拆掉，然后再检查是否还存在漏电。于是把 360° 摄像头系统拆掉后，用电流钳测试静态电流，发现锁车后，静态电流一直在 7A 左右，而正常的静态电流会小于 0.05A，说明车辆上用电气存在严重漏电。

进入电子点火开关控制单元，查看两个总线恒醒源的两个存储条目，存在三个控制单元恒醒记录，如图 3-132 所示。进入前 SAM 控制单元，查看停机循环的数据，发现车辆锁止后，车内 CAN 总线一直没有休眠，并且耗电量较大，如图 3-133 所示。

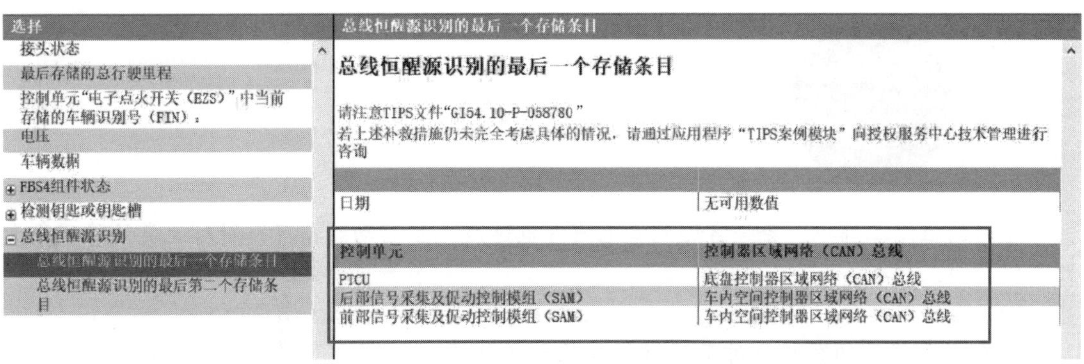

图 3-132　电子点火开关中的总线恒醒源

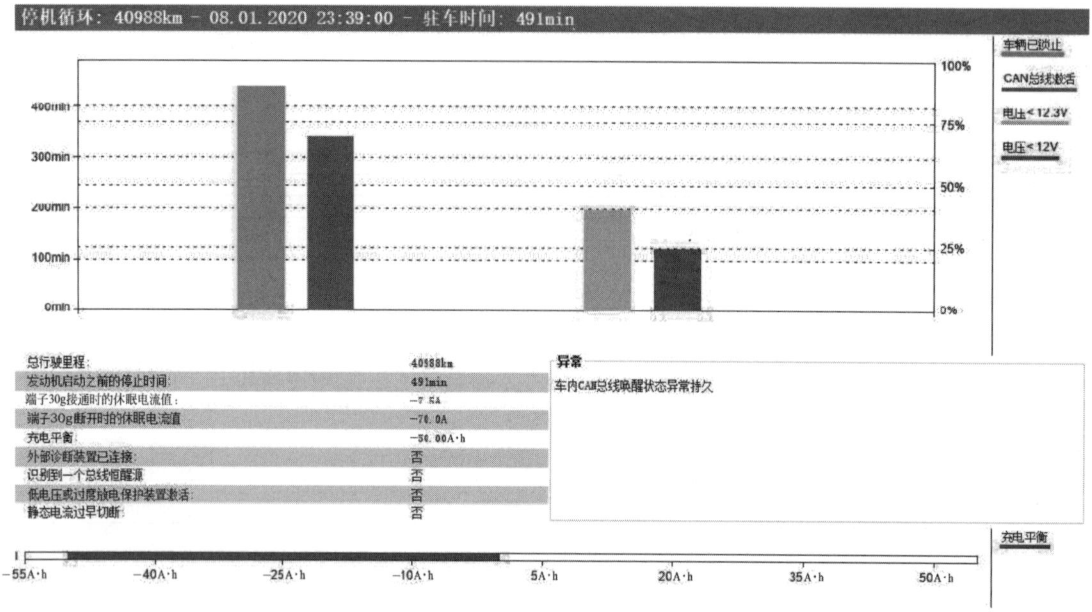

图 3-133 前 SAM 控制单元中的停机循环数据

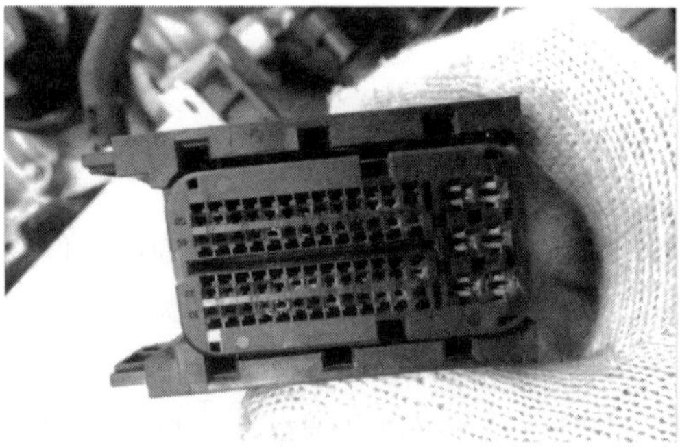

图 3-134 进水腐蚀的发动机控制单元插头

由于停机循环数据中显示车内 CAN 总线唤醒状态异常持久，于是首先对车内 CAN 上的控制单元进行了升级，升级后测量静态电流，发现依然存在漏电。针对漏电现象，最简单也是最有效的方法，就是逐个拔掉熔丝盒内的熔丝，同时观察静态电流的变化，如果拔掉某个熔丝后，静态电流明显大幅下降，那么该控制单元或用电器就是漏电部位。经检查发现发动机控制单元存在漏电，拔掉发动机控制单元插头检查，发现插头已经大面积腐蚀了，如图 3-134 所示。后询问客户，原来是由于发动机舱内有许多尘土，洗车时用水枪对机舱进行了冲洗，造成了发动机控制单元插头进水腐蚀，尝试对腐蚀的插头进行清洗吹干后，装复插头再次测量静态电流，能够下降到 0.03A，故障排除。

故障总结

平时的维修工作中，会经常遇到蓄电池亏电造成无法启动的情况，针对此类故障现象大致可以分为三大类。

（1）车辆有非原厂加装

现在越来越多的客户会对车辆进行加装或者改装，这些加装包括但不限于倒车影像、360° 摄像头、无钥匙进入或启动系统，GPS 定位系统、主机以及显示屏改装等。这些加装部件有时候不能和车辆进行完美匹配，往往是造成漏电的主要原因。如遇此类情况，需先把加装的电气部件拆掉，并对涉及的相关控制单元重新执行 SCN 设码。

（2）车辆外部原因造成车辆防盗系统频繁唤醒

车辆的停放位置、车辆周边的干扰等，例如带有后备厢“一脚踢”便捷开启的车辆，总有行人从车辆后部经过，造成车辆防盗系统频繁唤醒等。所以排除此类故障时，还要同客户仔细确认车辆的停放位置及周边环境。

（3）车辆内部原因造成漏电

漏电原因可能为控制单元本身漏电、控制单元软件原因造成车辆不休眠或者被唤醒、车辆的线束有短路、继电器不能断开、熔丝盒内部短路等。应首先进行快速测试，确认控制单元内是否有电压过低的故障码。然后查看电子点火开关（N73）内两个恒醒源是否有存储条目，并根据停机循环内的蓄电池放电记录确认放电量。最后检查静态电流，如果过大，则进一步查找漏电原因。

案例 37

奔驰 E260 停放一夜后全车没电

1．故障现象

一辆奔驰 E260，底盘号为 LE4212136，装配 274 发动机，7 速自动变速箱，行驶里程 99563km，客户反映车辆停放一夜后就会出现全车没电的现象。

2．故障分析及排除

接车后尝试启动车辆，发动机可以顺利启动，启动后仪表上无任何报警。经询问客户得知，车辆最近一段时间总是会出现亏电的情况，车辆停放时间只要超过 12h，就会出现发动机无法启动，达到 24h，蓄电池就会彻底没电，遥控器无法解锁车门。而帮电启动后车辆使用又一切正常。车辆使用将近 4 年了，客户自己怀疑是蓄电池内部老化，存电能力下降造成的，在修理厂更换了一块新蓄电池后，依然会出现早上无法启动的现象。

连接诊断电脑进行快速测试，读取到很多故障码，如图 3-135～图 3-137 所示。根据维修经验及故障码内容判断，这是由于蓄电池亏电，电压过低造成的。

N93 - 中央网关［中央网关（ZGW）］ f

型号	零件号	供货商	版本
Hardware	231 901 31 02	Bosch	13/40 01
软件	231 902 11 03	Bosch	13/40 80
引导程序软件	—	—	13/40 80
诊断标识	020303	控制单元型号	BR231_AJ2014_1

故障	文本	状态
P061000	控制单元的编码错误	S
事件	文本	状态
B210A00	系统内的供电过低	S
U118200	底盘控制器区域网络（CAN）网络管理不稳定	S
U118300	诊断控制器区域网络（CAN）网络管理不稳定	S
U116000	识别到一个总线恒醒源	S

S=已存储

图 3-135　读取的故障码（一）

根据客户所描述的故障现象，判断用电器存在漏电，于是接下来对静态电流进行测量，锁车 10min 后，静态电流一直在 5A 左右，居高不下。仔细检查全车用电器，没有发现任何加装的用电设备。进入电子点火开关控制单元中查看两个总线恒醒源的存储条目，发现 CAN

B、CAN E、CAN C 等都没有休眠。查看车载电网的实际值，发现锁车后车内 CAN（CAN B）异常唤醒，并且一直不能进入休眠状态。

N10/1 - 前部信号采集及促动控制模组［前部信号采集及促动控制模组(SAM)］ -F-

型号	零件号	供货商	版本
Hardware	212 901 45 07	Bosch	13/40 01
软件	212 902 06 09	Bosch	13/40 65
引导程序软件	—	—	13/40 65
诊断标识	000164	控制单元型号	AeJ2014_1

故障	文本	状态
B1E2113	缓冲蓄电池存在故障。存在断路	A+S
B1E2118	缓冲蓄电池存在故障。低于电流极限值	A+S
B1E211B	缓冲蓄电池存在故障。超出电阻极限值	A+S
事件	文本	状态
B219400	接头30的供电电压< 7.5 V	S
B219500	接头30的供电电压< 8.5 V	S
B210C16	供电处于有效范围之外。低于电压极限值	S
B219600	接头30g的供电电压< 7.5 V	S
B219700	接头30g的供电电压< 8.5 V	S
B219116	接头30g的供电电压处于有效范围之外。低于电压极限值	S

S=已存储，A+S=当前并且已存储

图 3-136　读取的故障码（二）

N10/2 - 后部信号采集及促动控制模组［后部信号采集及促动控制模组(SAM)］ -f-

型号	零件号	供货商	版本
Hardware	212 901 52 05	Hella	11/33 00
软件	212 902 61 07	Hella	13/21 03
引导程序软件	—	—	10/27 00
诊断标识	000342	控制单元型号	Diag_0342

故障	文本	状态
B219500	接头30的供电电压< 8.5 V	S
B210C16	供电处于有效范围之外。低于电压极限值	S
B214B72	“休眠电流接通”开关输出端存在故障。促动器不关闭	S
B214B15	“休眠电流接通”开关输出端存在故障。存在对正极短路或断路	S

S=已存储

图 3-137　读取的故障码（三）

在检查中发现，用万用表在 CAN B 和 CAN E 分配器处测量电压，CAN B、CAN E 分配器上一直有正常的工作电压，造成 CAN 线上的部件都不能休眠。用 HMS990 测试 CAN B 波形，发现锁车后 CAN B 试图进入休眠状态，但是马上又被唤醒，如图 3-138 所示。这就说明有电气部件干扰造成 CAN B 总线试图休眠但不能休眠。

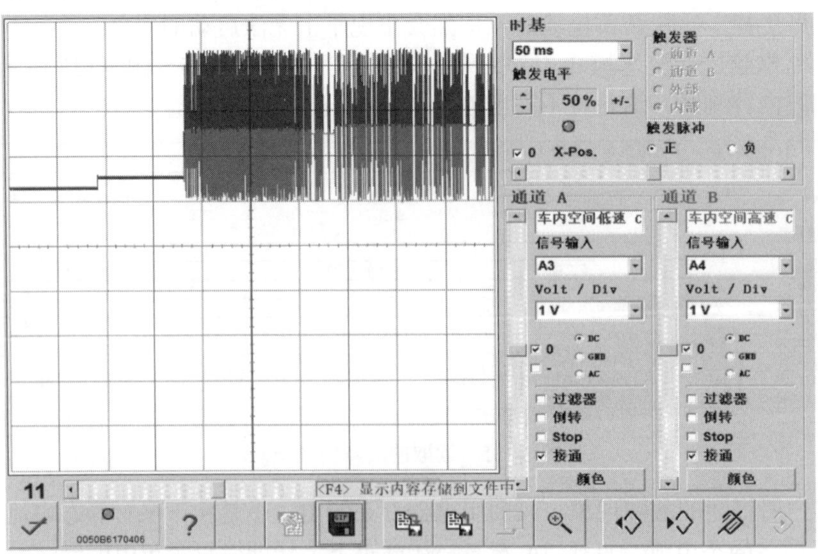

图 3-138　CAN B 波形

于是逐个拔掉熔丝，并观察静态电流的变化。经检查发现，拔掉了一个熔丝后，静态电流快速下降至 0.03A，已恢复到正常状态。故障点熔丝位置如图 3-139 所示。

图 3-139　故障点熔丝位置

查找 WIS 并对照该熔丝位置，熔丝是前 SAM 熔丝盒中 f27 号熔丝，熔丝的供电在熔丝盒内部一分为二：一路给发动机控制单元供电；另一路给电子点火开关控制单元供电，如图 3-140 所示。把发动机控制单元的插头拔掉，依然存在漏电，那么就剩下一个电子点火开关了。该车配置有 KG 功能，当把 KG 按钮拔掉后，发现静态电流快速下降至正常状态。反复试车发现，装上 KG 按钮静态电流就在 5A 左右，拔掉 KG 按钮就能恢复正常。但是在漏电状态下，用诊断电脑进入电子点火开关，查看实际值，并没有异常变化，如图 3-141 所示。怀疑电子点火开关内部软件故障，错误认为不断接收到 KG 按钮按下的信号，并反复让 CAN 总线激活。尝试对电子点火开关升级后，试车漏电依然存在，更换电子点火开关后，再次测量静态电流，恢复正常。

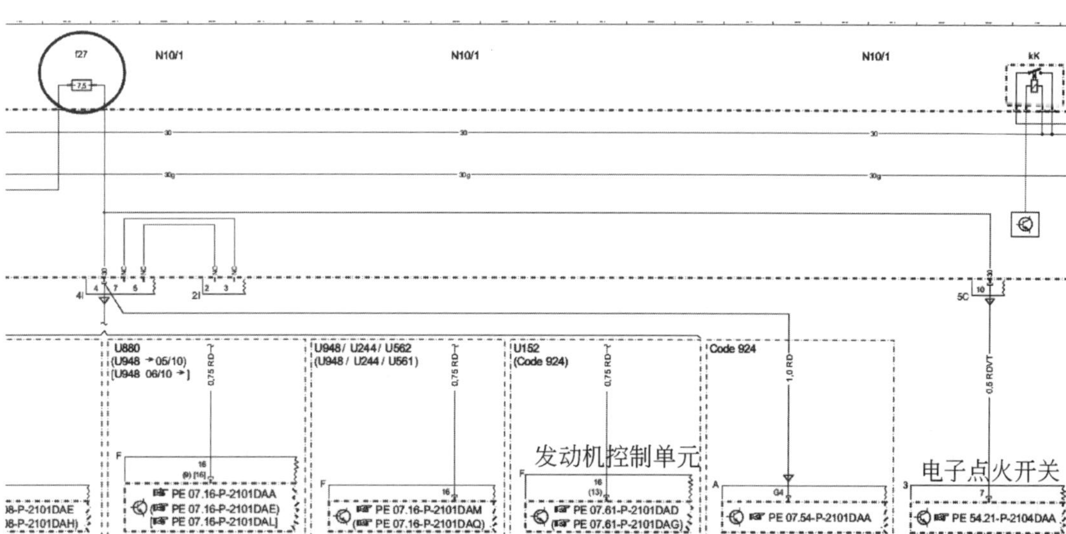

图 3-140　点火开关供电电路图

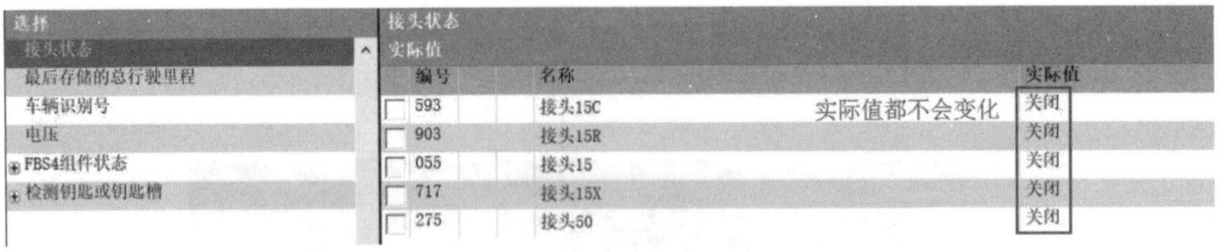

图 3-141　点火开关的实际值

案例 38

奔驰 A200 停放一夜后全车没电

1．故障现象

一辆奔驰 A200，底盘号为 LE4177987，装配 282 发动机，双离合自动变速箱，行驶里程 2195km，客户反映车辆放一夜后全车没电，发动机无法启动，于是救援拖回维修。

2．故障分析及排除

接车后用遥控器解锁车辆，发现没有任何反应，无法解锁。用机械钥匙打开车门后，首先用充电机进行充电。充电后发动机可以启动，同时仪表上出现发动机故障灯亮、驻车制动器报警等，根据经验判断，这些都是蓄电池亏电引起的，并不是真正的故障。询问客户得知，前段时间启动车辆时，仪表上也出现过几次 12V 蓄电池的黄色报警，这是提示给蓄电池充电的报警。当时没太在意，这次就出现了全车没电的情况。

此时，连接诊断电脑进行快速测试，读取到很多故障码，如图 3-142 和图 3-143 所示。

N73 - 电子点火开关（电子点火开关（EZS））　-F-

型号	零件号	供货商	版本
硬件	167 901 63 04	Continental	17/10 014
软件	167 902 45 06	Continental	18/42 003
软件	000 000 00 00	Hella	18/40 070
软件	000 000 00 00	Hella	18/40 070
软件	000 000 00 00	Continental	18/33 000
引导程序软件	—	—	15/51 001
诊断标识	00C00E	控制单元型号	EZS167_D8_Muster

故障	文本	状态
U103888	与诊断控制器区域网络（CAN）总线的通信存在功能故障。总线关闭	A+S
U104388	与外围设备CAN总线的通信存在功能故障。总线关闭	A+S
事件	文本	状态
B210A00	系统内的供电过低	S
B210D00	供电过低	S
U119887	与智能伺服模块（ISM）的通信存在故障。信息缺失	S

S=已存储，A+S=当前并且已存储

图 3-142　读取的故障码（一）

这些故障码在充电后都变成了存储故障码，都可以清除掉。再次进行快速测试，各个控制单元内都没有故障码。根据客户反映的情况，推断是有用电器漏电引起的，进入车载电网的实际值中，查看停机循环的数据，发现存在多次车内 CAN 总线唤醒的记录，并且锁车后蓄电池电压就低于 12V，如图 3-144 所示。这说明车内 CAN 上有用电器未休眠，造成漏电。于是对静态电流进行测量，锁车 10min 后，静态电流为 0.39A，标准值应不大于 0.05A，显然不正常。

排查用电设备时发现，客户买车后去外面加装了行车记录仪，在锁车后行车记录仪上的指示灯依然在闪烁，不能休眠，故障点位置如图 3-145 所示。拆除行车记录仪后，再次测试静态电流，可以下降到 0.02A，更换了一个新车行车记录仪后，故障排除。

N10 - 信号采集及促动控制模组 [信号采集及促动控制模组（SAM）] -F-

型号	零件号	供货商	版本
硬件	247 901 79 01	Continental	17/41 003
软件	247 902 20 04	Continental	19/30 000
引导程序软件	—	—	18/04 001
诊断标识	001106	控制单元型号	BCMFA2_R_15

故障	文本	状态
B1F4500	起动机蓄电池电阻过高	A+S
B25A664	“驾驶员车门”车门触点存在功能故障。存在一个不可信的信号	S
U012241	与“牵引系统”控制单元的通信存在功能故障。存在一个一般校验和故障	S
U012964	与“再生制动系统”控制单元的通信存在功能故障。存在一个不可信的信号	S
U016841	与电子点火开关的通信存在故障。存在一个一般校验和故障	S
U021241	与转向柱模块的通信存在故障。存在一个一般校验和故障	S
U023108	与雨量及光线传感器的通信存在故障。存在一个信号故障或信息有错误	S
U024108	与“左侧大灯”控制单元的通信存在功能故障。存在一个信号故障或信息有错误	S
U024208	与“右侧大灯”控制单元的通信存在功能故障。存在一个信号故障或信息有错误	S
事件	文本	状态
B210C16	供电处于有效范围之外。低于电压极限值	S
B21DB16	端子30.6的供电电压处于有效范围之外。低于电压极限值	S
B21F516	接头30.1的供电电压处于有效范围之外。低于电压极限值	S
B21F616	接头30.2的供电电压处于有效范围之外。低于电压极限值	S
B21F716	接头30.3的供电电压处于有效范围之外。低于电压极限值	S
B21F816	接头30.4的供电电压处于有效范围之外。低于电压极限值	S
B21F916	接头30.5的供电电压处于有效范围之外。低于电压极限值	S

S=已存储，A+S=当前并且已存储

图 3-143 读取的故障码（二）

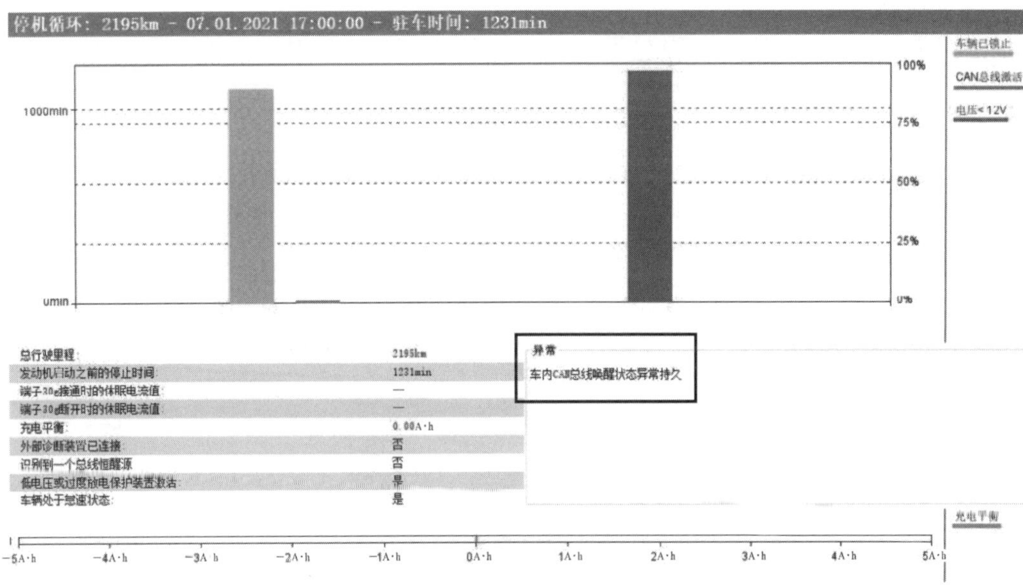

图 3-144 停机循环实际值

图 3-145 故障点位置

案例 39

奔驰 S63 AMG 驾驶员座椅坐垫不能加热

1．故障现象

一辆奔驰 S63 AMG，底盘号为 WDD222178，装配 157 发动机，电动调节式记忆座椅，客户反映最近驾驶员侧座椅的坐垫不能加热。

2．故障分析及排除

接车后首先验证故障现象，操作左前座椅加热开关，开关上的指示灯能够正常点亮，但过一会后，发现坐垫不热，靠背加热正常。连接诊断电脑进行快速测试，读取的故障码如图 3-146 所示。

B11FB18 “左前坐垫”加热垫存在功能故障。低于电流极限值　　当前并且已存储

依次出现的辅助信息

姓名	首次出现	最后一次出现
频率计数器	—	26
总行驶里程	23504km	25936km
自上次出现故障以来的点火周期数	—	0

图 3-146　读取的故障码

根据故障码进行引导性检测，首先检查了座椅下面的插头及线束，没有发现异常现象。接着打开左前座椅加热，实际值中显示处于“挡位 3”，但左前座椅加热垫的耗电量为 0.00A，标准范围为 0.00～4.60A，显然不正常。对比靠背加热的耗电量为 3.40A，正常，如图 3-147 所示。

左前座椅加热

实际值

编号	名称	实际值	标准值
704	要求的阶段 左前座椅加热	挡位3	
752	部件“R13/1（左前座椅加热垫）”的耗电量	0.00A	[0.00 .. 4.60]
544	部件“R13/2 （左前座椅靠背加热垫）”的耗电量	3.40A	[0.00 .. 5.50]
685	脉冲宽度调制（PWM）信号R13/1（左前座椅加热垫）	0%	[0 .. 100]
140	脉冲宽度调制（PWM）信号R13/2 （左前座椅靠背加热垫）	90%	[0 .. 100]
631	控制单元当前温度 N32/1（驾驶员座椅控制单元）	17℃	≤ 90
313	最后一次操纵中断的原因	连接到部件“加热垫座垫”的电气导线损坏	

图 3-147　座椅加热实际值

接着查找电路图做进一步检测，如图 3-148 所示，在电路图中可以看出，左前座椅加热垫通过一个插头 X55/29 直接连接到了左前座椅控制单元。于是把插头拔掉，测量左前座椅加热垫的阻值为 OL，说明加热垫存在断路，对比测量右侧座椅加热垫阻值为 3.6Ω 左右。

然后又对控制电压进行测量，在 3 级加热时实际测得电压为 11.4V，2 级加热时电压为 7.2V，1 级加热时电压为 3.4V，均在正常范围内。于是把左前座椅加热垫更换掉，再次试车一切正常。

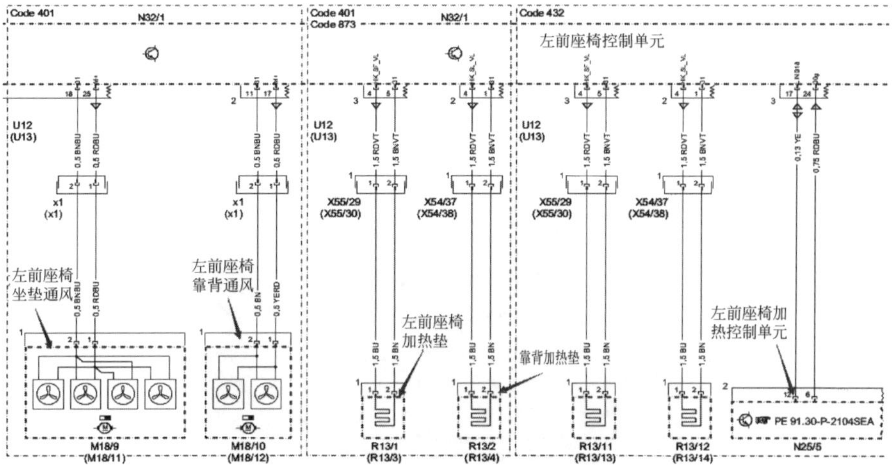

图 3-148　座椅加热系统电路图

座椅加热系统功能介绍

此车装配的加热式座椅可以通过 3 个加热级加热座椅坐垫和靠背，相应车门镶板中的座椅加热开关用于开启和关闭加热式座椅并调节热输出，座椅加热开关的每次操作均可由相应的车门控制单元通过 CAN B 发送至左前座椅控制单元、右前座椅控制单元或后排座椅控制单元。

操作座椅加热开关一次，促动激活加热式座椅的 3 级，相应的加热式座椅坐垫和靠背以 100%热输出被促动，座椅加热开关中的所有 3 个 LED 指示灯通过车门控制单元促动。再次操作座椅加热开关可将加热式座椅设置为 2 级，相应加热式座椅坐垫和靠背以 60%的热输出被促动，座椅加热开关中的 2 个 LED 指示灯通过车门控制单元促动。座椅加热开关的再次促动激活加热式座椅的 1 级，相应加热式座椅坐垫和靠背以 30%的热输出被促动，座椅加热开关中的 1 个 LED 指示灯通过车门控制单元促动。

手动关闭加热式座椅时可通过操作座椅加热开关进行，为此，必须重复操作相应的座椅加热开关直到所有 LED 指示灯熄灭。通过定时器控制自动关闭加热式座椅功能顺序为：相应座椅控制单元和后排座椅控制单元执行加热式座椅定时器控制，加热级 3 保持开启 5min 后，系统自动转换至加热级 2。加热级 2 保持开启 10min 后，系统自动转换至加热级 1，加热级 1 保持开启 20min 后，加热式座椅自动关闭。

案例 40　奔驰 GLA260 驾驶员侧座椅不能加热

1．故障现象

一辆奔驰 GLA260，底盘号为 LE4156947，装配舒适性座椅加热系统，行驶里程 16510km，客户反映驾驶员座椅加热功能有时不能用。

2．故障分析及排除

接车后首先验证故障现象，按下驾驶员座椅加热开关，发现LED指示灯正常，但是多按几次就会出现LED不亮的情况，而副驾驶LED指示灯一直正常，故障出现没有什么规律性，如图3-149所示。

图3-149　左侧座椅加热开关指示灯不亮

连接诊断电脑进行快速测试，读取的故障码如图3-150所示。

B229F12 “左前座椅加热器”控制单元存在功能故障。存在对正极短路。　当前并且已存储

⊟ 依次出现的辅助信息

名称	首次出现	最后一次出现
频率计数器	—	1
总行驶里程	16512km	16512km
自上次出现故障以来的点火周期数	—	0

图3-150　读取的故障码

首先根据故障引导进行检测，引导提示检查从部件R13/1（驾驶员座椅加热垫）至控制单元N32/1（驾驶员座椅控制单元）的电气导线是否对正极短路；检测从部件R13/2（驾驶员座椅靠背加热垫）至控制单元N32/1（驾驶员座椅控制单元）的电气导线是否对正极短路；修理或更换导线，检测结束。经过检查线路没有发现任何异常，测量坐垫的阻值为2.8Ω，靠背阻值为2.6Ω，都在正常范围内。

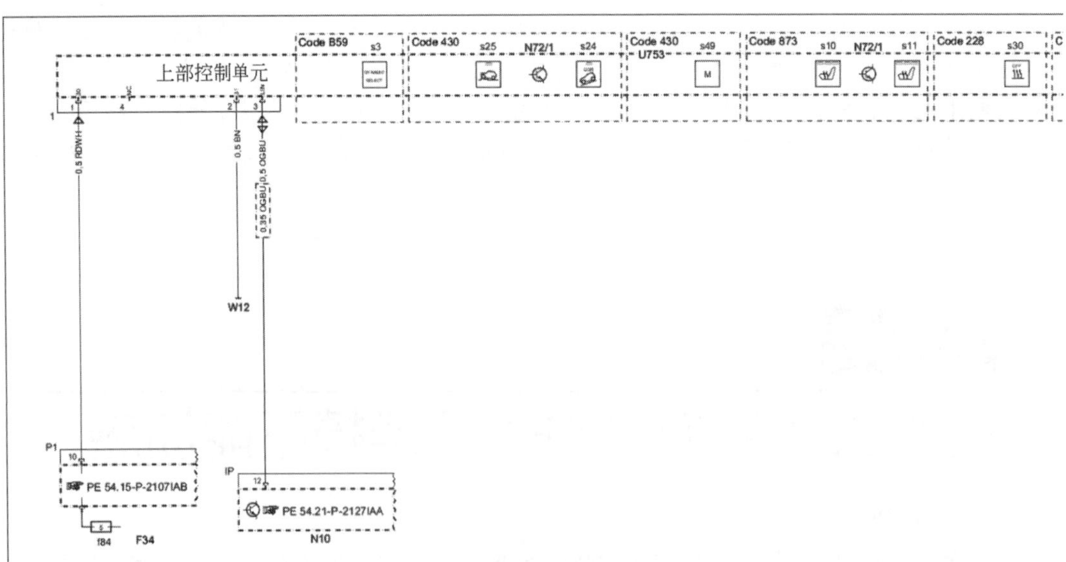

图3-151　上部控制单元电路图

从电路图（图 3-151）中可以看出，上部控制单元插头上共有 3 根线，分别为供电、搭铁和 LIN 总线，实际测量供电为 12.3V，LIN 总线电压为 9.8V，都正常。根据系统原理及维修经验，开关组上的两个座椅加热按钮、变速箱模式转换按钮、PTS 按钮、ECO（启动/停止）按钮等都使用 LIN 总信号传输，那么只有某个按钮不能用时，说明是该按钮自身存在故障导致不能发出控制信号，故障引导的方向是错误的。于是把该开关组更换掉，再次试车，一切正常。

案例 41

奔驰 E260 烟灰缸盖关不住

1．故障现象

一辆奔驰 E260，底盘号为 LE4212147，客户反映烟灰缸盖板关不住，当关到一半位置时，需要用手推一下才能合上。

2．故障分析及排除

首先验证故障现象，发现确如客户所说，当关到一半位置时，感觉有点阻力过大，但轻轻推一下就能关上。根据维修经验，在关闭时要靠弹簧片的预紧力关闭，一般都是盖板滑轨内过脏，造成阻力过大，需要拆下清洁滑轨。

于是拆掉盖板，对滑轨进行清洁润滑。但装复后发现依然不能顺利关闭。怀疑弹簧片的预紧力不够，如图 3-152 所示，弹簧片转动，带动两根绳子，从而带着盖板关闭，画圆圈处是绳子在弹簧片上的固定位置。把固定点先拿掉，两侧弹簧片都往中间方向转动一周（提高预紧力），重新装复后，盖板可以自动关闭。

图 3-152　故障点位置

案例 42

奔驰 B200 仪表上 SRS 报警

1．故障现象

一辆奔驰 B200，底盘号为 WDD246242，装配 270 发动机，行驶里程 20196km，客户反映仪表上 SRS 报警。

2．故障分析及排除

接车后启动着车，仪表上立即出现 SRS 报警提示。连接诊断电脑进行快速测试，读取的故障码如图 3-153 所示。

N2/10 - 辅助防护装置［辅助防护系统（SRS）］

梅赛德斯－奔驰硬件号	246 820 00 26	梅赛德斯－奔驰软件号	246 902 46 00
梅赛德斯－奔驰软件号	246 903 14 00	梅赛德斯－奔驰软件号	FFFFFFFFFF
诊断标识	004008	硬件版本	10/10 00
软件状态	11/13 00	软件状态	11/28 00
软件状态	11/11 00	引导程序软件版本	10/05 00
硬件供应商	Bosch	软件供应商	Bosch
软件供应商	Bosch	软件供应商	Bosch
控制单元型号	C15_Sample_0x004008		

故障	文本	状态
B273513	“车载电网导线”燃爆熔丝的引爆装置存在功能故障。存在断路	S

S=已存储

图 3-153　读取的故障码

根据故障码进行引导检测，引导提示检查插头是否损坏，经检查插头正常。接着通过实际值检测燃爆熔丝电阻值，也在正常范围内，如图 3-154 所示。询问客户得知，之前也出现过几次报警，进店检查时实际值都是正常的，但是清除故障码后，使用一段时间依然会报警。

检测过程

- 通过实际值检测点火回路和部件“F39 （热敏熔丝）”

相应的实际值状态

名称	实际值	标准值
带部件“F39 （热敏熔丝）”的点火回路的电阻值	2.35Ω	[1.20 .. 6.00]

图 3-154　燃爆保险丝实际值

客户反映之前出过事故，维修后就一直出现此类情况。于是就重点对线路进行检查，最终发现燃爆熔丝的线束曾维修过，出现虚接现象，如图 3-155 所示。重新把线束接好，清除故障码，试车，正常。

图 3-155　虚接的线束

案例 43

奔驰 S350 仪表上防护系统报警

图 3-156　仪表上的报警

1. 故障现象

一辆奔驰 S350，底盘号为 WDD221154，装配 272 发动机，7 速自动变速箱，行驶里程 206433km，客户反映仪表上显示防护系统故障。

2. 故障分析及排除

接车后启动着车，仪表上立即出现“防护系统能故障，请去特许服务中心”的报警，如图 3-156 所示。询问客户得知，车辆正在行驶中突然出现报警，之前使用一切正常，并且最近车辆没有发生过事故维修。

连接诊断电脑进行快速测试，读取的故障码如图 3-157 所示。

AB - 安全气囊				- F -
MB 号码 2218702993	HW 版本 07.42	SW 版本 07.46	诊断版本 0/15	插针 101
FW 号码	FW 号码（数据） 2214471342	FW 号码（Boot-SW）		

编码	文本	状态
90E3	与部件B48/9 （驾驶员侧后部车门压力传感器）的通信有故障或有导线故障	当前的和已存储的
90E5	安装了错误的传感器型号B48/9 （驾驶员侧后部车门压力传感器）或控制单元N2/7 （乘员保护系统控制模块）配置错误	已存储的

图 3-157　读取的故障码

尝试对故障码进行引导性检测，两个故障码引导都提示用正确的传感器型号更换部件 B48/9（左后车门压力传感器），删除故障存储器中的故障码，然后重新读取，如果故障码依然存在，则更换控制单元 N2/7（防护系统控制单元）。

该车每个车门上都装配有一个压力传感器，压力传感器测量车门内侧的气压值，如果气压值升高（例如车门受到来自外部压力时），防护系统控制单元（N2/7）激活相应的侧部气囊或车窗气囊。压力传感器能够执行自测试并将结果发送至防护系统控制单元。

首先拆掉 N2/7 和左后车门门板，检查了 N2/7 和 B48/9 的插头及插针都正常。目测线束没有磨损痕迹。为了一次性修复故障，于是就和客户沟通，把 B48/9 和 N2/7 一起更换。更换后，清除故障码，进行试车正常。本以为故障就此解决了，谁知客户开车行驶 50km 后，打电话反映仪表上又出现了防护系统故障的报警。

邀约客户进店后，查找 WIS 电路图，重点对线路进行检查。从电路图（图 3-158）中可以看出，B48/9 的 1 号针脚为信号线，通往 N2/7 的 12 号针脚，拆掉 B48/9 和 N2/7 的插头，

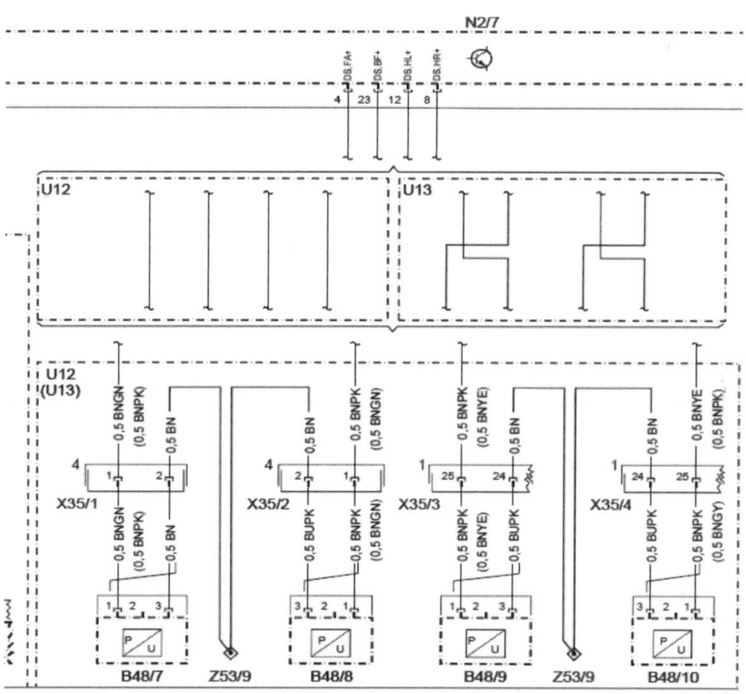

图 3-158　车门压力传感器的电路图

实际测量两端的阻值为 0.8Ω，正常。B48/9 的另一个针脚为搭铁，实际测量与搭铁的阻值为 130kΩ，不正常。该线束还经过了一个插头 X35/3，准备断开此插头进行分段测量，当拔掉插头时，发现了问题所在，插头已经进水腐蚀了，如图 3-159 所示。尝试清理插头并重新装复，清除故障码后进行试车，一切正常。

图 3-159　腐蚀的插头

案例 44

奔驰 GLC260 触摸垫不能用

1．故障现象

一辆奔驰 GLC260，底盘号为 LE4253181，装配 264 发动机，9 速自动变速箱，行驶里程 5km，新车做 PDI 检查时发现触摸垫不能用。

2．故障分析及排除

接车后经过反复试车发现，用手指在触摸垫上滑动时，滑动七八次显示屏会有一次反应，但是动一下之后显示屏就又没有反应了。按压触摸垫时，显示屏会有相应的反应。如图 3-160 所示，首先连接诊断电脑进行快速测试，未发现任何故障码。进入触摸垫（A105）查看实际值，发现用手触摸时，实际值能够正常变化，如图 3-160 所示。这就说明触摸垫接收信号是正常的。接着尝试对触摸垫 A26/17（娱乐系统的主机）进行升级后，故障依旧。

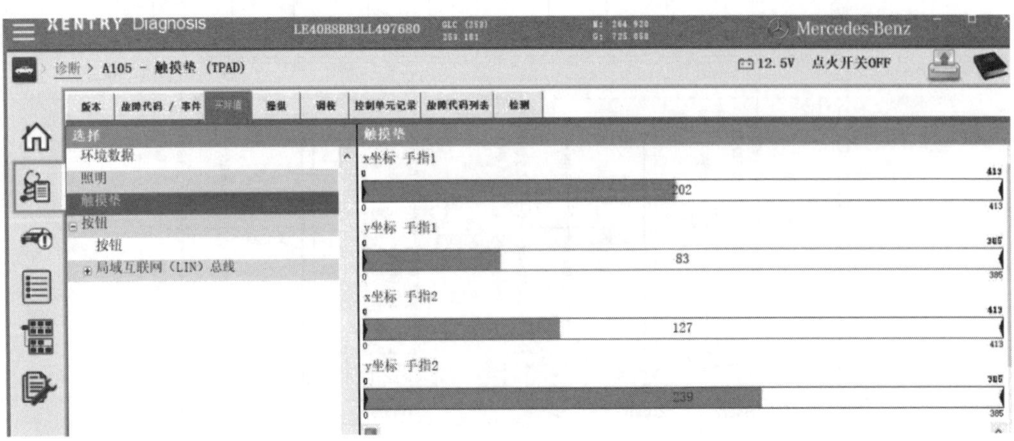

图 3-160　触摸垫实际值能够正常变化

从电路图上可以看出，触摸板连接到 CAN A 上，触摸板能够正常检测到，并且实际值能够正常显示，说明触摸板的供电、搭铁及 CAN 线都是正常的。难道是触摸垫坏了吗？尽管可能性比较小，还是同其他同款车调换了触摸垫，但是故障现象依然存在。

在试车过程中无意发现，在熄火后触摸垫反应正常，只要点火开关开一挡或者二挡，触摸垫都不能用。根据维修经验判断，该故障并不是由触摸垫自身造成的，而是有某个地方干扰了触摸垫的信号。根据系统原理，除了触摸垫能够控制显示屏，方向盘上右侧按键也可以控制显示屏，那么会不会按键坏了，自身错误地发出控制显示屏的信号，和触摸垫信号冲突了呢？于是尝试把方向盘上的按键插头拔掉，再次试车，触摸垫恢复了正常，更换方向盘上的左右按键后（两侧按键的配件一起提供），故障排除。

案例 45

奔驰 R350 冷却液报警

1．故障现象

一辆奔驰 R350，底盘号为 WDC251165，装配 276 发动机，行驶里程 101800km，客户反映仪表上冷却液报警。

2．故障分析及排除

接车后启动着车，仪表上立即出现“添加冷却液”的报警，检查冷却液液位，发现冷却液水壶内是空的，询问客户得知，前天由于冷却液报警，刚添加的冷却液，仅两天又出现了报警。怀疑冷却系统有泄漏的地方，于是把冷却液水壶加满后，进行打压测试，发现压力下降很快。此时，检查散热水箱、连接管路，都没有发现泄漏。

在检查玻璃水时发现，玻璃水壶内全是红色的冷却液，并且液位上升很快。为了防止玻璃水结冰，在玻璃水壶内有一根冷却液加热管，如图 3-161 所示。拆掉前保险杠，并拆掉加热管，发现有一处漏冷却液，如图 3-162 所示，把加热管更换后，打压测试正常。

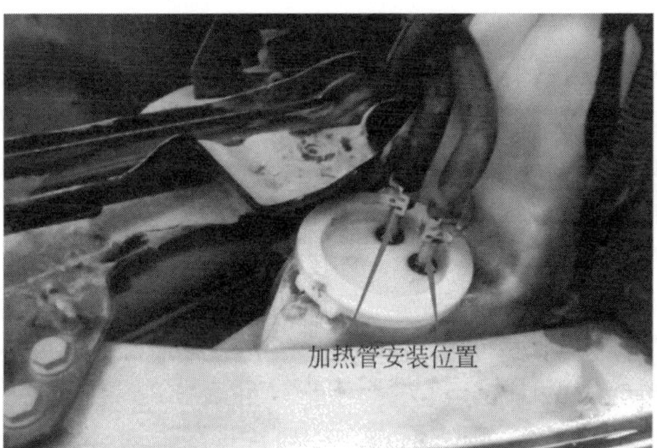

图 3-161　玻璃水壶加热管

图 3-162　加热管泄漏

案例 46

奔驰 E200 行驶中大灯闪烁

1．故障现象

一辆奔驰 E200，底盘号为 LE4212148，装配 271 发动机，行驶里程约 143600km，客户反映晚上行驶中大灯有时候会闪烁，有时候正常，出现时没有什么规律性。

2．故障分析及排除

接车后启动着车，发现大灯系统正常，进行路试也没有出现大灯闪烁的情况，于是连接诊断电脑进行快速测试，读取到两个大灯控制单元及前 SAM 控制单元中的故障码，如图 3-163 和图 3-164 所示。

XALWA-L - Left xenon headlamp (E1n1) - f -

MB object number for hardware	212 820 56 26	Diagnosis identifier	0/10
Hardware version	08/02	Software version	09/18 02
Supplier ID	21	Supplier	Hella
Control unit variant	000A	MB object number for software (code)	212 902 42 02

Fault	Text	Status
9004	The status of circuit 56b is implausible	S

S=STORED

XALWA-R - Right xenon headlamp (E2n1) - f -

MB object number for hardware	212 820 56 26	Diagnosis identifier	0/10
Hardware version	08/02	Software version	09/18 02
Supplier ID	21	Supplier	Hella
Control unit variant	000A	MB object number for software (code)	212 902 42 02

Fault	Text	Status
9004	The status of circuit 56b is implausible	S

S=STORED

图 3-163　读取的故障码（一）

Driver-side SAM - Front signal acquisition and actuation module (N10/1) - f -

MB object number for hardware	212 901 67 02	MB object number for software	212 902 00 05
Diagnosis identifier	00015B	Hardware version	08/43 01
□□□□	10/29 75	Boot software version	10/29 75
Hardware supplier	Bosch	Software supplier	Bosch
Control unit variant	MOPF_204_2n dBugfix		

Fault	Text	Status
B162A15	The left low beam has a malfunction. There is a short circuit to positive or an open circuit	S
B162E15	The right low beam has a malfunction. There is a short circuit to positive or an open circuit	S

S=STORED

图 3-164　读取的故障码（二）

两个大灯控制单元中都有故障码端子 56b 的状态不可信，并且都为存储故障码，且频率只有一次。此时两个大灯工作都是正常的，进入两个大灯控制单元实际值查看系统状态，没有发现任何异常现象。于是只好对两个大灯控制单元进行升级后，交于客户观察使用。谁知几天后，客户再次进厂维修，反映故障现象依然存在，升级后没有任何改善。再次连接诊断电脑，依然报的是原来的故障码，于是根据故障引导并结合电路图，准备重点对线路进行检查。

在电路图（图 3-165）中可以看出，30 常火经过 KJ 继电器，然后从前 SAM 控制单元发出给两个大灯（56b 指近光灯）供电，首先测量 56b 的供电，发现没有供电，显然不正常，怀疑中间线路有问题，或者是前 SAM 控制单元有故障，于是进一步拆掉前 SAM 控制单元检查线路，当拔掉前 SAM 控制单元上的 15M 插头时，发现上面有轻微腐蚀现象，对插头进行清洗后，重新装复，交于客户使用，一切正常，故障排除。

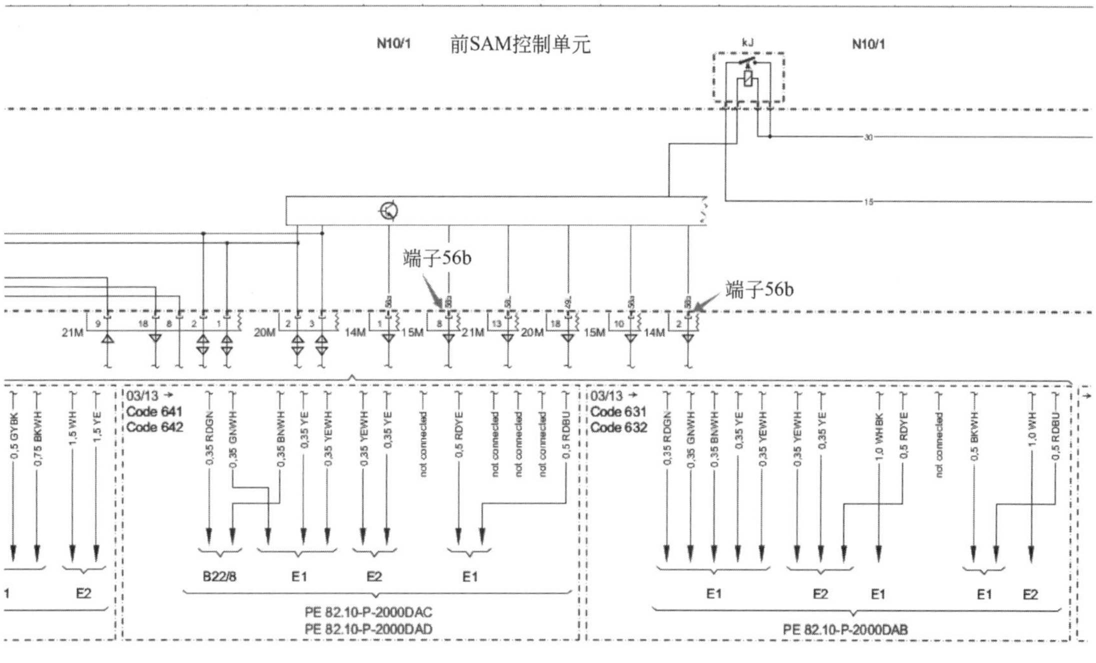

图 3-165　大灯电路图

案例 47

奔驰 S400 辅助蓄电池报警

1．故障现象

一辆奔驰 S400，底盘号为 WDD222165，装配 276 双涡轮增压发动机，7 速自动变速箱，行驶里程 23650km，客户反映最近仪表上出现辅助蓄电池报警，并且车辆的启停功能也不能用了。

2．故障分析及排除

接车后启动着车，仪表上立即出现“辅助蓄电池故障”的白色报警，如图 3-166 所示。

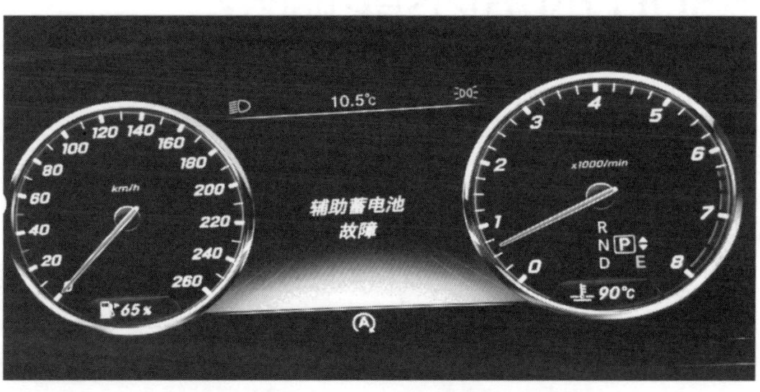

图 3-166　仪表上辅助蓄电池报警

询问客户得知，最近了去了外地，车辆经过长时间停放，再次启动时仪表上就出现了该报警。连接诊断电脑，读取的故障码如图 3-167 所示。

N10/6 - Front signal acquisition and actuation module (Driver-side SAM) - f -

MB object number for hardware	222 901 86 01	MB object number for software	222 902 35 04
Diagnosis identifier	02000E	Hardware version	12/28 001
Software version	12/50 001	Boot software version	12/06 005
Hardware supplier	Hella	Software supplier	Hella
Control unit variant	BC_F222_E10_3_SOP222		

Fault	Text	Status
B11C11B	The additional battery has a malfunction. The limit value for resistance has been exceeded	S
Event	**Text**	**Status**
B23267B	Fill level sensor "Washer fluid level" has a malfunction. The fluid level is too low	A+S

S=STORED, A+S=CURRENT and STORED

图 3-167　读取的故障码

故障码显示附加（辅助）蓄电池存在功能故障，超出电阻极限值。故障引导提示检查相关线路及辅助蓄电池，首先根据引导进入实际值，发现辅助蓄电池的内电阻已超出了标准值，如图 3-168 所示。于是对辅助蓄电池进行充电，但充电后报警依然存在，于是把辅助蓄电池更换掉，报警消失，进行试车，启动/停止功能也恢复正常。

附加蓄电池

实际值

编号	名称	实际值	标准值
967	部件“G1/13 （ECO启动 / 停止功能附加蓄电池）”上的电压	12.9V	[11.0 .. 15.5]
705	部件“G1/13 （ECO启动 / 停止功能附加蓄电池）”的内电阻	160mΩ	≤ 100

图 3-168　不正常的实际值

对于 222、166、212 等车型，装配的是辅助蓄电池，当车辆在启动/停止功能状态下熄火后，再次启动时辅助蓄电池给车辆用电设备短时间供电。在新款车型上，例如 213、205、253 等，取消了辅助蓄电池，采用 C8（驻车制动爪电容器）和 R62 来配合蓄电池工作。

案例 48

奔驰 E300 时间不能调整

1. 故障现象

一辆奔驰 E300，底盘号为 LE4213183，装配 264 发动机，9 速自动变速箱，行驶里程 4892km，客户反映时间不能调整。

2. 故障分析及排除

接车后同客户一起试车，发现仪表上及模拟时钟的时间都是 00:00，尝试在娱乐系统显示屏上调整到正常时间后，在点击“确定”的一瞬间，时间又变成 00:00。连接诊断电脑进行快速测试，未发现任何故障码，尝试对全车断电 10min 后，故障现象依然存在。正常情况下，当车辆处于空旷地方或者在道路上行驶一段距离后，车辆会接收到网络时间并自动调整。此时进入 N112/9 查看 GPS 的实际值，都正常，如图 3-169 所示。

全球定位系统（GPS）数据

编号	名称	实际值
	日期， 时间	Mon Oct 21 03:10:30 CST 2019

时间显示采用协调世界时（UTC）
显示的时间和当地的时间可能有偏差，并非故障

编号	名称	实际值
507	可用卫星数量	7
206	可见卫星数量	9
805	全球定位系统（GPS）位置：纬度（方向）	北
955	全球定位系统（GPS）位置：纬度(°)	35
801	全球定位系统（GPS）位置：纬度(min)	12
971	全球定位系统（GPS）位置：纬度(s)	18.5
296	全球定位系统（GPS）位置：经度（方向）	东
354	全球定位系统（GPS）位置：经度(°)	113
765	全球定位系统（GPS）位置：经度(min)	13
107	全球定位系统（GPS）位置：经度(s)	28.9

图 3-169　GPS 的实际值

接下来对 N112/9 和娱乐系统主机进行升级后试车，故障依然存在。检查车辆未发现任何加装或改装。最后和其他车调换仪表后，发现时间可以调整，于是把仪表更换掉，再次试车时间已能自动调整，故障排除。

参 考 文 献

[1] 刘建民．桑塔纳·捷达轿车故障维修精选 200 例．北京：化学工业出版社，2012.
[2] 王志力．奔驰维修案例集粹．北京：化学工业出版社，2015.
[3] 于万海．汽车单片机与车载网络技术．西安：西安电子科技大学出版社，2007.